Seemanns-Saga

*Solang' da noch Männer und Schiffe sind,
es Wasser gibt, die Wolken, den Wind,
der die Deichkronen fegt, der die Sturmglocken schlägt
und Wellen sich draußen vorm Hafen brechen –
wird man vom FLIEGENDEN HOLLÄNDER sprechen,
den die See über Zeiten und Ewigkeit trägt!*

Dieter Walz

Wer mit dem Teufel an Bord geht, der muß auch mit ihm segeln ...

DIETER WALZ

DES TEUFELS ZWEITBESTER FREUND

Fliegender Holländer auf letzter Fahrt

Viel Freude am Grusel-Krimi vom Autor aus der Möchtegern-Seestadt Leipzig im Jahre 2019!

Dieter Walz

SACHSENBUCH

Alle Grafiken im Buch (sowohl die ganz- oder doppelseitigen Zeichnungen als auch die Vignetten) schuf der flämische Künstler Dr. Walter Van den Berghe aus Antwerpen im Königreich Belgien, der weltberühmten Hafen-, Handels-, Kunst- und Diamantenstadt an der Schelde.

„Die Freundschaft ist eine Göttergabe"
Sokrates

Ausführliches Nachwort vom Autor auf Seite 213 ff.

ISBN 3-89664-047-X

1. Auflage 2001
© by Sachsenbuch Verlagsgesellschaft mbH Leipzig
Alle Rechte beim Autor.
Layout, Satz und Gestaltung: Thomas Liebscher, Leipzig
Gesamtherstellung: Arnold & Domnick, Leipzig

Printed in Germany

*Und zu mir ist gekommen ein heimlich Wort,
und mein Ohr hat ein Wörtlein davon empfangen.
Da ich Gesichte betrachte in der Nacht,
wenn der Schlaf auf die Leute fällt.
Da kam mich Furcht und Zittern an, und alle
meine Gebeine erschraken. Und da der Geist
an mir vorüberging, standen mir die Haare zu
Berge an meinem Leibe.
Denn da stand ein Bild vor meinen Augen und
ich kannte seine Gestalt nicht. Es war still
und ich hörte eine Stimme: Rufe doch!
Was gilts, ob einer dir antworte. Und an
welchen von den Heiligen willst du dich wenden?*

Bibel, Altes Testament
Hiob 4: 12 – 16 und 5, 1

Es gibt dreierlei Sorten Mensch: die Lebenden, die Toten und solche, die zur See fahren...
Also, da war VAN STRAATEN, der Holländerkapitän. Lange ist's her, vergessen aber beileibe nicht. Dessen sagenhaftes Glück mit allen seinen Unternehmungen in den Hafenkneipen, Reederstuben und Handelskontoren, in Küchen wie auf Märkten, die Küste rauf und runter, hinter vorgehaltener Hand neidisch beredet wurde. Von dem sie scheu flüsternd auch sagten, daß er wohl bereits in jungen Jahren seine schwarze Seele dem Bösen verschrieben habe, trotzdem aber sein Seemannshandwerk bestens verstand. Einer, der dem Teufel die Hörner vom Kopf segelt, käme der ihm unter den Kiel.
„Wahrschau! Hier Skipper VAN STRAATEN – wer fährt dort?" Dieser gottverfluchte Gewaltkerl, welcher stetig unter vollem Tuche hart am Wind blieb und selbst im ärgsten Gewittersturm seine unchristlich roten Segel nicht reffte. Der nur mit bösem Stieren und stoßweise sein juhendes Lachen herausgellte, in den Wind spuckte, schneidend auf den Fingern pfiff, wenn er seine hart geknüppelte Mannschaft kommandierte. Der lästerlich und wüst fluchte, wenn ihm dann alles Tuch in Fetzen um die Ohren flog, wenn Rahen, Marsen, Stengen knallend wegsplitterten und das Wasser fünf Fuß hoch im Schiffsbauche schwappte. Dann erst fühlte er sich so richtig wohl, stieß er den angstzitternden Rudergänger schroff zur Seite, griff mit schwieligen Fäusten selbst in die Radspeichen. Gegen Gott und alle Welt stürmte er trotzig an und verschwor sich feierlich: „Hoiho – hier fährt VAN STRAATEN, des Teufels zweitbester Freund. Gott ist tot; und wer refft, ist feige!"

Um die Mitte des Septembermonats war es. An einem der letzten schönen Spätsommertage an der Küste, in der kleinen westfriesischen Stadt Harlingen, vor dem Wattenmeer der Nordsee gelegen. Im Schankraum und in der Gaststube der kleinen, gemütlichverräucherten Hafenschänke „In den Anker" ist es am frühen Nachmittag noch fast leer. Nur die stramme Wirtstochter machte sich putzend und wischend am Schanktisch zu schaffen. Dabei immerfort einen der spärlichen Gäste mit flinken Augen ausdauernd und aufdringlich geil verfolgend. Dieser nämlich hatte hier im Hause vor wenigen Tagen Quartier genommen. Und seither tat die leichtlebige Hermine mit ihm schön. Als spätes Mädchen, schon so um die Ende Dreißig, suchte sie nun dringend einen Mann für sich. Durch langjährige Gewöhnung war sie den ständigen körpernahen Zudringlichkeiten der allabendlich gesellig hier versammelten Hart- und Stammsäufer zwar freundlich resolut zugeneigt. Aber für ihr nicht unbeträchtliches, leider meist unbefriedigt bleibendes Liebesverlangen waren diese bestenfalls kurzweilige Bettgenossen und nichts Bleibendes. So schenkte sie dem Zufallslogierherren da drüben am Stammtisch im Eck also ihre Zuneigung, und noch mehr. Wenn's der gestrenge Herr Vater nicht sah – der versoffene Hafenwirt und alte Feldsoldat Trompeterjohann, welcher oftmals selbst sein bester Gast war – dann schenkte sie dem jungen Herrn immer mal wieder gratis nach. Was der sich auch schmunzelnd und wohlgefällig hinter die Binde kippte. Die Schänke wurde weit und breit, auch drüben auf den vorgelagerten Inseln, nur nach ihr benannt.

Man sagte also „Bei der zwarten Hermine", obwohl Trompeterjohann seine mannstolle Tochter recht kurz hielt und meistens in ihr ureigentliches Küchenreich verwies. Neben seiner Gastwirtschaft betrieb er noch das in allen Küstenstädten einträgliche Gewerbe eines Heuer-und Schlafbaas. War somit einer von den berüchtigten Seelenverkäufern, welche arbeitsuchenden und wohnungslosen Seeleuten für einige Zeit Herberge mit Kost und Logis gewährten. Ihnen dabei großzügig anschreibend und wohl wissend, daß diese finanziellen Vorleistungen später doppelt und dreifach wieder hereinkommen würden. Weil man, laut schriftlichem Kontrakt, von der ersten oder der zweiten Heuer der auf Schiffe Vermittelten dann noch das schuldhaft ausstehende Geld für Speisen, Getränke, Wohnung nebst Vermittlung, sich zurückholte. Starben oder verdarben solche Kunden jedoch auf See oder in fernen Landen, dann war der Baas der Angemeierte, und er konnte sein gutes Geld getrost in den Schornstein schreiben. Weshalb er, um sich abzusichern, für jeden von ihm an seine Heuergäste verauslagten Taler dann auch zwei oder drei auf die Rechnung setzte. Solche Dienstleistung aber lohnte sich auf Dauer, und man konnte schon recht ordentlich davon leben. Wie halt der Schankwirt Trompeterjohann. Dies berichtete er freimütig wie rauhbauzig dem auch ihm hochwillkommenen Hausgast. Der sich bei ihm als entlaufener Student der Hohen Schule zu Leyden, Kind aus gutem Hause und noch mit einigem Geld versehen, vorgestellt hatte. Das angefangene Studium der Theologie hängte er an den berühmten Nagel, um sich weit über See, in Ost-Indien als Schreiber oder sonstwie Compagnieangestellter zu verdingen und dort unten vielleicht sein Glück zu machen. „Nennt mich nur Heer Willem; kann auch ein Weniges auf der Fiedel kratzen, wenn's gewünscht wird, die Zecher lustig unterhalten." Es wurde gewünscht, und so trat denn der Exstudent abends als munterer Bierfiedler in der Schänke auf. Im Gegenzuge versprach ihm der Baas, sich schnellstmöglich um einen geeigneten Schiffsplatz für ihn zu bemühen. Er würde gleich noch heute abend einen der großen Ostindienfahrer-Kapitäne um Absprache bitten. „Wenn Ihr nicht furchtsamen Gemütes oder wundergläubig seid und auch nicht auf gelegentliche Dummschwätzereien der hiesigen Küstenspießer hören wollt?" Heer Willem wollte nicht; und so machte sich Trompeterjohann auch gleich auf, um zu antichambrieren. Auf den freiwerdenden Platz setzte sich jetzt, vom abhumpelnden Wirt noch recht freundlich begrüßt, ein neuer Ankömmling. Dem Habitus nach einer der vielen, auch hier oben an der Küste wie in derem bäuerlichen Hinterland mit allerlei Klein- und Kurzwaren hausierenden Trödlerjuden. Dieser Oll Abraham kam aber nur höchst selten vorbei und dann stets von weither. Entsprechend neugierig wurde er auch von den Frauen aus der Küche mit vertraulichem Handschlag begrüßt. „Was hast du uns denn diesmal mitgebracht, Alter?" So platzten Hermine und ihre Gehilfin, das resolute Schankmädchen Katherine heraus. „Gute Geschäfte gemacht", wollte jetzt auch Willem interessiert wissen, „zeigt mal eure Schätze vor, vielleicht kaufen wir einiges davon ab." Der hagere, alte Mann mit dem tausendfach zerfurchten Gesicht, in dem kluge Augen stets unruhig funkelten, und der irgendwie einen gehetzten Eindruck machte (so saß er denn auch nur mit einer Hinterbacke auf dem Kneipenstuhl, scheuerte sich müde den unter schwerer Kiepenlast gekrümmten Rücken), packte also seine geringen Waren aus. Meistens billiges Zeug, eben so Gegenstände des täglichen Bedarfs, allerlei Putz und Tand für die Weiblichkeit sowie einiges kleine Kinderspielzeug. Und natürlich die unerläßlichen Holzlöffel und

-gabeln, eiserne Messer mit Scheide, Scheren, Ahlen, Schusterpfrieme, Schuhriemchen und -schnallen, Gürtel, Miederschleifen, Haarspangen, klirrende Armreifen, Schildpattkämme, Näh- und Stopfnadeln samt zugehörigem Garn, Busen-, Hals-, und Kopftücher, Tabakpfeifen und Päckel samt Feuersteinen, Zündschwämmen, auch Tabakpriemchen für die Männerwelt sowie kleinere Wachslichter. Dazu noch einige Salben, Tränke, Tinkturen für Mensch und Vieh. Ausgiebig und schwatzend betrachteten vor allem die Frauen dieses alles, wählten auch einige Kleinigkeiten für sich aus. Der Alte schenkte jeder noch einige Seidenbändchen zum Handelsabschluß, wonach sie sich hochbefriedigt wieder in die Küche verzogen.

Vorher hatte sich ihnen auch jener halbwüchsige Junge zugesellt, den der Exstudent schon mehrmals draußen am Hofe auf des Wirtes alter Trompete hatte blasen sehen – und hören. Getreulich übte dieser immer dasselbe Stückchen und brachte es dann ganz leidlich zuwege. Der Hausgast wußte von der geschwätzigen Hermine ja bereits, daß dieser Hans Blank der jüngere Bruder Katherinens war, aber „der Arme ist leider bissel arg mall, Ihr versteht?" Der malle Hans grüßte artig in die Runde, bekam von Oll Abraham nebst freundlichem Klaps ein paar neue Wollsocken geschenkt und klapperte anschließend stolz auf seinen blanken Holsken von dannen, welche die sorgende Schwester eben für ihn erstanden hatte. Draußen hörte man ihn bald schon wieder blasend die Trompete malträtieren. Der Hausierer versprach Katherine, offenbar nicht zum ersten Male, sich für sie beim Kapitän VAN STRAATEN zu verwenden. Und Willem spitzte heftig die Ohren, war dieses doch der Name, den Trompeterjohann vorhin genannt hatte. Von Hermine kopfnickend unterstützt (hoffte sie doch, auf gute Weise eine wegen ihrer Ansehnlichkeit für sie recht gefährliche Rivalin in Sachen Männerfang loszuwerden), erzählte das Schankmädchen jetzt ganz offenherzig, daß sie mit Hans auch an Bord von dessen Ostindiensegler DE EENHOOREN gehen wolle, um über See nach dem fernen Batavia zu fahren, wovon man sich hierzulande ja reine Wunderdinge erzähle. „Wenn wenigstens die Hälfte davon wahr wäre", meinte sie versonnen. Sehr viele junge Holländer fuhren dorthin, aber fast ausschließlich nur Männer. Deshalb dürfte dort unten wohl ein großer Frauenmangel herrschen, „und da müßte es doch mit dem Teufel zugehen, wenn sich darunter nicht auch ein guter Mann für mich finden sollte. Den Hans freilich müßte er schon mit in Kauf nehmen." Katherinens Augen verdunkelten sich aber, als sie auf den Kapitän zu sprechen kam. „Habe ihm ja schon einige Male zu verstehen gegeben, daß er mir nicht übel gefällt. Und daß ich die Passage ihm wohl auch zahlen wolle; allerdings nicht mit Geld, was ich nicht habe, sondern eben so, wie es nur eine Frau tun kann." Der Kapitän habe aber leider bislang noch nicht so recht angebissen. Um nicht wie eine verschnapste Hafenhure zu wirken und auch wegen der Schicklichkeit, bat sie den Handelsjuden nochmals inständig, sich für sie zu verwenden. „Denn ich schlafe, wenn es denn so sein soll, doch lieber nur mit einem, der das Sagen hat über die anderen, als mit vielen Männern, die in meiner Sache nichts bewirken können", schloß das Mädchen. Welches in diesen Sachen offenbar gar nicht verwöhnt und wohl sehr erfahren war. Willem genierte sich etwas, war aber ganz bei der Sache. Und auch Oll Abraham bekräftigte sein Versprechen, etwas für sie tun zu wollen. Was sie mit einem kleinen Küßchen auf dessen bartstoppelige Wange honorierte.

Von draußen stürzte jetzt malle Hans in den Schankraum, mit dem lauten Ausruf „De groote Baas!" Für ihn war nämlich jeder Dienstherr in seinem jungen, freudlosen Leben ein Baas; so wie Trompeterjohann, der den Jungen wohlwollend duldete und ihn für Hausknechtsarbeit anlernte. Falls dieser Baas jedoch ein Herr vom Stande war, dann titulierte er ihn als großen Baas. Wie eben diesen Kapitän VAN STRAATEN.

Und da kam er auch schon, jener berühmt-berüchtigte, beneidete und verhaßte Holländerkapitän auf Ostindienfahrt. Grüßte Willem herrisch knapp, nickte Oll Abraham freundschaftlich zu und beklopfte Hans herablassend die mageren Jungenschultern. Danach wendete er sich dem übrigen lebenden Kneipeninventar zu. Denn inzwischen waren in der dämmerig gewordenen, sich allmählich mit Gästen füllenden Schankstube die rauchflackernden Wachskerzen auf die gescheuerten Tische gestellt worden. Sodaß der Ankömmling sich orientieren konnte:

Da hockten sie also alle wieder zusammen. Der alte, bucklige Flickschuster, welcher nur mühsam seine zahlreiche Familie ernährte (Hauptsache, zum Saufen reichte es noch). Der glotzäugige, spindeldürre Gewandschneider mit dem Geizgesicht. Der kuhbeinige Gewürzkrämer, der mehlgesichtige Klunschbäcker, der verschnapste Salzfleischer. Und ganz vornean der tintenspritzende, blaßgesichtige Heer Hafenschreiber, hier stets das große Wort führend. Von den Wattfischern, Küstenschippern und anderen kleinen Leuten waren natürlich auch welche anwesend. Sie saßen wie festgeklebt und tranken sich mit Dünnbier und Genever sparsam zu. Alles wie sonst und gehabt. Grobschlächtig gröhlend weckte jetzt VAN STRAATEN die Dämmerrunde der Dumpfbacken aus ihrem behaglichen Halbschlaf. „Na, alter Teigaffe", haute er dem Bäcker die Pranke ins Kreuz, trat mit frischfröhlichem „verdammter Tintenpisser" dem aufschreckenden Schreiber in den wabbelnden Hintern, spuckte dem betrügerischen Schlachter ins Bier. Und begrüßte dann die Runde auf seine eigene Weise, die ihn jedenfalls keineswegs beliebter machte. Er wußte es zu würdigen mit einem „Goedendag, ihr trüben Tassen und ehrbaren Bürger! Du, Gevatter Seid-untertan-der-Obrigkeit, zahlt-brav-die-Steuern, immer-schön-nach-oben-richten. Und du, Gevatter Wenn-wir-auch-nicht-viel-haben, so-halten-wir-das-Wenige- doch-schönzusammen. Und du, Gevatter Ja,-wir-kleinen-Leute-sind-schließlich-auch-wer, und-ohne-uns-geht-nichts. Menschen, Völker und Gezeiten", röhrte er weiter, „ihr kotzt mich alle an, Armleuchter, kann's gar nicht sagen, wie sehr. Trotzdem liebe ich euch allesamt. Vorzüglich die Vuilnisschipper von der stolzen Küstenflotte auf ihren stinkigen Heringstonnen und morschen Transportschnecken. Schätze mal, ihr habt euch wieder die Schandmäuler über mich zerfetzt, weil ich nicht wie andere Kapitäne Konvoi fahre, dafür aber auch des Nachts segele, wenn ihr auf der Faulhaut liegt und euch von euern dicken Weibern die Eier schaukeln laßt." Einem murrenden Gast den Stuhl unter dem Hintern wegziehend, spektakelte er ungerührt weiter. „Ihr seid hier alle lumpige Landbewohner und Fischfänger geworden, spekuliert höchstens auf die Wattwürmer und mästet euch hinterm Deich. Auf den Hering seid ihr gekommen, jawoll. Dabei waren unsere Altvorderen, die Normann und Wikinger, noch richtige Seefahrer auf richtigen Schiffen, mit geklinkerten Planken und niedrigem Dollbord. Was die paar richtigen Ozeanfahrer unter euch anbelangt, so haben die sich auf immer höherbordige

Riesenpötte mit Kastellen wie die Burgen geflüchtet. Um nur ja auf Sicherheit zu fahren. Dummköpfe! Ist dann kein richtiger Ruckzuck mehr in solchem Schiffsvolke, das Ängste vor nassen Füßen und rauhem Husten hat. Männer, ich meine nicht euch, sondern richtige Männer, sollten auf niedrigbordigen, schnellsegelnden Schiffen die Meere befahren. Und auch mal bis Oberkante Unterkiefer im Wasser scharwerken können. Und sie sollen dies frei und fröhlich bejahen, willig hinnehmen und für richtig befinden. So sie halt vom echten Schlage sind. Fest auf ihren Seebeinen müssen sie stehen, auf splitternden Schiffsplanken und im Sturm. So manches Mal auch auf ihren toten Seekameraden. Und kein Fetzchen Segeltuch dürfen sie abbergen. Denn wer refft, ist feige, ihr Leute! Kurz und schlecht – Seefahrt ist keine Lebensversicherung. Selbige freilich könnt ihr euch mit popeliger Küstenfahrerei erschleichen. Immer fein langstielig übers Watt hin und zurück – auch mal bis halbwegs vor die Inseln hinaus, an die hochbrandende Dünungsgrenze der offenen See heran. Doch bitteschön nicht weiter, denn Nordsee ist Mordsee, wie ihr wißt. Dann könnt ihr gut und gerne hundert Jahre alt werden. Nur, was hat einer schon davon? Am Ende holt euch alle Gevatter Tod. Und ihr könnt noch froh sein, wenn er euch sachte den welken Schlund abdrückt, es somit gnädig macht und euch nicht jahrelang auf brackigem Siechenstroh stückchenweise krepieren läßt." Mit der klobigen Faust auf den Kneipentisch hauend, schwadronierte er zu Ende: „Nee, nee, wäre nichts für mich. Flott und frei muß unsereins als Seemann gelebt haben und auch so abfahren. Denn wenn's einmal ans Sterben geht, dann möglichst auf hoher See. Dort mag uns der Blanke Hans abfassen und flugs in eine jenseitige Welt verfrachten. Von der so viele behaupten, am üblichen Kanzelgeplärre sich festhaltend, es wäre diese die bessere. Wer's glaubt – denn zurückgekehrt und solches bestätigt, hat meines Wissens noch keiner. Kennt ihr vielleicht wen? Na gut, bis dahin hat es wohl noch einige Zeit. Die sollten wir alle zusammen nutzen, noch schnell ordentlich einen zu verkasematuckeln. Heda, Frau Wirtschaft! Einen doppeltenOude Klaare für mich, einen guten Portwein für den jungen Herrn da drüben und eine bescheidene Runde Dünnbier für alle meine guten Freunde hier herum!"

Willem, der dem spendierfreudigen Polterer überrascht dankte, saß neben dem wortkargen Abraham im Eck und betrieb Lokalstudien, wie er es nannte. Verarbeitete erstmal innerlich die ihn beeindruckende Person des Schankmädchens Katherine. Diese war eine recht ansehnliche, junge Frau. Voll aufgeblüht, mit kastanienbraunem Haar und einprägsamen Gesichtszügen, Grübchen in den Wangen. Eisgraue, ins grünliche hinüber spiegelnde, Augen über schmalem und etwas nach unten gekerbtem Mund. Beide verrieten dem aufmerksamen Betrachter, daß sie doch schon eine ganze Menge auch leidvoller Erfahrungen und Erlebnisse zu verarbeiten hatten. Katherine war vermutlich einige zwanzig Jahre alt, etwas leicht angefettet, mit strammer Gewehrauflage vorne wie hintenan. Ganz so eben, wie es VAN STRAATEN bei den Frauen liebte. Und mit Ausnahme seiner verstorbenen Christintje pflegte er auch nur diesem Typ Weibchen beizuwohnen, sie kräftig und ausdauernd zu handhaben, sofern ihrerseits noch eine gute Portion Schweigsamkeit zur freudigen Dienstwilligkeit hinzukam. Ja, und wenn es dann gar noch eine recht stramme Rothaarige wäre... Womit Katherine nun zwar leider nicht aufwarten konnte – ansonsten entsprach sie schon in etwa des Skippers Idealbild von einer reschen, feschen Seejungfer. Wenn er sie zu sich nehmen würde, mußte er sich halt damit begnügen. Denn alles wunschgemäß zu bekommen, das war selbst einem wie ihm nicht gegeben. So ist denn zwar sein früheres Täubchen Dyveke zwar richtiggehend stumm gewesen („lieber eine Stumme im Bett, als eine Taube auf dem Dach"). Und auch von stabilem Körperbau, mit festen Rundungen und appetitlichen Pölsterchen an den richtigen Ecken und Kanten. aber die war nicht rothaarig! Es scheint so, daß nie alles Gute zusammenkommt im Leben von uns sterblichen, sündigen Menschen. Damit uns am Ende die Bäume nicht in den Himmel wachsen. Was vielleicht doch wiederum ganz gut so ist, wie es ist.
Dann kam Willem zum großen Holländerkapitän. Dieser wilde Skipper war ein kräftig, bulliger Kerl und gestandenes Mannsbild schwer schätzbaren Alters. Aber wohl noch in den besten Jahren, so um Ende Vierzig, Anfang Fünfzig herum. Breit in den Schultern und über mittelgroß. Mit stämmigen, muskelbepackten Armen und klobigen Fäusten, die von harter, schwerer Seemannsarbeit kündeten. In sein stets rötliches, sonnenge-

bräuntes Gesicht hatten die Jahre auf See unübersehbare Spuren eingegraben. Den eckigen Kopf mit borstenkurz geschorenen weißblonden Haaren und etwas abstehenden Ohren, sowie die brutale Kinnpartie auf massivem Kurzhals etwas vorgestreckt, trug er beide sehr aufrecht durch sein gefahrvolles Leben. Viele aber zuckten innerlich zurück, vor dem etwas starren Ausdruck in seinen hervortretenden, herrischen Augen. Die von einem geradezu schmerzhaften Porzellanblau unter buschigen Augenbrauen waren. Hinter schmalen Lippen waren alle seine großen Pferdezähne noch tadellos erhalten. Auch zeichnete ihn sein leichtfüßig in den Knien wippender, federnder Gang aus. Ganz anders nämlich schaukelten die altbefahrenen Janmaaten seiner Crew daher, wenn sie einmal schwerfällig an Land herumtrampelten. Alle seine Seegefährten, aber auch Handelspartner und ebenso – uneingestanden wie keinesfalls bereit, dieses zuzugeben – die würdigen Amsterdamer Compagnie-Oberen, fürchteten sich ein wenig vor seinem für jedermann abträglichen, bösen Spott in knapp beherrschter Sprache, Gestik, Mimik, welcher letztlich keinerlei Widerspruch duldete. Sehr viele Leute, die „binnen und buten" ihm einmal begegnet waren, also in den Häfen der Küstenorte wie draußen auf Schiffen in See – und die mit ihm gute wie schlechte Geschäfte gemacht hatten – konnten sich auch viele Jahre später noch bestens an ihn erinnern. Jedoch eingehend nach ihm befragt und nach seinem eigentlichen Wesen, mußten sie alle dann verlegen eingestehen: „Gekannt und richtig verstanden haben wir ihn allesamt nicht wirklich." Er ließ keinen nahe an sich heran. Und auf engere Tuchfühlung mit ihm dürfte wohl auch keiner gekommen sein. Solches erfuhr der spähende Willem dann noch vom Tischnachbarn Abraham, welcher sich offenbar sehr gut auskannte in dessen Leben. Und im späteren Nachhinein legte es sich dann um VAN STRAATENs Gestalt, sein Tun und Treiben dann wie grünschimmelige Patina und graudampfender Nebelvorhang, welche ihn neugierig ausforschenden Blicken der Zeitgenossen fast gänzlich entzogen, sein Bild verschwimmen ließen. So wurde dieser Holländerkapitän und Ostindienfahrer schon zu seinen Lebzeiten zur Schifferlegende. Das ist er bis in unsere Zeit hinein geblieben.

Einer von den unvermeidlichen, täglichen Stammgästen der Hafenschänke setzte sich jetzt zu Willem und Abraham hin. Es war ein früherer Schiffsbauer, späterhin zeitweise Hauswächter des Skippers in dessen Harlinger Grundstück. Jener gemütlich-versoffene Oll Mathiesen roch zwar etwas sehr streng und war, freundlich formuliert, von einem scharfen Tabakdunst und Altmännergeruch umweht, daß der geruchsempfindliche Exstudent heftig aufschniefte. Doch berichtete er Willem ungefragt, was er über die Herkunft VAN STRAATENs wußte, zumal über dessen Familienspuren weit hinüber ins Sächsische. Seine Erinnerungen blieben allerdings etwas sehr undeutlich, da er dies alles nur vom Hörensagen und aus zweiter Hand hatte. Suchte jetzt also bruchstückweise mühsam zusammen, was ihm einst die leider frühverstorbene Kapitänsgattin Christintje in langen Winterabenden aus den alten, vergilbten Familienpapieren vorlas. Wenn draußen an den langen Winterabenden die Eiswinde harsch übern Deich fegten, schwätzte es sich halt behaglich im warmen Stübchen drinnen.

Der Urgroßvater war ein Deutscher und Sachse. 1525, im Jahre des großen Bauernkrieges im Römisch-Deutschen Reich, ging der jüngste Sohn des einflußreichen Lutherfreundes und fürstlichen Geleitsmannes Michael Von der Straßen („merkt auf diesen Namen!"), mit der ebenfalls noch sehr jungen Tochter des Schänkers von Melbs, einem winzigen Dörfchen nahe der sächsischen Kleinstadt Borna, durch und weit weg in die Fremde. Ihr Vater Süßemund war der Bauernhauptmann des Bornaer Haufens. Der nach schnell niedergeschlagener Rebellion gefangengesetzt und mit anderen Unruhestiftern auf dem Marktplatze zu Altenburg im Osterland exekutiert worden war. Nicht zuletzt vermutlich auf Betreiben des hohen Staatsbeamten. Hier in Altenburg müssen sich wohl die jungen Leute kennen- und lieben gelernt haben. Abgestoßen vom blutigen Spektakel und den politischen Aufgeregtheiten in jener rauhen Zeit, angeekelt von den tödlichen Streitigkeiten der Väter, taten sie sich zusammen und liefen einfach weg. Nach langen Wanderjahren durch Westdeutschland, die sie bis an den großen Rheinstrom und diesen hinunter führten, setzten sie sich schließlich im niederländischen Arnhem, wo viele Deutsche lebten. Und wo sie sich mit einem kleinen Kramhandel recht bescheiden ernährten.

Dort wurde ihnen, nach einem reichlichen Dutzend Jahren seit ihrem Aufbruch aus dem Sächsischen, ein Sohn geboren. Welcher sich, als er mannbar wurde, zunächst bei den Rheinschiffern und später als Küstenfahrer auf Heringsloggern verdingte. Bei sparsamstem Leben, eine ebenso anspruchslose, fleißige Ehefrau zur Seite, brachte es dieser Großvater unseres Kapitäns bis zum kleinen Schiffseigner im Friesenstädtchen Hindeloopen an der Wasserkante. Und hier oben wurde ihm in seinen Altersjahren, nach mehreren Töchtern, endlich der ersehnte Sohn geschenkt, also der Vater VAN STRAATENs. Dieser fuhr natürlich auch zur See und kam schon weiter hinaus. Als angesehener Schiffsoffizier, Superkargo und Kommandant auf der neuen Ostindienroute verdiente er viel Geld. Galt als ein harter Knochen und gewitzter, wagemutiger Allwettersegler – und war sicherlich selten zu Hause bei den Seinen. Der heranwachsende Sohn, unser Skipper also, kannte den Vater kaum, und er hat sich auch („das nehm' ich so auf meinen Eid, denn er selbst erzählte es mir einmal") immer etwas vor ihm gefürchtet. Immerhin vermachte ihm der langlebige Alte nach seinem Tode hier in Harlingen, wo er sich zuletzt niedergelassen hatte, ein stattliches Anwesen nebst dickem Batzen Geldes.

Damit konnte also der Sohn unverzüglich in die großen Fußstapfen des Vaters treten, diente er sich auf Ostindienfahrern als Steuermann und Schiffsführer der Compagnie hoch. Wobei ihm das Renommee des gestrengen Herrn Vaters nicht wenig geholfen hat. Seit einigen Jahren nun ist er als Schiffseigner und Kapitän auf eigene Rechnung voll im Compagniegeschäft. Betreibt regen Handel als schnellsegelnder Einzelfahrer ohne Konvoianschluß. Mit seinem stabilen, hochseetüchtigen Schiff, einer von den neueren Fleuten und bewaffneten Kauffahrern, segelt er ganze Nächte durch, allen gängigen Gepflogenheiten zuwider. Und immer alle seine roten Segel gesetzt! Denn er will unbedingt die für jede schnelle Fahrt via Batavia und retour ausgesetzte Erfolgsprämie einsäckeln. Was ihm bislang auch immer noch gelungen ist. „Fragt mich aber bitte nicht, wie er das macht? Hier an der Küste, und bis tief ins Hinterland hinein, munkelt man nämlich von einem früheren Teufelspakt, den er einhalten müsse. Weswegen er dann die ganze Küste, rauf wie runter, und auch auf den Schiffen der Flotte arg verrufen ist. Da er seine Seele ja dem Bösen verschrieben hat. Na, wer daran glaubt..." schloß der alte Trunkenbold seinen langen Speech. „Der wird selig", sekundierte ihm Willem lachend und spendierte einen weiteren Oude Genever. Wollte wohl gerade zu einem längeren Gespräch über den allerorten, vorzüglich aber hier oben an der Küstenlinie, wuchernden Aberglauben ansetzen. Als er jäh verstummte. Denn schweren Schrittes stapfte der Genannte, dem offenbar die Ohren geklungen hatten, auf ihren Ecktisch zu. Mußte direkt von hinten, aus der Küche und dem Reich der knuddeligschlamperten Zwarten Hermine, gekommen sein. Mit dieser auch heftig-deftig geschäkert haben, denn er knöpfte sich eben noch den Hosenlatz zu. Es war ja kein Geheimnis, daß die Wirtstochter zu keinem Manne nein sagen konnte; schon gar nicht zu einem wie VAN STRAATEN. Ihr meistens im Tran befindlicher Vater, der stelzbeinige Trompeterjohann, wußte dieses auch, duldete es aber, dieweil solches das Kneipengeschäft nicht wenig förderte. Wozu waren die Weiber denn sonst da? Und wovon sollten sie denn ihre Kinder kriegen, wenn nicht über solcherart handfester Verbegatterung? „Wie wir alten Soldaten immer zu sagen pflegen!" Also, der Skipper setzte sich grußlos zu ihnen hin, fixierte den sich höflich erhebenden und vorstellenden Willem längere Zeit wortlos. Im Hintergrund machte sich jetzt auch Katherine am Schanktisch zu schaffen. Dabei den Kapitän nicht aus ihren verlangenden Augen lassend, was dieser naturgemäß wohlgefällig schmunzelnd zur Kenntnis nahm. Der allseits Umworbene, und vom Wirt offenkundig schon von Willems Wunsch in Kenntnis Gesetzte, wandte sich diesem endgültig zu. Seine Arme nachlässig auf den blanken Kneipentisch flegelnd, quetschte er dann nachlässig freundlich hervor: „Habe Information vom Heuerbaas. Ihr seid also dieser schräge Vogel und neuer Hausgenosse? Was ist denn der Jonkheer von Profession? Kann er ein Handwerk, welches man auf Schiffen benötigt, oder hat er sonstige Meriten, hm?" Nachdem der Exstudent ihm befriedigende Auskünfte erteilte, bestellte er eine Tischrunde, zwang den Examinierten auch zum sofortigen Austrinken. „Na, das Saufen klappt ja schon ganz ordentlich – also Theologie habt Ihr studiert. Warum wollt Ihr kein Pfarrherr werden?" Willem antwortete ganz ehrlich: „Mynheer, wenn man weiß, wie die Würste gemacht werden, dann ißt man schon keine mehr!" „Hohoho", grummelte der Skipper wohlgelaunt zurück, „da ist ja gewiß etwas Wahres dran", und er bestellte eine weitere Lage. Tapfer kippte Willem seinen scharfen Schnaps hinunter. „Lesen und Schreiben könnt Ihr, setze ich voraus, wie aber steht es ums Rechnen, he?" Worauf der Exstudent, alles auf eine Karte setzend, mit dickem Kreidestrich auf der von Katherine fix erbetenen Schuldentafel hin- und herfuhr, den aufgelaufenen Betrag addierte und abrundete, kreuzweise durchstrich und mit seiner schönen Handschrift dick daruntermalte: „Bitte Mynheer Kapitän hiermit um großzügige Begleichung obiger Schuldensumme. Habe zufällig kein Kleingeld bei mir. Kann ja später dann als Vorschuß verrechnet werden. Vielen Dank im Voraus!" Verblüfft hicksend, aber mühsam ein Lächeln unterdrückend, fragte der Examinator dann weiter: „Werdet Ihr gesucht, wegen blutigen Duells oder Weibergeschichten oder Schulden wie Zechprellerei? Sagts ehrlich an." Darauf Willem mit frostigem Grienen: „Draußen auf See dann sicherlich nicht mehr!" Worauf der schon vorher schmunzelnde Skipper ein wieherndes Gelächter anschlug, unter brüllendem, stoßweisen Juhen zum einigermaßen betretenen Wirte hinüber posaunte: „Guter Mann, der Mann – da draußen nicht mehr – das ist so wahr, wie ich Euch jetzt und hier anheuere, Heer Willem. Könnt was werden bei mir und beginnt Euern Dienst als Schiffsschreiber und vorläufiger Proviantmeister. Bekommt also Offiziersrang an Bord, eine Uniform und eigene Schlafkammer. Sowie ein Mehrfaches vom gewöhnlichen Mannschaftssold. Ausgezahlt wird aber erst nach beendeter Fahrt im Heimathafen. Topp!" Streckte dem sichtlich Aufatmenden seine Pranke hin, in welche dieser mit einem „Soll gelten" einschlug. „Und hopp – darauf noch einen Genever", röhrte der Skipper. Nachdem dieser auch in einigermaßen aufrechter Sitzlage verdrückt worden war, trompetete der neue Dienstherr im Abgehen über die Schulter zurück: „Morgen früh bei Sonnenaufgang sehe ich Euch bei mir an Bord, der Johann mag Euch den Schiffsliegeplatz weisen. Sauft nicht mehr so viel, Ihr vertragt's noch nicht recht, wird aber schon noch." Willem konnte nur stumm nicken, wußte später nicht mehr, wie er ins Bett gekommen ist. Und ob er die hilfreiche Hermine, welche er beim haarwurzelschmerzenden

Ach was, dummes Zeug, Mynheer Crispin Van den Valckert. Geht in den Hafen! Und Ihr werdet vieles aus der weiten Welt hautnah erfahren. Gutes wie Ungutes. Denn alles reist auf den Kielen der Schiffe – die Zeit, das Geheimnis um Gold und ewige Jugend wie auch die salzige, geschlossene Muschel des Schicksals. Hier in dumpfiger Reederstube könnt Ihr sie freilich nicht sausen hören. Geht in den Hafen, sag ich. Denn nur dort draußen wird man die Geschichten zur Geschichte hören, ihre Träger anfassen dürfen, die Seemänner wie ihre Schiffe. Wenn sie erzählen, dann stets von endlosen Ozeanen und gefährlichen Kaps, von Klippen und heimtückischen Riffen, von den glücklichen, verwunschenen Inseln hinter dem Winde. Von braven Seebären und sonderlich gefährlichen Narren, von den Besessenen und den Zigeunern der See, von Piraten und Todesfahrern. Immer wieder aber vom Meere: von der sanften, geheimnisvollen, leuchtenden, unberechenbaren, tückischen, todschwarzen, erbarmungslosen, geliebten, verhaßten, ernährenden wie verzehrenden, gefürchteten, abstoßenden und doch immer wieder anziehenden, verlockenden See. Geht in den Hafen hinunter, ich sag's Euch nocheinmal – und Ihr werdet schwer, aber reichlich träumen!

Erwachen am nächsten Morgen neben sich vorfand, nächtens noch ordentlich bediente. Wenn ja, dürfte die Gute kaum den rechten Gefallen daran gefunden haben. Vermutlich auch deshalb huschte sie jetzt flink aus der Kammer. Und trotz seines Riesenkaters mußte Willem breitmäulig grinsen, wenn er an den Ausklang der Sauferei vom gestrigen Abend dachte. Wie hatte der Skipper doch gleich gemeint? „Jeder von den ollen Suffköppen hier denkt doch immer nur an sich. Ich nicht Heer Willem, ich denke nämlich an mich!" Dessen schüchterne Einwendungen abwinkend, schrie er „Quatsch mit Soße. Bin ganz meiner Meinung" und kippte einen Dreistöckigen hinter den Knorpel, ein schmatzendes „Wiedersehen, mach's gut weiter unten" nachgrunzend. Rülpste dröhnend und gab der in verblüfftem Schweigen dasitzenden Kneipenrunde noch ein tüchtiges Rätsel auf „um euch Saufkumpanei mal die Dumpfbacken auszulüften!" Schon in der Tür stehend, fragte er so ganz obenhin über ihre Köpfe: „Ihr Leute sagt an, was ist's, das ein Brauereipferd hintendran hängen hat und Oll Mathiesen hier vornean?" Schmiß die Kneipentür krachend hinter sich zu. Von draußen hörten ihn die drinnen staunend Verharrenden noch laut wiehern, glotzten ihm hinterdrein und zermarterten sich vergeblich die alkoholgeschwängerten Hirne in ihren schnapsgedunsenen Häuptern, um des Rätsels Auflösung. Kriegten es aber alle zusammen nicht heraus. Als es den Genannten später, beim mühseligen Heimwärtswanken seitlich weg und um die eigene Achse drehte, ihn voll und breit auf die düstere Gasse hinhaute, er sich danach aufstöhnend wie breitbeinig hochrappelte, da wußte er's nur zu genau, was der Skipper meinte. Denn Oll Mathiesen hatte sich ebenda äußerst schmerzhaft geprellt. Weswegen er jetzt flink den lädierten Bugspriet einziehend, mit knirschenden Zahnstumpen wie auf rohen Eiern dahinhumpelte...
Morgenstund hat Gold im Mund. „Da setzt Euch her und trinkt ein Morgenbierchen mit einem alten Soldaten, Ihr frischgebakkener Schiffsoffizier! Oder seid Ihr Euch schon zu fein dazu?", fragte Trompeterjohann den gerade die knarrende Holzstiege in die Gaststube herabtappenden Willem, der auf ein kräftiges Frühstück hoffte. Von der ihn unermüdlich umschleichenden Wirtstochter mit lüsternem Zusammenkneifen ihrer grellen Katzenaugen begrüßt, hockte er sich zum wohlgelaunten

Heuerbaas hin. Kippte auch ächzend noch den üblichen „Gewohnelikken Klaaren" von der Küste hinter die Binde. Schüttelte sich, indem der Wirt feixend meinte: „Das wird wirklich schon noch mit dem Saufen – wie der Kapitän gestern meinte. Denn ohne Schnaps ist das Leben auf See unerträglich. Ach ja, er läßt Euch ausrichten, Ihr braucht heute morgen nicht aufs Schiff zu gehen. Neue Ordre folgt." Seufzte dann verhalten, sich mit dem Knöchel der linken Hand auf sein unterm Knie angesetztes Holzbein pochend. „Wir kriegen ander Wetter, ich spür's schon am Kribbeln in meiner Stelze", ließ er seinen unvermeidlichen Witz los und schwätzte munter weiter drauflos. Trotz der frühen Stunde schon wieder, oder immer noch, eine gewaltige Fahne in die Kneipenluft pustend. Kam auch sogleich auf sein Lieblingsthema zu sprechen, die alten Soldatenjahre im Großen Krieg, drüben im Reich. In Willem fand er einen aufmerksamen Zuhöher, denn dieser kannte das alles noch nicht.

„Ja, also ich war dazumal ein blutjunges Bürschlein und noch keine Zwanzig, Stabstrompeter beim Deutschen Michel. So nannten wir nämlich unseren verehrten General Hans Michael von Obentraut, der sich aus einfachsten Verhältnissen wacker hochgedient hatte. Und ich war dann auch bei ihm, als sie ihn vor Seelze in wilder Reiterschlacht vom Pferde schossen." Der im Rückerinnern geradezu verklärt schwelgende Krüppel ließ sich dann weiter aus, daß besagter Michel zwar ein saugrober, aber geradliniger Ehrenmann war, ein Deutscher und Thüringer Kind, irgendwo aus dem Altenburgischen. Und ein tapferer Soldat allezeit. „Gefallen ist er an jenem 4. November 1625; seinen Totenschild mit Helm und Reiterhandschuhen hängten sich die Hannöverschen später in ihre Marktkirche." Während an ihm vorbei und neben ihnen das tosende Gefecht sich allmählich in Richtung auf die große Stadt hin verzog, schleppte der ausharrende Trompeter seinen todwunden General von der Landstraße weg und zu einer kleinen Baumgruppe auf das freie Feld hin. Dort bewachte er den Sterbenden mit blankgezogener Wehr. „Zäh war der Alte und schwer kam ihm das Abscheiden an, lange rang er mit dem allgegenwärtigen Gevatter Tod. Wollte ihm noch 'was Liebes tun und eine wilde Rose brechen." Das wehrte der alte Haudegen brüsk ab: „Auf solchem Felde pflückt man solche Rosen!" Dabei mit einem Finger den reichlich aus

tiefer Schußwunde rinnenden Lebenssaft auf dem Lederkoller zu blutroter Rosette formend. Schwer zurücksinkend und durch die schwanken, windzerzausten Zweige einer alten Erle auf tiefhängende, novembergraue Regenwolken blickend, stöhnte er auf: „Kein schöner Tag zum Sterben!" Und daß sowohl der Krieg wie auch das ganze Leben nur ein verdammtiges Würfelspiel seien. So manch einer gewinne dann dabei auch nichts Gutes. Schwieg dann eine lange Weile. Und als es mit ihm ersichtlich aufs Letzte ging, da war er ganz weit fort. Denn plötzlich formte sein zuckender Mund mit leiser, kindlich hoher Stimme ein Verschen. So wie es ihm seine Mutter im kleinen osterländischen Bauerndörfchen damals vorgesungen hatte: „Wenn se jung sinn, treten se eim uff de Scherze; wenn se alt sinn, treten se dann uffs Herze. Un se fulgen dir in keenen Falle; doch eem Kalbfell fulgen se dann alle." Kommandierte darauf im Wundfieber, ganz deutlich vernehmbar: „Habet acht ihr Knechte, senket Fähnlein und Wehr!" Winkte mir zu, ich sollte ihn aufrichten, er wollte wohl beten. Hatte jedoch alle diese frommen Worte längst vergessen, mühte sich ab im Wiederfinden und quälte sich sehr. Da sprach ich ihm unseren Fahneneid vor, und er sagte ihn ganz andächtig nach, bis er dann ausgeschnauft hatte. Und ich Trompeter blies, heulend wie ein Schloßhund, meinem toten General den Regimentsruf, einmal und nocheinmal, mit zitternder Hand zwar, aber weithin vernehmlich. Auf daß sich alle, Freund und Feind, die mit ihm hier gefallen waren, sammeln und hinter ihm her dort droben dann einreiten sollten. Bei unserem alten Kriegsgott nämlich, der die Schlachten so liebt und die alten Soldaten. Drückte ihm hernach die Augen zu und die Arme über Kreuz. Aber auch mir kam jetzt, godverdomme, kein einziges noch so kleines Gebetchen in die Möte. Fluchte dafür still vor mich hin, daß so einer so enden mußte, während die großen Schweinehunde überlebten. „Aber ich meine, ein trefflicher Fluch ist auch sowas wie ein halbes Beten – und einmal, da müssen wir ja alle dorthin abgehen, wo mein alter General jetzt verweilt. Ich bin dann hastig fortgeritten, den anderen nach. Und habe mich kein einziges Mal noch umgeschaut, denn das bringt Unglück, wie man weiß.
Meines gewesenen Generals Gaul zog ich am Zügel mit und habe auch seinen Mantelsack samt Inhalt geborgen. Konnt's gut brauchen, das Geld und die güldene Ehrenkette, Brillantringe

und was der sonst noch mit sich herumschleppte, in seinem wilden Soldatenleben. Warum sollte ich das alles irgendwem anderes lassen. Hab's auch nicht verbumfiedelt, Ihr versteht? Sondern fein säuberlich bei einem großen Handelshaus hinterlegt. Als ich dann mit nur noch einem Bein aus dem Kriege zurückkehrte, habe ich mir dann hier oben die Schänke dafür gekauft. Und gedenke seitdem dankbar meines spendablen Generals. Er hatte ja doch keine Verwendung mehr für seine Schätze, und ich meine immer, er hat sie mir auch vergönnt. Worauf wir beide jetzt noch einen rechten Schluck auf ihn nehmen wollen; denn sowas hat er auch immer sehr gemocht. Vielleicht findet sich viel später noch mal einer, der dem Deutschen Michel – den man bei Seelze dann eingerodet hat – seine verdiente Würdigung schreibt? Einer von den ganz großen deutschen Dichtern etwa. Und wer weiß, vielleicht setzen sie ihm auch noch ein Steinkreuz hin? Wäre ganz schön und hätte der General auch wirklich verdient. Denn der war ein großer Kriegsmann und ist sehr ordentlich gestorben. Ich kann das getrost beeiden und bezeugen. Na, denn Prosit, Heer Willem, oben rein, unten raus – und auf Euer ganz Spezielles!"
Der hielt wacker mit, obgleich er vom Vorabend her immer noch eine furchtbar dicke Zunge hatte – etwa so, als ob ihm eine ganze Schiffsbesatzung in schweißigen Socken über selbige hinweggelatscht wäre. Fragte aber immerhin nach, welche Ordre ihm VAN STRAATEN hinterlassen habe. Und er erfuhr so nebenbei, daß sein Schiffsgewaltiger auf eine Woche etwa in dringenden Geschäften nach Amsterdam gereist sei, auf dem Wasserwege natürlich. Auch Oll Abraham, der ihn noch freundlichst grüßen ließe, habe sich dorthin auf den Weg gemacht, aber auf dem Landwege, wie es sich für solche Landratten gehörte. Und per Postkutsche, oben auf dem Bock, neben dem blasenden Schwager, als wenig zahlender Billigpassagier. Heer Willem aber sollte, so hätte es der Kapitän angeordnet, hier in der Schänke auf seine Rückkehr warten; und inzwischen ja nicht so viel Geld ausgeben. „Aber Ihr habt ja bei mir unbegrenzten Kredit", schmeichelte Trompeterjohann seinem wohlgelittenen Hausgast. Zumal dieser auch so schön brav den allerältesten Geschichten des geschwätzigen Hafenwirtes lauschte, den andächtigen Zuhörer wie Staunenden mimte.

VAN STRAATENs Amsterdamer Geschäftspartner und Kreditgeber war der „Großmogende, Edelachtbare Mynheer" Crispin Van den Valckert, einer der allseits respektierten wie auch neidvoll bewunderten Herren Siebzehn und Vorsteher der Handelsgesellschaft von der „Vereenigde Oost-Indische Compagnie". Das Handelskontor des mächtigen Großreeders und Bankiers befand sich im geräumigen Wohn- und Geschäftshaus, einem Reichtum auf kühle Distanz ausstrahlenden herrschaftlichen Prachtbau an einer der vornehmsten Grachten der umtriebigen Welthandelsstadt. In der großen Schreiberstube aber schien heute der Teufel los zu sein. Sonst war hier neben dem Kratzgeräusch vieler Federn übers geduldige Papier nur dessen Rascheln und Knittern sowie gelegentliches Räuspern zu vernehmen. Sowie die knappen Anweisungen des würdigen Oberschreibers. Der lärmte jedoch mit der ganzen Schreiberzunft ungehörig laut herum. Sodaß die sich eben vom Hausherrn im Nebengemach verabschiedenden Geschäftsfreunde baß erstaunt die Ohren spitzten, sich ungebührlich fix hinausdrängelten, um des Spektakels Grund zu schauen. Belustigt sahen also der Ridder Van Westerbork und Heer Van Gelderen durch die Tür auf die fröhliche Korona der Schreiberlinge. Diese hatten einen hier noch nie gesehenen Zufallsgast in der Mangel – einen alten, jüdischen Trödler und Hafenhausierer von der Küste. In der typischen Tracht solcher kleinen Handelsleute, schwarzem Rock und Kaftan, den flachen Hut artig auf den kleinen Tisch gelegt, hockte jener demütig gekrümmt auf einem Stühlchen. Und ließ geduldig den bösartigen Spott der sich endlich einmal als Herren fühlenden Angestellten über sich ergehen. War er doch als bescheidener Bittsteller hereingetreten, um mit dem hier ebenfalls anwesenden Schiffskapitän VAN STRAATEN etwas Wichtiges bereden zu wollen. „Wird schon was Rechtes sein, geht gewiß um größere Geschäfte", meckerte der sich als schlichter Witzbold entpuppende Heer Oberschreiber lauthals, während der jüngste Lehrling kurzerhand den schweren, vollgepackten Tragekorb des Alten umkippte, dabei höhnisch grienend auf dessen billigen Ramsch und Armeleuteinhalt zeigte. Da fuhr ihnen allen einer mit grobem „Holt Muuler, dammliche Kontorböcke und Skribenten, schert euch gefälligst an eure wackeligen Stehpulte" in die Parade. Beleidigt zuckte der Oberschreiber herum, knickte aber sofort vor dem wütenden Kapitän des EENHOOREN feige abduckend ein. Desgleichen seine Leute; und der rote Ohren kriegende, freche Lehrling häufelte schweigend des Alten Ware in die Kiepe zurück.

Die beiden Handelsherren waren kopfschüttelnd, aber schmunzelnd, abgegangen, auch der Hausherr hatte sich mit kurzem Gruß, sichtlich verlegen werdend, entfernt. Nur der Kapitän stand noch breitbeinig und mit in die Hüften gestemmten Fäusten kämpferisch im Kontor, in dem es plötzlich still geworden war. Er haute dem Alten jovial auf die abfallenden Hängeschultern: „Menschenskind, Oll Abraham, alter Freund und Gauner, was tust du denn hier in dieser Räuberhöhle und Pharisäerrunde, haha!" Dann schnallte er ihm höchstselbst die schwere Rückenlast wieder auf und ging mit bösem Knurren in Richtung der sehr beschäftigt scheinenden Schreiber hinaus. Den Trödlerjuden freundschaftlich beim Arme nehmend und begleitend. Der berichtete ihm langatmig, immer wieder mühsam aufschnaufend, von seiner langen Kutschfahrt hierher. Und daß er gekommen sei, um seine schwindenden Vorräte wieder aufzufüllen. Aber auch „bitte schön, Mynheer Kapitän, jagt mich nicht mit Fußtritten fort und hört mich diesmal wenigstens bis zu Ende an", um nochmals die Sache mit Katherine vorzutragen, herzlich „um Gottes und seines Sohnes willen" den Gewaltigen zu bitten, die beiden Waisen doch zu sich an Bord und mit auf See zu nehmen. „Denn dort in der Hafenschänke verkommen sie sonst noch und verziefern!" Zunächst wehrte sich der Kapitän, wie vorher auch schon mehrfach, gegen dieses Ansinnen – besann sich aber doch eines Besseren und ließ sich von dem alten Abraham, auf dessen immer dringlicheres Bitten und Betteln hin, langsam erweichen. Währenddem sie gemächlich an den Grachten dahinschritten, zeitigte des Hausierers Salamitaktik endlich erste Erfolge.

„Warum machst du dieses, Oll Abraham?" wollte der Kapitän schließlich wissen, „bist du Patenonkel der beiden, oder was sonst? Sags ehrlich, Alter!" Natürlich war ihm nicht entgangen, daß die gar nicht unansehnliche Deern ihm schöne Augen machte, auch nicht, daß sie sich als Schankmädchen von ansehnlichen Männern nicht ungern anfassen, auch schon mal unter die Röcke greifen ließ. Sofern jene nur gut zahlten und viel bestellten. So manchem als Zimmermädchen auch das Bett richtete, sich ab und an von einem auch mal in selbiges ziehen ließ. Nicht daß er sie verachtete, das brachte ihre Tätigkeit halt so mit sich. Und wenns eine dann nicht übertriebe, war das Ganze ja auch soweit in Ordnung. Meinte er zum alten Abraham. Der erzählte ihm noch ein weniges über den armen Jungen. Daß der körperlich zwar schmächtige, für sein Alter von fünfzehn Jahren auch im Wuchs zurückgebliebene Bruder Katherines keineswegs so dumm sei, wie die Leute behaupten. Nur eben recht dummtüdelig erscheine „so was von lütütütt", sich dabei mit dem Daumenknöchel vornehmlich aufs Stirnbein klopfend. „Eigentlich dammlich ist der Hans aber nicht, nur sehr langsam und öfters verquer im Denken und Reden. Auch lernt er brav auf des Wirtes alter, im Kriege durchschossener Trompete zu blasen. Weswegen das Instrument halt solch absonderlich quäkenden Töne abgebe."

Oll Abraham berichtete dem rüstig voranschreitenden Kapitän dann rasch noch von den Eltern der beiden, merkte an VAN STRAATENs aufgestellten Lauschern, daß ihn dieses interessierte. Trotz schwerer Rückenlast ihm stetig nachtrippelnd, sagte er, daß er ihren frühzeitig auf See gebliebenen Vater ebenso kannte, wie die als junge Witwe zurückbleibende Mutter. Welche sich, um Katherine und ihren später geborenen, armen Bruder – „eben ein Suffkind, wißt Ihr" – ernähren zu können, als Waschfrau und Putze verdingte. Dabei wohl nie so ganz mit ihrem elenden Schicksal sich abfinden konnte, darüber ins Saufen geriet. Und eines schlechten Tages dann im Hafenbecken aufschwimmend gefunden wurde, die noch halbvolle Schnapsbuddel fest in den Händen haltend. „Arm, aber ehrlich, das war ihr Grundsatz bis zuletzt – und so kam sie denn auch zu Tode", schloß der Alte kummervoll. Erzählte weiter, daß Katherine, die jetzt ja für den kleinen mallen Bruder mit sorgen mußte, sich als Dienstmagd im Hause des reichen Vlissinger Kaufherren Van Genter verdingte. Und, kaum den nicht mal tintentrockenen Konfirmationsschein besitzend, von diesem gieriglüstern als Bettgespielin mißbraucht wurde. Unter seinen kundigen Händen blühte das wehrlose Mädel zur Frau auf. Sie wurde samt Hansbruder dann nach einigen Jahren, als Van Genters Verhältnis auch nach außen ruchbar sowie betratscht ward, ohne Umstände auf die Straße gesetzt. „Ein wirklich rechtschaffener Mann, dieser Ratsherr und Reeder. Der des Sonntags mit seiner dicken Bibel unterm Arm als Kirchenvorstand samt Familie und Gesinde in der ersten Reihe seiner Kirche sitzt. Kopfnickend wie beipflichtend der Predigt lauscht, alle Lieder und Choräle fleißig mitsingt, darauf bedacht, daß ihn alle Leute auch so sehen sollen, den Braven. Und als Geschäftsmann ist er in Handelsdingen ja wohl recht erfahren. Wie Ihr doch ebenfalls wißt!" Diesen Hinweis auf des Kapitäns Erzrivalen und Intimfeind aus jüngeren Jahren hatte sich der schlaue Alte bis zuletzt aufgespart. Damit auch voll ins Schwarze getroffen. „Geh mir doch bloß weg mit dem alten, sündigen Schelm", platzte dem Kapitän jetzt der Kragen, „der Halunke hat mir schon so manches gute Geschäft vermasselt, verrecken soll er um seiner Bosheit willen!"

„Wai geschrien, Mynheer VAN STRAATEN", ließ sich wieder Oll Abraham vernehmen, zufrieden mit sich und der Welt, daß er den Hartschädel endlich weichgeklopft hatte (steter Tropfen höhlt den Stein). Bekam dann fest in die Hand versprochen, daß der Kapitän, „und wenn sich beide die Seele aus dem Leibe kotzen sollten", nunmehr einverstanden sei. „Ich nehme also das Frauenzimmer mit an Bord; und auch den mallen Jungen als Draufgabe. Wärmt mir die eine halt die Koje; und der Hans kann vielleicht einen brauchbaren Schiffsjungen abgeben. Es mag die Mannschaft ruhig ihre Späße mit ihm treiben, das lenkt von mancherlei Unbill ab. Muß ich dir sogar noch dankbar sein, Alter, für deine Vermittlung. Will auch gar nicht wissen, was du dafür bekommen hast." Registrierte mit Verblüffung einmal dessen entrüstete Abwehr solcher Vermutung. Wie zweitens, daß dieser ihm jetzt noch einige teure Geschenke für die beiden mitgab, ja, förmlich aufdrängte. Hartnäckig und aufdringlich wie eine Klette wieselte der um ihn herum, mit seltsam feierlichem Gebaren für Katherine ein rotsamtenes Prachtkleid, ein reinseidenes Halstuch und ein großes, fransenbesetztes Umschlagtuch aus mehrfarbenem, dicken Wollstoff aus der Kiepe fischend. Und für den Jungen übergab er dem Staunenden eine kleine, aber dicke und klirrende Talerrolle.

Während beim Wiederaufschnallen der Kiepe die ganz obenauf liegende, tönerne Wasserflasche leise gluckerte, fragte der Kapitän so ganz nebenbei den Alten. warum dieser die Flasche mitschleppte: „Trinkst neuerlich so viel, Oll Abraham?" Sich zum Befragten umwendend, merkte er erst, daß jener nicht mehr an seiner Seite weilte. Hastig war der Alte weitergeeilt, rief jetzt mit dünner Stimme schon aus einiger Entfernung: „Gut gehen lassen, Mynheer Kapitän. Ich versuche nur um Gotteslohn etwas wiedergutzumachen. Tut Ihr es auch an den beiden Waisen und nutzt Eure Chance, es könnt leicht die letzte sein! Und mit Wasser habe ich mich versehen, um für den Fall der Fälle gerüstet zu sein. Wenn doch noch einmal einer, ein ganz Gewisser nämlich, bei mir vorbeikäme und ein einziges, winziges Schlückchen erbäte. Dann aber soll er alles haben dürfen..." Wie ein leichter Lufthauch wehten diese Worte, in aufsteigender Diesigkeit vergehend und in den Wölkchen des späten Septembertages wegfliegend. Und mit tonlos keuchendem, jammervollen Röcheln verklang des Alten spröde Stimme in endloser Weite. Schon hatte bläulichweiß aufsteigender Flußnebel von den Grachten seine kleine, lastgekrümmte, hurtig davonstrebende Gestalt verschluckt. Förmlich eingesogen wie ein unwirkliches, nichtkörperliches Phantom, ins Niegewesen – Niemals – Nichts.

VAN STRAATEN aber fröstelte es plötzlich bis ins Mark hinein. „Oll Abraham!" schrie er überlaut in den diesigen Dämmerdunst hinein, „halt an, ich muß dich noch was fragen. He, du – Abraham! Ahasver?" War etwas ganz entscheidendes, was er diesen fragen mußte, doch bekam er's jetzt nicht mehr zusammen. Und wieso rief er zuletzt nach einem Ahasver? Zähneklappernd und kältegeschüttelt begann er ganz unvermittelt zu laufen. Hinunter zum Binnenhafen der großen Stadt, von wo er dann auf dem Pampus nach der Küste zurücksegeln wollte. Denn in der letzten Septemberdekade gedachte er, von dort oben auszulaufen. Und sei es auch ein Segeln mitten hinein in die mit Sicherheit wüst tobenden Äquinoktialstürme in der „Mordsee". Darüber hatte er sich vorhin noch mit seinem alten Geschäftsfreund zornig gestritten, dieser ängstlichfrommen Landratte, daß er möglichst um die herbstliche Tag- und Nachtgleiche des 23. September herum, dem Herbstäquinoktium eben, gegen jeglichen guten Rat und christlichen Seemannsbrauch, absegeln würde.

Der genannte Pampus aber war das damals bereits flache, verlandende und versumpfte Fahrwasser von Amsterdam nach der Zuidersee, hinüber auf Texel-Reede. Wo die großen Ostindienfahrer, ihres Tiefgangs wegen, zumeist vor Anker lagen. Die flachen, oftmals kiellosen Küstenbojer, Logger und Schuten kamen gut durch, wie auch speziell gefertigte Lastkähne der Küstenschiffer. Die hochseetüchtigen Ozeanschiffe aber mußten mühevoll und kraftaufwendig getreidelt oder gezogen werden, was die Reeder dann allerdings sehr teuer kam.

Mit Verwunderung blickten vorübergehende Straßenpassanten dem händefuchtelnd mit sich selber Redenden nach. Der bemerkte das alles gar nicht, so sehr war er mit seinen auf ihn einstürmenden Erinnerungen und Vermutungen sowie in der Besinnung auf weit zurückliegende Zeiten beschäftigt. Richtig eingesponnen hatten sie ihn, schlugen wie mit dröhnenden Fausthämmern auf sein wild pochendes, schmerzendes Herz. Und er stöhnte laut auf: „Wie uralt ist dieser Trödlerjude eigentlich? Habe ihn doch schon als kleiner Junge beim Vater daheim gesehen. Und auch damals schien er mir bereits ein sehr alter Mann zu sein. Wo kommt er her, wo geht er hin? Dieser ewig Unrastige, dieser Überall und Nirgends!" Wie ein jäher Frost fiel es ihm da aufs Gemüt. Daß der gestrenge wie gefürchtete

Heer Vater, in einer jener seltenen Stunden, wo er zu Hause war und auch mal Zeit für den wißbegierigen Sprößling hatte – diesen auf die Knie nahm, dort reiten ließ und dem aufgeweckten Jungen dann ein Stückchen aus der alten Familienbibel vortrug. So die Geschichte von Ahasverus, dem Ewigen Juden:
Auf Jesu Leidensweg, durch die ihm feindlich gewordene Stadt Jerusalem mit ihren aufgehetzten Bewohnern, hin zum Richtplatz auf dem Galgenberge, der von jedermann gemiedenen Schädelstätte Golgatha, trug es sich zu. Altjüdischer Überlieferung folgend, soll sich der hartherzige Schuster Ahasver geweigert haben, dem unter schwerer Kreuzeslast Zusammenbrechenden einen Labetrunk Wasser zu reichen. Und ihn sogar mit bösen Worten von der Pforte seines Hauses weggejagt haben. Worauf die römischen Soldaten der Hinrichtungseskorte dann einem zufällig des Weges daherkommenden Manne aus der Ortschaft Kyrene, namens Simon, das ungefüge und grobgezimmerte Holzkreuz aufbürdeten. Freilich ließ sich auch dieser erst nach unmißverständlicher Nötigung dazu bewegen. Jener ungefällige Ahasver aber (in latinisierter Namensform als Ahasverus überliefert) endete nicht wie der arge Verräter Judas. Dem seine dreißig Silberlinge am Schluß nur noch den Kälberstrick wert waren, an dem er sich aufhing. Nein, Ahasver sollte strafweise auf immerdar weiterleben, war von Stund an ein Verfluchter. Mußte seither unstet und flüchtig durch die ganze Welt eilen, durch alle Völker und Zeiten, rastlos gepeinigt durch stetige Erinnerung an die Ursache seines Wandertriebes. Überall Unruhe, Hektik und das Gefühl verbreitend, irgendetwas überaus Wichtiges sei versäumt worden. In vielerlei Gestalt auftretend, vielsprachig und vielgewandt und immer äußerst geschäftig, wo er auch hinkam. Als der Ewige Jude eben. Welcher, wenn überhaupt, seine Erlösung erst am Tage des Jüngsten Gerichtes findet – und dann nur gnadenhalber.
Viele Jahrzehnte waren seither vergangen, doch hatte VAN STRAATENs Gedächtnis jenen damaligen Moment treu gespeichert. Und wie hatte er sich bei Vaters Erzählung gegruselt. Obwohl ihm der schuhflickende Bösebold doch wiederum leidgetan hatte. Jetzt fragte er laut in die Luft hinein: „Bist du Oll Abraham , vielleicht gar jener verfluchte, verrufene altbiblische Ahasver? Mein Gott, wo hatte ich nur meine Augen in all diesen

Jahren! Und was hast du nur gemeint, mit der letzten Chance für mich, he?" Ein gar nicht mehr so stämmigstolzer Kapitän VAN STRAATEN brabbelte abschließend lauthals vor sich hin: „Komische Sache, das. Und muß mir passieren, godverdomme!" Fluchend stieg er jetzt die breite Steintreppe zum Hafen hinunter, wo in Dämmerdunst und Nebelrauch die vielen Schiffe an ihren Anlegeplätzen stückchenweise versanken.

Als der binnen Wochenfrist von Amsterdam nach Harlingen und an die Küste zurückgekehrte Kapitän sich kurz, aber herzlich hinternklopfend, von der kichernden Hermine verabschiedete, Vater Heuerbaas bekam einen festen Händedruck – da vermied er es tunlichst, sich nach dem nicht wieder aufgetauchten Trödler Abraham zu erkundigen. Beorderte dafür die noch in der Schänke logierenden Willem, Katherine und Hans aufs Schiff. Was bei diesen große Freude und auch kein größeres Sachenpacken auslöste. Hatten sie doch allesamt ihre bescheidenen Bündel schnell parat. Allein Katherine trug etwas schwerer an ihrem Kleidersack, der mit allerlei Frauenkramzeug prall gefüllt war. Ritterlich half ihr Willem dabei. Und am Abend saßen sie wieder vor ihren Trinkbechern und Stamperln beisammen, die immer hier saßen. Einer jedoch fehlte. Oll Mathiesen hatte sich nämlich am Vortage geruhsam wie ausdauernd zu Tode gesoffen. War an seinem Stammplatz im Eck urplötzlich blauroten Gesichts mit heiserem Aufstöhnen ganz locker vom Hocker gerutscht. Streckte sich unterm Tische lang aus und verröchelte. Gerade noch hatte er seinen allerletzten Genever hinterkippen können, umkrallte das leere Glas mit abkühlender Totenhand. Nach angemessener Schrecksekunde hatten sie ihn im kalten Bierkeller der Schänke zwischengelagert und aufgebahrt. Der Skipper aber winkte lässig ab, wollte den tapfer an der Alkoholfront verbliebenen Hausmann gar nicht mehr sehen. Mit dem ihn charakterisierenden „Welch ein schöner Tod! Nur, wo kriege ich jetzt einen neuen Hofwächter her?", und dem Auftrag an Trompeterjohann, schnellstens für Ersatz zu sorgen, federte er hinaus und verschwand Richtung Hafen.
Nicht wenige von den Stammgästen bei der Zwarten Hermine aber gaben Oll Mathiesen später das letzte Geleit. Der ausgepichte Suffkopp blieb sich dann auch als Leichnam, auf dem

Weg zur letzten Ruhestätte, treu. Als der feuchtfröhliche Trauerzug (ersteres wegen des häßlichen Regens, und letzteres, weil sie natürlich noch vorher einen tüchtigen genascht hatten, vom Gewohnelikken Klaaren, dem üblichen Küstengetränk für Männer) schwankenden Schrittes an des Alten anderer Lieblingskneipe „Zum toten Matrosen" vorbeischlingerte, wie sinnig und gleich neben der Kirche gelegen, da steuerte der offenbar bis in alle Ewigkeit Durstige seine Totentruhe, heftig wackelnd, dwars und mit Kurs auf die einladend geöffnete Kneipentür. Also willfahrten sie seinem Wunsche und luden ihn dort erstmal wieder ab. Wollten ihn wohl stellen, doch glitt ihnen die regennasse, nur flüchtig gezimmerte Kiste aus zitternden Händen und krachte koppheister aufs Straßenpflaster. Alle Mann stärkten sich dann mit ein-zwei-vielen Schnäpsen für weitere Strapazen. Vergaßen dankenswerterweise auch den selig Abgeschiedenen nicht, indem sie ihm eine noch fast volle Flasche in den durch harten Aufprall gesplitterten und geschundenen Sarg reinschütteten. Weil der Ärmste doch so bald keinen Schnaps mehr zu trinken bekommen würde. Lustig singend zogen sie weiter, auf den Totenacker hinüber, wo ein frierender Priester unmutig neben offenem Grabe auf sie wartete. Und der Sarg ins durch Regenwasser halbvoll gelaufene Geviert herabgelassen wurde. „Goddsdonner und verdorri", lallte der gerührte Trompeterjohann mit dicker Zunge, „Wasser war immer sein größter Feind, weshalb er sich eben so selten wusch." Damit gruben sie ihren toten Freund ein. Und zogen allesamt wieder in ihre, nun irgendwie halbverwaiste, Destille ein – zum Ehrentrunk auf den alten Zechkumpan. In der Hafenschänke bei der Zwarten Hermine hub jetzt ein mächtiges Gesaufe an, welches sie bis in den nächsten Morgen und zur halbseitigen Gesichtslähmung zelebrierten. Man stirbt schließlich nur einmal; und Spaß muß sein bei der Leiche, sonst geht keiner mit zur Beerdigung. Der Skipper und sein Gefolge haben leider nichts mehr davon erfahren, wie man Oll Mathiesens Fell so restlos und gebührend versoffen hatte. Alldieweil sie zu diesem Zeitpunkt mit ihrem Schiff schon weit draußen auf hoher See standen.

Als wohlbestallter Schiffsoffizier und Respektsperson suchte sich Heer Willem, die ihm neue und noch unbekannte Welt der Segelschiffahrt schnellstmöglich zu erschließen. Von der Mannschaft durchaus achtungsvoll behandelt, kannte sich von denen ja kaum einer in der vertrackten schwarzen Kunst des Lesens wie Schreibens aus. Das Bordleben allerdings schien dem Exstudenten mit seinen äußerst primitiven sanitärhygienischen Vorrichtungen wenig für einigermaßen gehobene Ansprüche geeignet. Auf dem ganzen Schiff war es stets zugig und naß, es stank allerorten nach Pech, Ruß und Teer von der Kalfaterung. Herbe Urindüfte mischten sich mit schmierigsüßlichen Küchengerüchen aus der auf Deck stehenden Bretterkombys. Wo der schmuddelige und nach außen hin sehr bibelfromm wirkende Kok „Dreckfranke" werkelte – eine rheinische Frohnatur aus der deutschen Stadt Köln. Er fungierte auch als Vorbeter, Vorleser, Vorsänger bei den eher seltenen Bibelstunden oder Gottesdiensten an Bord. Weil bekanntlich VAN STRAATEN kein großer Kirchgänger war. Auf anderen Holländerschiffen artete solches aber häufig zu lästiger Gewohnheit mit Massenbetrieb aus (besser wurde dadurch bestimmt keiner).

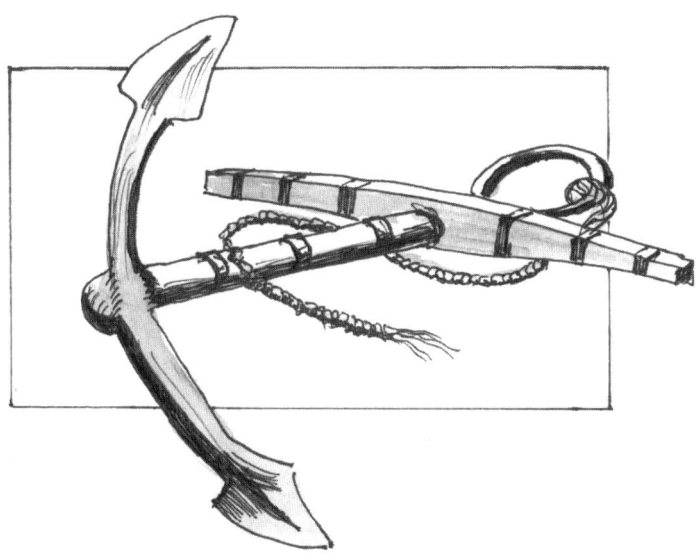

In Willems Kammer dann plagten ihn die unvermeidlichen Schiffsflöhe, Läuse, Schaben und Wanzen. Besonders letztere, derbhumorig als Bäckerburschen oder Wandmarschier bezeichnet, wurden lästig. Krabbelten die Wände hoch, zogen rottenweise an der niederen Kammerdecke auf und ließen sich mit Vorliebe nächtens von dort oben in des Schläfers geöffneten Mund fallen. Wo sie beim Zerbeißen einen ätzenden, bitterschalen Geschmack hinterließen. Tief unten im Schiffsbauch tummelten sich die fetten, quietschenden Ratten und fühlten sich im fauligen Bilgenwasser rattenwohl. Bei seinen dienstlichen Streifzügen durch die dumpfigen, schlechtbeleuchteten Laderäume machte der Schreiber und gleichzeitige Hilfsproviantmeister auch die nähere Bekanntschaft mit dem sich dort zumeist aufhaltenden, knorrigkauzigen und verwachsenen Schiffszimmermann Oll Kaboutersmidt. Der trug ständig Handwerkszeug bei sich, womit er nagelte und klopfte, verdrahtete, zuspundete, fest anzog und verzurrte. Und hatte somit alle Hände voll zu tun. Seine derben Holzpantinen klangen mit ihrem „klipp-klapp, klabotter-klabuster-klabauter" irgendwie unheimlich durch diese dämmrige Schiffsunterwelt. Und der Neuling erschrak sichtlich, als ihn Meister Blau, wie er von den Matrosen auch genannt wurde, mit einem tückischen Grienen vorführte, daß man seine tägliche Hartbrotration, den bordüblichen Schiffszwieback, mit Hammer oder Messergriff zerklopfen mußte. Anschließend tüchtig wässern, damit das beinharte Gelump überhaupt durch den Schlund gewürgt werden konnte. Von dem grünlichweißen Schimmelbelag und reichlich herausfallenden Würmern mal ganz abzusehen.

Gleich in den ersten Fahrtstunden hatte Willem die Speiserolle für Offiziere und Mannschaften zu erstellen. Gekocht wurde für alle gleich, nur bekamen die Chargen eben von allem ein größeres Maß zugeteilt. „Der Kok muß seinen Fraß halt so bereiten, daß ich als Kapitän ihn auch ohne größere Vergiftungen genießen kann", pflegte VAN STRAATEN immer zu sagen. Noch war die Proviantlast gut versehen. Pro Nase hatte man für die gesamte Reise fünf große, runde Edamer Käselaibe übernommen. Dazu mehrere große Butterfässer sowie viele mit stark versalzenem Pökelfleisch von Rind und Schwein. Unzählige gedörrte Stockfische stanken vor sich hin. Massenhaft Hartbrotpackungen, duftende Speckseiten und Tabakspäckchen, Trockenfrüchte, Sauerkrautfässer und Berge von Äpfeln. Säcke voller Reis, Hirse, Bohnen, Erbsen, Zucker, Salz, Pfeffer, Fässer mit Essig, Bier und Wein; letzteren auch flaschenweise in besserer Qualität für die Schiffsoffiziere. Nicht zu vergessen die allseits beliebten Schnapsfäßchen für die tägliche Bordration. Und natürlich volle Wassertonnen in großer Zahl.

Die übliche eingeschränkte wie vitaminarme Bordkost dokumentierte sich schließlich in Willems ersten Wochenspeiseplänen für die lange Fahrt. Demnach bekam jedermann für die ganze Woche ein Pfund Butter, drei größere Käsestücke aus seiner Gesamtration, vier Pfund vom Schiffsbisquit oder Hartbrot. Pro Tag 3/4 Dünnbier oder 1/10 Maß französischen Wermutwein. Zum Frühstück (stets auf mehrere vier bis sieben Mann aus gemeinsamer, großer Schüssel Essende gerechnet) gab es gekochten Gerstengrieß, Hirsebrei mit eingeweichten Trockenfrüchten, wie Birnen oder Backpflaumen, manchmal auch mit Rosinen, in einer fettigen Buttersoße. Mittags und abends jedoch stets Bohnen, Erbsen oder Hirse dick gekocht und mit Butter angeschmälzt. An Sonntagen wie auch Donnerstagen (dem ursprünglichen Seemannssonntag) kam dazu noch einiges Fleisch in die Schüsseln. Nämlich 5/4 Pfund eingesalzte Rinderstücke; an Dienstagen 3 1/4 Pfund eingesalztes Schweinefleisch. Für die Freitage und Samstage waren jeweils nur zwei Pfund trockener Stockfisch vorgesehen. Montags und Mittwochs durfte für jeden ein gehöriger Fetzen vom allmählich gelbtranig sowie ranzig werdenden Speck heruntergesäbelt werden. Gewürzt aber wurde stets reichlich wie schärfstens mit Essig, Pfeffer, Salz, Senf und Zucker. All dieses bekam man vom Kok auf Wunsch umsonst. Dieser mischte manchmal auch sonstige Küchenkräuter unters Essen für die Offiziere. Welches er dann mit launigfrommen Sprüchen servierte, wie „Basilikum haut Jungfern um" oder auch etwas derber „Erbsen, Bohnen, Linsen – da muß das Arschloch grinsen." Na klar, bei dieser Dauerzuführung von Blasobst!

Der emsig Schreibende hielt plötzlich inne. Von draußen fistelte unüberhörbar des langen Dürrländers Franke Sprachorgan: „Alle Mann – ran, Bezaans Schoot an!" Getrappel und Gerenne ließen Willem neugierig werden, nach oben an Deck steigen.

Baß erstaunt war er aber, alle Männer mit ihren Blechkumps und sonstigen Trinkgefäßen zur Kochhütte marschieren zu sehen. Daß Besanschoten die angeschlagenen, festgezurrten Segelleinen vom hinteren (und) Besanmast sind, das hatten sie ihm schon mal verklart. Nur, warum brauchte es dazu so viele Leute? Und was in Dreiteufelsnamen hatte der Kok damit zu schaffen? Zu welchem jetzt die Leute in Reihe antraten, sich ihre Gefäße mit einer klaren Flüssigkeit vollfüllen ließen, um dieselben mit einer gewissen Feierlichkeit hinwegzutragen. Sie bemühten sich, keinen einzigen Tropfen zu verschütten. Der zu Willem aufschließende Suput (natürlich der Saufaus, und wer käme dafür wohl auch besser in Frage) klärte den Verdutzten schließlich lippenleckend auf. Denn dieses „Besanschot an" war der allmittägliche Lockruf des Koks, um die meist schon gierig darauf lauernden Matrosen zur befohlenen Ausgabe der täglichen Schnapsration um sich zu sammeln. Dem nachzukommen, war selbst für einen Nichttrinker Pflicht; solche halben Hähne aber waren auf den Schiffen noch seltener als weiße Raben. Zählte doch der zeitweise oder auch dauernde Entzug des so sehr geliebten Flüssiggiftes zu den wenigen hochprozentigen Strafmaßnahmen von Kapitän und Schiffsoffizieren während der Reisen. Und wirkte in der Regel mehr als derbe Auspeitschung.
„Aha, wieder mal was gelernt fürs Leben", meinte Willem nach Verabfolgung auch seines Genevers. Und Suput feixte.
Der Schreiber hatte anfangs auch große Mühe, sich in die für Landratten befremdliche Zeiteinteilung an Bord des Schiffes hineinzufinden. Das gesamte Bordleben war auf Fahrtdauer und auch während der Hafenliegezeiten durch streng eingehaltene Wachtörns in einen gleichförmigen Vierstundenrhythmus eingeteilt. Nach jeweils halbstündigen Glockenschlägen in wechselnder Anzahl vom Steuerruder her: Die bei jedermann unbeliebte, auch als Hundewache bekannte Mittelwache von 0 bis 4 Uhr früh. Darauf folgten die Morgenwache von 4 bis 8 Uhr; die Vormittagswache von 8 bis 12 Uhr. Woran sich die Mittagswache von 12 bis 16 Uhr schloß; die Nachmittagswache von 16 bis 20 Uhr sowie die Abendwache von 20 bis 24 Uhr (manchmal eigenartigerweise auch als Frühwache bezeichnet). Und danach gings wieder von vorne los, mit der Mittelwache und immer so weiter, die ganze Reise lang. Dieses Wachegehen also

bestimmte den Lebensrhythmus auf allen Schiffen. Stets tönend begleitet vom unerbittlichen Glasen, dem Anschlagen der Schiffsglocke. Ein Anschlag ist ein Glas, nach einer halben Stunde. Ein Doppelschlag nach einer Stunde ist zwei Glasen, usw. Nach vier Stunden, zum jeweiligen Wachende, ertönten dann vom Ruder her acht Glasen in vier Doppelschlägen. Und danach begann die Zeitzählung für die neu aufziehende Wache wiederum mit einem Glockenschlag als einem Glas. Und zwar jeweils nach sanduhrbestimmter, durchgerieselter, also abgelaufener halben Stunde. Der neue Wachgänger übernahm mit dem Ruf „Quartier" (steht hier für Wache) dann das Steuer nebst Verantwortung.

Mit auslaufendem 17. Jahrhundert führten die Holländer auf ihren Schiffen einen 3-Wachen-Rhythmus ein. Und seit beginnendem 18. Jahrhundert mußte auf Ostindienfahrern (Kauffahrtteiwie Kriegsschiffen gleichermaßen) bei Wachablösungen zumeist das Quartierlied gesungen werden. „Reese ut, Quartier in godesnam..." Oder wenigstens in melodischem Singsang, von den Janmaaten mehr rauh drauflosgebrüllt, denn fein gesungen, ein „Auf der Ba-ack ist alleeees wo-hoool" ertönen. Darauf legten die ebenso frommen wie geschäftstüchtigen Kapitäne oder Kommandanten, (Kommandeure) besonderen Wert. Letztere Chargen waren übrigens Oberste Schiffsbefehlshaber in besonderer Vertrauensstellung als Compagniebedienstete. Diese mußten nicht zwangsläufig Seeleute von Haus aus sein. Dafür hatten sie dann ihre Kapitäne. Welche als bloße Schiffsführer ihnen nachgeordnet waren. Was nicht selten zu Streitigkeiten zwischen den oberen Chargen führte. Woraus dann auch manchmal Meutereien an Bord sowie beklagenswerte Schiffsunglücke wie Rammings, Brände, Klippenaufläufe, Strandungen und Untergänge resultierten.

Der vom Skipper als „feiner Heer Cornelius" bespöttelte Obersteuermann war der stets vornehm zurückhaltende einzige Sohn und Erbe des einflußreichen Amsterdamer Fernhändlers Crispin Van den Valckert. Der ja auch Kreditgeber VAN STRAATENs gewesen ist. Und daß er nun seinen tüchtigen Sohn als erprobten Schiffsoffizier wie bevollmächtigten Oberkaufmann und Superkargo an Bord des EENHOOREN mit einschiffen ließ, gefiel jenem überhaupt nicht. Willem fühlte instinktiv, daß der im

Reedersohn einen unbequemen, kritisch begutachtenden Aufpasser vor die Nase gesetzt bekam. Welcher wohl auch seine gelegentlichen, tollkühnen Spontanaktionen maßvoll ausbremsen sollte. War es doch in Teilen seines Vaters Geld, was hier auf dem Spiel stand. Dessen ungeachtet bestimmte der Kapitän, daß sich der Schreiber vom Obersteuermann in die Anfangsgründe der Navigation wie auch in das Bordleben insgesamt einweisen lassen sollte. „Solltet Ihr wissen und kann Euch gewiß keinen Schaden tun!"
Und so erfuhr der zunächst etwas über die reguläre Ostindienfahrerei der Holländer. Aus der Heimat an der Nordsee (entweder direkt von Amsterdam aus über große Wasserstraßen zur Küste hin; oder von deren Hafenreeden, auch denen auf den Inseln) liefen dreimal jährlich gewaltige Konvois sogenannter Ostindienfahrer aus, begleitet und beschützt von zahlreichen Kriegsschiffen, Richtung Batavia. In der Regel in den Monaten Mai, Oktober sowie an Neujahr. Zwischenstationen zur Proviant- und Frischwasserergänzung waren die Kapverden, die Insel St. Helena, Kapkolonie und die Insel Mauritius. Aber von Batavia gingen die Retourschiffe nur einmal im Jahre ab, nämlich auch stets um Neujahr herum. Jeder Schiffskapitän oder Kommandeur ist von den Compagnieoberen strikt angehalten, die Gesamtfahrzeit für eine Route hin oder retour, auf unter sechs Monate zu beschränken. Wofür er dann ein schönes Prämiengeld von 240 Reichstalern einstreichen darf. Der überwiegende Teil jener Schiffsführer waren von der Compagnie festangestellte Kapitäne. Bei den schwer armierten und reichlich bestückten Kriegsschiffen waren sie es alle. Freie Unternehmer, wie eben VAN STRAATEN, die als Schiffskapitäne auf eigenen, kleineren Fahrzeugen (auf letzteres legte die Compagnie besonderen Augenmerk, von wegen der Konkurrenz), aber in Cargo und mit Ladung für die Compagnie fahren, sind inzwischen sehr selten geworden. Die großen Ostindienfahrer-Schiffe – und zwar die etwas bauchig ausladenden Fluytschiffe oder Fleuten, als vorzugsweise Frachtschiffe, wie auch die etwas schlankeren, schnittig-kriegsmäßig ausgerüsteten Pinaßschiffe oder Pinassen – sind allesamt hochseetüchtig gebaut, so mit zwischen 200 und maximal ca. 800 Last(en) Ladekapazität. Bestückt oft mit bis zu 50 Geschützen aller Kaliber und nicht selten mit hunderten von Personen in

drangvoller Enge an Bord. Als da waren Segelschiffsmatrosen, Soldaten und Kanoniere, Compagniebedienstete wie Kaufleute und Handelspersonal, nebst deren Familien sowie oft größere Gruppen von Passagieren beiderlei Geschlechts. Die Frauen naturgemäß in der Minderzahl, Kinder kaum. Der sehr aufmerksam lauschende Neuling machte sich fleißig Notizen, was der ihn geduldig belehrende Obersteuermann wohlwollend vermerkte.

Recht kompliziert ist für uns Heutige, insbesondere für nicht seefahrende Laien und Binnenländer, die Tonnagebestimmung dieser früheren Schiffe: Das ganze Mittelalter hindurch, und auch noch lange nachher, erfolgten diverse Größenberechnungen nach Aufnahmekapazität und Tragfähigkeit der Schiffe mit vollgefüllten Bier- oder Weintonnen. Eine solche Tonne wurde in Europa allgemein mit 1000 Kilogramm angesetzt. Die deutsche Hanseschiffahrt aber rechnete nach der sogenannten Schweren Last, oder auch Roggenlast, mit 2000 Kilogramm pro einer Last. (Im späteren Königreich Sachsen gab es übrigens diese Berechnungsgröße in der staatlich vorgeschriebenen Reihe allgemeiner Landesgewichte noch bis ins Jahr 1908 hinein; eine sächsische Schiffslast waren gleich 40 Centner, gleich 2000 Kilogramm, gleich 4000 Pfund). Die Holländer, speziell die Kalkulatoren der „geoctroyirten" (bewilligten: mit Privilegien zur Errichtung von Geschäftskontoren, Lagerhäusern und Siedlungen, sowie der Erlaubnis zu Verwaltungsakten, Vertragsabschlüssen und deren Absicherung über eine territorial begrenzte Gerichtshoheit) Niederländisch-Ostindischen Handelskompanie, aber rechneten wieder anders. Nämlich eine Last zu 3000 Pfunden! Das waren 1500 Kilogramm und je eine Last also 1,5 Tonnen. Wieder in das aussagekräftige Merkleinsche Reisebüchlein geschaut, hätte das 200 Last-Schiff „Der Salm", auf welchem dieser als Unterbarbierer nach Ostindien Dienste nahm, eine Ladekapazität von 300 Tonnen gehabt. Einige der Ostindienfahrer aber sind sehr beträchtlich größer gewesen. Wie beispielsweise die von ihm als Haupt- oder Capital-Schiffe bezeichneten „Perle" und „Prinzesse Royal" mit je 750 Last; „Hof von Zeeland" mit 600 Last; „Malacca" mit 500 Last und „De Waelvisch" mit 450 Last. Die Masse der Niederländerschiffe hatten jedoch wesentlich weniger Lasten bzw. Tonnage an Fassungsvermögen und Wasserverdrängung aufzuweisen.

Noch immer fühlte Schreiber Willem eine innere Beklemmung, wenn er zum Kapitän in dessen Kajüte achtern gerufen wurde. Er stieg dann langsam den Niedergang zum kleinen Vorraum hinab, wo im Eck die baumelnde Hängematte mit darunterliegendem schmalen Kleiderbündel der Aufenthaltsort des Kajütswächters und Kapitänsaufklarers Hans Blank war. Von diesem freudig begrüßt, durfte er das Allerheiligste dann betreten. Und kam in einen großen Raum. Mit breiten Fenstern hell holzgetäfelt und mit Austritt zur heckumlaufenden Galerie. Spärliches Mobiliar, darunter der vielkastige Schreibsekretär samt breitem Kapitänslehnstuhl. Eine an der niedrigen Decke aufgehängte, bronzene Kugelleuchte verbreitete rauchiges Flackerlicht, im Dünungstakte hin- und herschwankend. Viele massive Eisentruhen und große Holzkästen, teils zum Sitzen abgepolstert, teils auch schrankförmig an den Schrägwänden übereinandergestapelt, mit schweren Schlössern und raffinierten Mehrfachverriegelungen gesichert, mit Schrauben in die Dielenbretter gebolzt. Hierin bewahrte VAN STRAATEN seine Schätze auf, prallgefüllte Geldsäcke, schwere Talerrollen, Gold- und Silberbarren, private wie Geschäftspapiere und sonstige kostbare Handelsware. An einer Wand die große Mercatorsche Weltkarte anno 1587 „Orbis Terrae Compendiosa Descriptio". Aber es lagen keine Bücher oder Schriftrollen herum. Auch im schmaleren Nebengelaß nicht, wo eine große Schlaf-Dönze als quasi begehbarer Bettschrank mit Vorhang und Schiebetür den Raum fast ausfüllte. (Willem kannte solches Möbel von seiner niedersächsischen, bäuerlichen Verwandschaft her, soliden Heidjern um Celle und Lüneburg herum.) Daneben noch wenige aufeinandergestellte Kleidertruhen, ein schmaler Holzstuhl, ein kostbarer venezianischer Glasspiegel neben der Tür. Hier also war das intime Reich Katharinens, als Beischläferin und Fahrtgenossin des Kapitäns. Dieser stand massig und breitschädelig mitten in der Kajüte, neben ihm sein ungeliebter Obersteuermann.

„Ich habe Mynheer Van den Valckert beauftragt, aus Euch zwar keinen vollgültigen Seemann zu machen, aber Euch als neuen Schiffsoffizier doch in einige, wenige Kenntnisse von Schiffahrt, Nautik und Navigation einzuführen. Damit Ihr dann gegenüber der großteils altbefahrenen Mannschaft nicht ganz so dumm dasteht, was der allgemeinen Borddisziplin gewiß sehr abträglich wäre. Er bringt Euch zu diesem Behufe ein paar seiner schlauen Bücher mit, in welchen er ohnehin ständig herumschmökert, jedoch nie zu einem Ende kommt", polterte der Schiffsgewaltige lautstark, aber gemütlich los. „In meiner häufigen Abwesenheit – ich halte mich lieber oben auf Deck und beim Ruder auf, wie Ihr schon wißt, könnt Ihr in meiner Kajüte die dazu notwendigen Exerzitien durchführen. Das Studieren seid Ihr ja wohl noch gewöhnt; ich bitte, auch gleich damit anzufangen. Mich entschuldigt also", und mit diesen Worten schob er sich zur Tür hinaus. Während Katherine, freundlich lächelnd, den beiden Schiffsoffizieren aus dem Nebenraum eine Flasche guten Portwein kredenzte und mit kurzem Gruß lautlos wieder entschwand. Der sich mindestens ebenso unwohl wie sein Schützling fühlende, feinnervige und sympathische Obersteuermann, fing auch gleich mit der Belehrung an:

„Hier habe ich Euch zunächst mal einige grundlegende Werke zur Seefahrt mitgebracht, die Ihr bitte schleunigst in Eurer Kammer studieren solltet, Heer Willem" Dieser sah ganz zuoberst auf dem Bücherstapel ein in dickes Schweinsleder gebundenes und mit Schließen zugehaltenes Werk „Deß Spiegels der Seefart von Navigation des Occidentischen Meers..." usw. usf. – anno 1589 und damit schon vor fast einem Jahrhundert „getruckt zu Ambsterdam durch Cornelium Claußsohn, Buchhandlern daselbst." Eine, wie der hohe Schiffsoffizier und zweite Mann an Bord nach dem Kapitän, stolz bemerkte „weit verbreitete, wichtige Schrift des hochgelahrten Lucas Johannes Wagner (auch als Janusz Waghenaer) van Enckhuisen." Ehrfurchtsvoll strich der Schreiber darüber. Jetzt bekam er ein zweites Prachtexemplar gereicht, allerdings in französischer Sprache gedruckt, „welche Ihr ja auch einigermaßen beherrscht, habe ich mir sagen lassen." Zögernd bejahte Willem und übersetzte dann recht flott den umständlichen Titel von barocker Länge. Welcher einen gewissen Arabergelehrten Ahmad Ibn Madjid („nie gehört von so einem") vielerlei nutzbringende, wertvolle Angaben zur allgemeinen Seefahrtswissenschaft sowie allen bekannten Seerouten seiner Zeit aussagen läßt. Interessantes zu den Schiffahrtswegen um Afrika herum bis in den Persischen Golf hinüber, nach Indien und hinunter zu den malayischen Archipeln, gar bis ins ferne

China und nach Japan hinauf. Also von überallher Berichte der tüchtigen, wagemutigen arabischen Fernhändler zur See, wie auch ihrer grausamverwegenen Piraten. Die ganze, bunte Märchenwelt von Tausendundeiner Nacht tat sich dem staunenden Exstudenten hier auf.

Und ein heutiger Leser fühlte sich gewiß an den abenteuerlichen Sagenzyklus von Sindbad, dem Seefahrer, erinnert. Kannte dieser ja ebenfalls schon den Kompaß, beherrschte er mit einschlägigen Kenntnissen von Winden und Wasserströmungen sowohl die Küstenschifferei als auch die Ozeanfahrt. Und war sehr weit herumgekommen in dieser, seiner Welt wie auf den Meeren. Haben also einen wirklich realen Kern, solche alten Sagen und Mären!

Natürlich wurden Willem auch einige der gerollten Land- und Seekarten vorgelegt. Neben einem kleineren Exemplar der Weltkarte des Gerhard Mercator, wäre da vor allem der mehrere fünfzig Einzelblätter zählende Erdatlas „Theatrum orbis terrarum" vom seligen Abraham Ortelius zu nennen. Insbesondere Mercator hatte bereits einen von vielen Seefahrern und Weltreisenden vermuteten, großen Südkontinent als „Terra Australis" hypothetisch eingezeichnet sowie einen (ebenfalls mit Fragezeichen versehenen) noch weiter südlichen Landkomplex, besser gesagt eine Eiswüste, als „Circulus Antarkticus" angegeben...

Jetzt kam der Obersteuermann noch mit einigen nautischen Hilfsmitteln, welche unbedingt zu beherrschen wären. Den Kompaß hatte ihm ja schon der Untersteuermann Hindeloopen erklärt (wenngleich Willem die einzelnen Striche der etwas unübersichtlichen Windrose noch immer durcheinanderbrachte). Auch wies er ihn auf das einzige an Bord vorhandene Fernrohr hin; vom Kapitän in seiner Kajüte als technische Neuerung ängstlich behütet und nur persönlich benutzt. Weiterhin wurde das Astrolabium vorgeführt, als nautisches Werkzeug für die genaue Bestimmung von Sonne und Sternen auf See. Willem bekam zugleich erklärt, wie wichtig der Jakobsstab zur Winkelmessung für die Ermittlung des jeweils befahrenen Breitengrades sei. Doch funktionierten die Winkelmessungen mit diesem (über grobe Visiereinrichtung den Winkel zwischen Sonne, Horizont und Augenhöhe des Nautikers abzirkelnd) letztlich nur dann richtig, wenn der Schiffsoffizier zusätzlich auf möglichst genaue Seekarten mit schon verzeichneten Breiten- wie auch Längengraden zurückgreifen konnte. Und zusammen mit dem inzwischen unerläßlichen Kompaß, dienten alle genannten Werkzeuge dem Navigator zur gültigen Standortbestimmung seines Schiffes.

Denn Chronometer und Sextant sind ja erst mit dem 18. Jahrhundert in umfassenden Gebrauch gekommen. Vorläufer von letzterem war der erwähnte Jakobsstab, als probates Hilfsmittel zur Messung von Sonnenhöhe wie auch Sternenbahnen zur geografischen Breitenbestimmung und Standortpunktierung auf See. Immerhin erstaunlich, welche ziemlich genauen Werte unsere Altvorderen damals mit ihren, uns Heutigen reichlich primitiv vorkommenden, nautischen Handwerkszeugen schon erzielten!

Strömungseinflüsse und ständig wechselnde Windverhältnisse kamen dann noch kurz zur Sprache. Auch wie man widrige Westwinde, Monsune, Passate, seefahrerisch nutzen könne. „Über das zuzeiten nötige Loggen und Loten wird Euch der Hauptbootsmann unterrichten", schloß der Lehrer seine erste Stunde. Erklärte aber dann dem wißbegierigen Schüler doch noch in aller Kürze soviel: Das Logscheit ist eine kleine hölzerne, eisenbeschlagene Viertelkreisscheibe an langer Leine. An welcher in regelmäßigen Abständen Knoten sind. Dank ihres Eisenbodens steht diese Brettscheibe, einmal ausgesetzt, hinter dem wegsegelnden Schiffe im Wasser. Und beim Leerrieseln der Schiffs-Sanduhr zählt man jetzt die abgespulten Knoten der langen Leine (ein schnelles Schiff erbrachte natürlich mehr Knoten als ein Langsamfahrer). Jeder Einzelknoten rechnete ziemlich genau auf eine Seemeile pro Stunde. So konnte man also die Fahrtgeschwindigkeit seines Schiffes ermitteln. „Zugegeben, dieses alles ist für Euch Neuling ziemlich kompliziert", endete der Obersteuermann seine Unterweisung für diesmal, „dagegen scheint das altbewährte Loten geradezu kindlich einfach." Vermittels ins Wasser gesenkten Bleilotes am Strick die Faden bzw. Fußtiefe des Fahrwasser zu messen, was besonders in unbekannten Küstenstrichen oder fremden Häfen lebenswichtig war, das schien dem das tägliche Seemannsallerlei Lernenden

Was gäbe es ansonsten noch genden Holländer? Genau bekannt geworden aus VAN STRAATENs Kindheit, Jugendjahren und ersten Seefahrten im Dienste der Ostindienkompanie. Im Nachhinein betrachtet, eigentlich nichts. Manche werfen große Schatten und können sich nicht verstekken. Etliche aber gibt es, die gar keinen Schlagschatten haben und so große, eilige Schritte machen, daß ihre Vergangenheit schnell und schemenhaft hinter ihnen zurückbleibt, im Winde verweht wird und vergessen. Solcherart flatterten ihm die Jahrzehnte um die Ohren. Immer aber war etwas besonderes um ihn, das Menschen gleichermaßen anzog wie abstieß. Er wußte es nicht und scherte sich auch nicht darum. Einmal hatte er sich verheiratet, um klingender Münze willen. Sowie um Grundbesitz und Einfluß bei den Bürgern hinterm Deiche zu erlangen. Unlustig zwar, aber sehr gut, mit eines reichen Reeders einzigem Töchterlein. Die hübsche, aber stets kränklich vor sich hin schwächelnde Joffer Christintje war als feinnervige, empfindsame junge Frau leider eben genau die Falsche für den rauhbauzigen Kapitän. Und der fühlte dieses. Nur ein einziges Mal hatte er sie mit auf Fahrt genommen, in Männerkleider gesteckt, welche ihr so gut gestanden und worin sie einen properen Schiffsjungen abgab. Nur leider zerfetzten sich die heimischen Spießer, allen voran die tratschende Weiblichkeit, gehörig ihre Mäuler darüber. Das machte Christintje noch kränker, und also blieb sie fortan daheim. Mit jedem Seetörn ihres robusten Kapitäns blasser und schmaler werdend, lebte sie vereinsamt im großen Hause mit liebevoll gepflegtem Blumengärtchen. Zwei Kinder hatte sie ihrem Mann tot geboren, ein Zwillingspärchen. Siebenmonatskinder halt, wie sich die alten Weiber in den Küchen schadenfroh zuraunten. Die wußten immer alles ganz genau; und es war nicht ratsam, es anzuzweifeln. Einmal aber empfing Christintje ihren derbtrunkenen heranpolternden Mann nicht am Gartentor, waren Fenster und Spiegel im Hause schwarz verhängt. Still und unauffällig, wie sie gelebt hatte, ist sie von dieser Welt gegangen, für die sie nicht geschaffen schien, war tot und begraben. All ihr stattliches Eigengut samt wohlgefüllter Geldtruhe fiel jetzt dem nur anstandshalber ein wenig trauernden Witwer zu, den es alsbald wieder auf See hinaus zog. Böse Zungen sprachen in Westfriesland anerkennend davon, wie es nicht mit rechten Dingen zugehe, daß der Skipper bisher noch jedes Geschäft erfolgreich habe abschließen können.

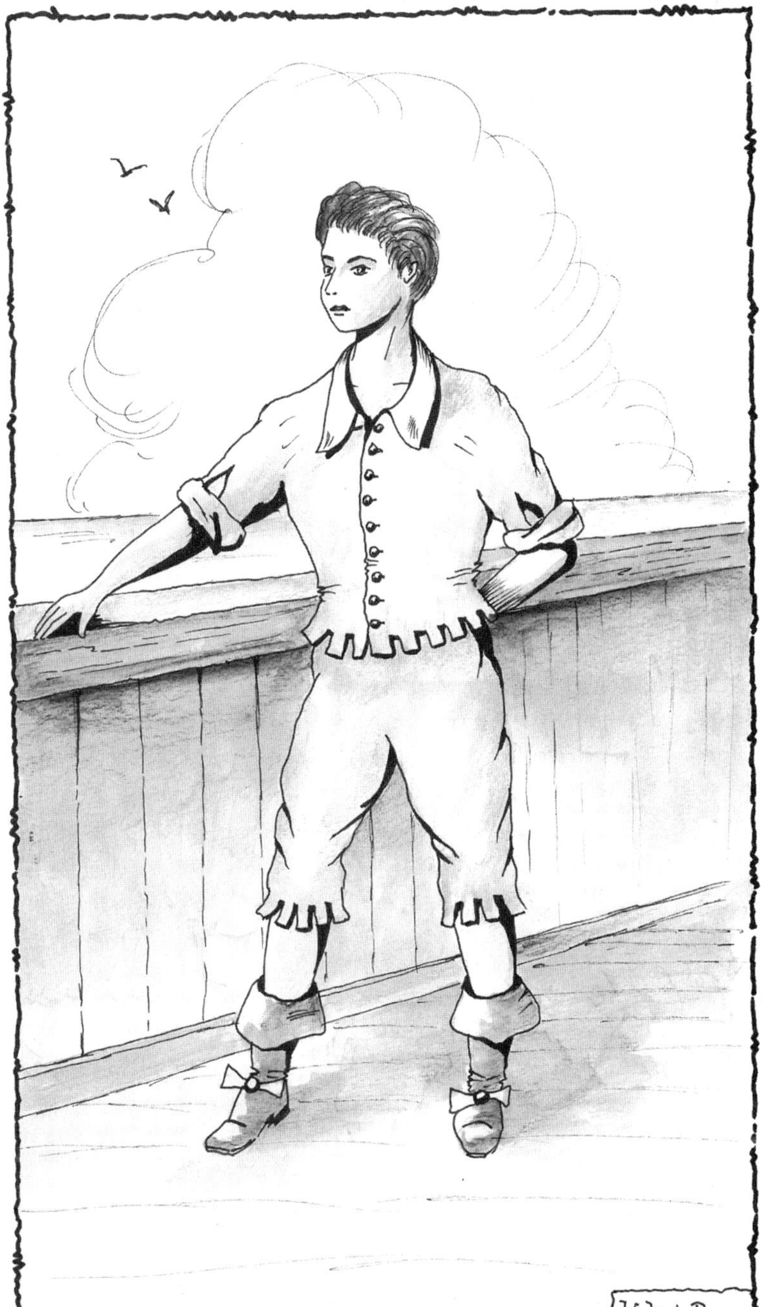
W. V. d. B.

nicht allzu schwer zu sein. Trotzdem schwirrte ihm der Kopf ob aller erfahrenen Neuigkeiten. Auch hatte er sich fleißig Notizen gemacht. „Die Ihr in allernächster Zeit sicherlich gründlich verinnern werdet" meinte der unbemerkt wieder in die Kajüte getretene Kapitän. Deutete auch mit unwägbarem Lächeln auf Bücher und Karten hin: „Ja, ja, ich kenne das Leiden auch. Gegen ein Fuder Mist kann einer alleine nicht anstinken. Das sage ich Euch als alter Praktikus. Doch geht jetzt, Ihr habt gewiß noch anderes zu tun. Ich sehe Euch dann droben auf der Schanz", was an den stumm hinauseilenden Obersteuermann gerichtet war. VAN STRAATEN ließ die Tür hinter dem mit allem Schriftgut beladenen Willem hart ins Schloß fallen. Und draußen nahm ihm der Hans ungefragt den großen Stapel geballten Wissens ab, trug diesen respektvoll in des Schreibers Kammer hinein.
„Wahrschau!" raunzte der diesmal oben an Deck schaffende Meister Blau den ihn versehentlich anrempelnden Willem an. Der nämlich war auf den Kapitänsruf „Alle Mann achteraus" zu dicht an ihm vorbeigelaufen. Mit einem versöhnlichen „Ist schon gut, kommt mit, ich zeig' Euch was", lenkte der Alte brabbelnd ein. Und der Kabouter schleppte den Neuling mit zum Ankerspill, wo gerade die Ankerwächter für ihren großen, zweiarmigen Stockanker lagen. Diese waren leere Holztonnen, welche als schwimmende Ankerbojen dann oben auf dem Wasser anzeigten, wo der Anker am Grunde lag. Oder ihn als Bojen auflichteten und am Meeresgrunde treiben ließen. „Schaut genau hin, so bereiten wir uns stets auf schlimme Sturmfahrttage in schwerer See vor, Heer Schreiber. Nehmt also Euern Magen ganz fest in beide Hände. Bald schon wird's hier mächtig rauh werden." Und der soeben die Knotenmessung für das Etmal beendende Hauptbootsmann nickte zustimmend. Erklärte Willem auch ungefragt, daß solches von Mittag zu Mittag geschehe, um die während eines vierundzwanzigstündigen Segeltages zurückgelegte Fahrtstrecke zu ermitteln.
Einigermaßen verunsichert fand sich der Schreiber anschließend befehlsgemäß wieder in der Kapitänskajüte ein. Hier erteilte ihm der freundliche Obersteuermann eine nächste Lektion in Sachen Seefahrtswissen. Heute aber mal zu Schiffsbau und -typisierung. Daß er auf einem Fluytschiff, sogenannter Fleute, fuhr, dies hatte ihm in Trompeterjohanns Hafenschänke bereits

dessen (inzwischen abgelebter) alter Saufkumpan Oll Mathiesen erzählt. Wie lange war das eigentlich schon her? Der war nämlich in jüngeren Jahren als qualifizierter Fachmann auf den weithin berühmten Werften in der holländischen Schiffsbauerstadt Hoorn beschäftigt gewesen. Hatte diese Fleuten als beste Segelschiffe ihrer Zeit gelobt und als mit hoher Takelage besegelte Dreimastbarken klassifiziert. Also brauchte Van den Valckert nur noch wesentliche Details zu ergänzen: Denn diese Fleuten waren eine von zwei bemerkenswerten technischen Neuentwicklungen im Schiffsbau der Holländer!

Eine andere war der Bojer als Kleinfrachter; für zahlenmäßig sehr geringe Besatzung ausgelegt und fast nur im Küstenverkehr eingesetzt. Mit flossenähnlichem Seitenschwert, in ihrer breitbäuchig gerundeten und stumpfen Schiffsform ohne jeglichen Kiel, waren solche Schiffe besonders für geringe Wassertiefen und natürlich für Fahrten übers Wattenmeer geeignet.

Die allererste Fleute jedoch lief schon 1595 vom Stapel. Der neue Schiffstyp war aus der spanischen Galeone hervorgegangen. Worauf besonders die reich mit Schnitzwerk versehene und das Heckkastell umlaufende Ziergalerie verwies. Welche vornehmlich die kriegerische Schwestervariante der Fleute schmückte. Jene schwerbewaffneten Pinaßschiffe nämlich waren von vornherein als Kriegsschiffe gebaut und überreichlich mit schwerer Bordartillerie versehen. Was jedoch deren Ladungs- und Frachtraum erheblich einschränkte, auch zahlenmäßig viel stärkere Besatzungen erforderte. Die „Normalfleute" hingegen wurde als reines Kauffahrteischiff gebaut, mit geringer Kanonenbestückung auf dem Oberdeck. Dafür aber recht hoher Tonnage, um soviel als möglich an Stückgut und Ladung fassen zu können. Vom Bug und vorderer Galion bis zum Schanzdeck auf dem immer noch kastellartig aufgebauten Heck, stieg das Oberdeck der Fleuten schrägauf an. Alles über alles hatten diese Handelsschiffe (und insbesondere jene des wesentlich größer und für Langzeitreisen kompakter gefertigten Ostindienfahrer-Types) in ihren Maßen eine, im Verhältnis zur Baubreite, mindestens viermal so große Schiffslänge. Manche aber, wie VAN STRAATENs wackerer EENHOOREN brachten es sogar auf ein Verhältnis von 1:6. Mit ihrer reichen Betakelung als dreimastiger Rahsegler (Kreuzsegel als Schratsegel an der Gaffel des hinteren Besanmastes sowie Rahsegel an der Blinde vom Bugspriet) galten sie als die ersten Vollschiffe. Auf ihre sehr stabilen Schiffsmasten konnten dank sinnreicher Vorrichtungen (die Backen, Lang-und Quersalingen, das Windreep, Eselshaupt und wie sie alle im Matrosenjargon so hießen), nach obenhin noch verlängernde Stengen für zusätzliche Marssegel gesetzt werden, was die Marschgeschwindigkeit erhöhte, weil damit dem Fahrtwind zusätzliches Tuch angeboten wurde. Am vorderen Fockmast führten sie an Schratsegeln je ein Fock, ein Vormars, ein Vorbramsegel; und am mittleren Großmast (auch Hauptmast) je ein Groß, ein Großmars, ein Großbramsegel.

Wie Ihr vielleicht schon erfuhret", setzte der beharrliche Dozent nach kurzer Redepause fort, „fährt unser Kapitän als schnellsegelnder Einzelfahrer außer Konvoi. Weil dieser immer nur so schnell vorankommt, wie sein ältester, morscher Schiffskasten noch eben Fahrt machen kann. Und wir gehen also volles Risiko ein, ohne den sicheren Schutz der vielen konvoibegleitenden Kriegsschiffe, welche Piraten und Kaper zumeist abschrecken. Doch haben wir bislang immer noch geradezu unverschämtes Glück gehabt – besser gesagt, unser Kapitän, dem man ja so allerhand nachsagt." Willem nickte beklommen, hoffend auf weiterhin treu bleibendes Glück. Fügte aber seinerseits etwas zögerlich hinzu: „Mit dem Glück aber ist's wie mit den Frauensleuten. Auf Dauer kann man sich nicht darauf verlassen. Habe mal vor Zeiten einen der Odinssprüche aus der altnordischen Edda gelesen. Wenn Ihr erlaubt, zitiere ich?" Van den Valckert erlaubte, und so legte der Schreiber denn temperamentvoll los:"Nicht traue der Mann Mädchens Reden, noch der Weiber Wort. Auf rollendem Rade ward ihr Herz bereitet. Darum der Wankelmut drinnenwohnt!" Jetzt war es am Obersteuermann, Zustimmung zu nicken. Derweil Katherine drüben in der Dönze empört mit Geschirr klapperte. Durch die nur angelehnte Tür hatte sie offenbar einiges mitbekommen, äußerte dergestalt ihre weibliche Ablehnung solch rustikaler Männerweisheit längst vergangener Zeiten.
Weiterhin schrieb Willem treulich auf, was ihm gesagt wurde: „Armiert sind wir mit lediglich acht Kanonen mittleren Kalibers auf dem Oberdeck; und zwar back- wie steuerbordseitig je vier

Geschütze. Die zwei auf in die Beplankung eingeschraubten Drehgestellen montierten Drehbassen, vorne wie achtern, sind eigentlich nur kleinkalibrige Wallbüchsen und mehr etwas für den Nahkampf beim Entern. Sie können dafür aber rundum geschwenkt werden, also den vollen Drehkreis von 360 Grad bedienen. Ein Teil unserer Matrosen ist auch in der Handhabung der Geschütze ausgebildet. Waffenkammer und Pulvervorräte sind achtern unter der Kajüte, tief im Schiffsbauch gelegen. Welcher bei uns unter dem Oberdeck ja kein extra Batteriedeck besitzt, sondern ein durchlaufendes, in viele Räume eingeteiltes Unterdeck. Damit vergrößert sich nämlich die Gesamtladefläche unseres mit ca. 200 Lasten (gleich 300 Tonnen) recht kleinen Fernhandelsschiffes beträchtlich. Und somit hat der Kapitän, nach teils eigenen Vorstellungen, sich einen nicht allzugroßen Lastensegler bauen lassen, mittels Vollbetakelung ein schnelles Schiff. Mit recht flachem Schiffsbord und möglichst niedrigen Aufbauten sowie in die Höhe verlängerten Masten. Wobei seine roten Segel – ich sag es Euch frei heraus, sie sind eine Todsünde an sich für alle christlichen Matrosen – als Spezialanfertigung klein, sehr schmal und hoch sind. Um durch an Stengen gesteckte Bramsegel trotzdem genügend Wind einzufangen. Und um die für Großsegel benötigten zahlreichen Segelmatrosen einzusparen. Denn wir fahren – wie Ihr ja schon wißt – mit absolut verringerter Besatzungszahl. Der Kapitän hat nur das unbedingt nötige Muß angeheuert, was leider dann auf die Knochen der übrigen geht."

Hier war der bis dato ruhig Dozierende auf einen, ihn vermutlich stark berührenden Punkt gekommen und wurde heftiger: „Nicht unbedingt meine Meinung – aber an Bord seines Schiffes hat eben immer der Skipper das alleinige Sagen. So nennen wir auch die Kapitäne solcher kleineren Schiffe im umgangssprachlichen Gebrauch. Ach ja, hätte beinahe vergessen. Auf unserem extrem flachen Schiffskiel und derbgezimmertem Rumpf können wir in jedes unbekannte Küstengewässer wie in Flachwasserhäfen förmlich hinein- und wieder herauskriechen. So wie die heimischen Bojer." Weiterhin fragte der Obersteuermann bei Willem an, ob der schon die Musterrolle fertiggestellt habe? Zur Antwort bekam er, daß dieser eben darüber sitze. „Dann kennt Ihr ja unsere Besatzungsstärke. Welche ohne unseren sehr ge-

schätzten Achtergast (damit meinte er des Skippers Liebchen nebenan, die garantiert die Lauscher senkrecht gestellt hatte) an Offizieren und Mannschaften eine Stärke von derzeit 57 Leuten aufweist. Und zwar vom Ersten Mann an Bord, dem Kapitän, bis hin zur letzten Nummer, dem liebenswert tolpatschigen Schiffsjungen Hans Blank. Die Planstelle des Schiffsbarbierers ist noch unbesetzt. Hoffentlich bekommen wir am Kap dann einen tüchtigen Feldscher mit Seebeinen. Und wohl noch ein, zwei weitere Leute könnten wir gut brauchen. Denn mit 60 Köpfen sollte auch ein kleineres Handelsschiff auf langen Fernreisen in teils unbekannte, gefährliche Gewässer und jeweils hin wie retour ein volles Jahr unterwegs, unbedingt besetzt sein."
Und der Schreiber bestätigte ihm: „Jawohl, für diese Zahl habe ich ja auch Bordproviant übernommen." Was vom Vorgesetzten wohlwollend zur Kenntnis genommen wurde: „Wie ich höre, habt Ihr Euch bereits etwas in Euer provisorisches Amt als Proviantmeister eingearbeitet; solches ist ansonsten Aufgabe des Schiffsbarbierers." Seinen Abgang nach dieser anstrengend wie anregenden Lehrstunde leitete der Kapitänsstellvertreter mit einem Verweis auf sein ureigenstes Arbeitsgerät an Bord hier ein: „Unsere Fleuten und Pinassen besitzen mit den von Euch schon des öfteren angestaunten, riesigen Steuerrädern (abkürzend oft auch nur als Ruder bezeichnet), eine wahrlich großartige Erfindung moderner Schiffstechnik. Denn die solcherart kraftübersetzende Steuerung großer Schiffe mittels stabiler Ruderketten vom Ruderblatt aufs Steuerrad in seinem Speichenkranz, ermöglicht es dem Steuerer, sein Schiff besser in der Gewalt zu haben. Auch bei hohem Seegang, hartrollender Dünung, Gegenwind und bei Stürmen können wir dieses, reagierend wie regulierend, mit fester Hand auf anliegendem Kurs halten."

Von der immer noch recht hochbordigen Schanz aus solche klobigschweren Vollschiffe allein über die bis dato übliche Steuerpinne am Heck regieren zu wollen, war allmählich unmöglich geworden. Diese Pinne (wie sie jedoch die allermeisten Küstensegler und alle Fischereifahrzeuge noch jahrhundertelang benutzten, damit gut zurecht kamen) war ein ungefüger Steuerbalken, welcher unter Wasser am Heck auf ebenso wuchtigem Steuerblatt aufsaß.

Bei größeren, hochkastelligen Schiffen wurde er durch aufzusetzende Holzkloben, die sogenannten Kolderstöcke, verlängert. Aber dadurch auch beschwert und so unhandlich geworden, daß er bei mehrmastigen Vollschiffen schon nicht mehr allein von einem Manne bedient werden konnte. Es waren also für die ordentliche Handhabung solcher Pinnenmonster in der Regel, und bei rauher See sowieso, immer mehrere Rudergänger nötig, um dieses voll fassen zu können. Hingegen erwies sich das meist mannshohe Steuerrad über seine Schwachstelle, die Steuerketten (welche gerne wegbrachen und dies meistens in ohnehin kritischen Momenten) als wesentlich störanfälliger. Sodaß viele Kapitäne darangingen, eine Pinne als Reserveruder anbringen zu lassen, um für solche Fälle gerüstet zu sein. Manch einem soll es dann wohl auch mal geholfen haben.

Etwas unruhig ist Schreiber Willem schon gewesen, als er wiedermal in die Kapitänskajüte nach achtern beordert wurde. Und er in dessen breitem Stuhl sitzend, den obligaten und aufmunternden Schulterschlag überstehend, eine äußerst wichtige Tätigkeit ausführen mußte. Er spitzte sorgfältig einen neuen Federkiel an, rührte mit jenem im Tintenfäßchen und schlug endlich zögernd wie feierlich das neue Schiffsjournal auf, welches er ab sofort zu führen hatte. Vornehin krakelte VAN STRAATEN in knappen Sätzen einige Bemerkungen zu Schiff, Heimathafen, Fahrtroute, Warenfracht und Bestimmung. Daran anschließend hatte der Schiffsschreiber die Musterrolle der Besatzung zu fertigen. Ein vorgeschriebenes Extrablatt für den Schiffsführer legte er sorgsam obenenauf und schrieb vorerst nur hin: „*Mynheer Kapitän* VAN STRAATEN aus Harlingen, Provinz Westfriesland." Alle anderen, ihn betreffenden und interessierenden Angaben würde dieser gelegentlich schon selber nachholen, so hatte er vorhin ausdrücklich erklärt. Willem hielt sich daran und begann also bei den befehligenden Schiffschargen und hier mit den Ober=Offizieren. Welche alle auf die „prima plana", das erste Blatt der Musterrolle zu stehen kamen: *Mynheer Superkargo und Obersteuermann*, Cornelius Van den Valckert, aus Amsterdam. In nur gedanklicher Klammer vermerkte der Schreibende für sich, daß jener feine Heer Cornelius nicht nur, was Kleidung und Benehmen, das ganze Gegenteil vom Kapitän war. Sondern auch noch hochgebildet (was dem Exstudenten natürlich imponierte); sowie der Sohn von des Skippers Amsterdamer Reeders und Geschäftspartners, für den dieser zumeist fuhr und der wohl auch sein langjähriger Kreditgeber war. Mittels überreichlich ihm genehmigter Kajütenfracht suchte sich VAN STRAATEN allmählich zu entschulden. *Mynheer Untersteuermann* folgte als nächster, Hendrik Hindeloopen, aus der gleichnamigen kleinsten Stadt Westfrieslands. Ebenfalls für sich registrierte der Schreiber, was man über diesen an Land erzählte: daß er nämlich vom Kapitän schon seit Jahren mit vagen Zusagen auf den Posten des Obersteuermannes hingehalten wurde. Und doch jedesmal wieder mit auf neue Fahrt ging, in der Hoffnung, es noch einmal zu diesem Amt und damit verbundener Würde zu bringen. Als etwas störrischen, eher einfachen Menschen und ein wenig schlafmützig, hatte Willem ihn an Bord kennengelernt, keinesfalls ein Scharfmacher. Aber fromm und bibelkundig war er. Nach ihm kam *Mynheer Hauptbootsmann* Hübbe Hayes aufs Papier, aus dem winzigen Friesendörfchen Pingjum bei Harlingen. Der ein fixer, handiger Seemann war, aber auch ein tüchtiges Schlitzohr. Und der Schreiber stutzte etwas, als er bemerkte, daß alle oberen nautischen Befehlshaber an Bord hartköpfige Westfriesen waren. Konnte gut gehen, konnte aber auch ungut enden. Schließlich galten die Männer jenes Volksstammes als besonders eigenbrötlerische, knorrige Typen. Waren aber als Seefahrer Spitzenklasse. Stammten sie doch zumeist aus den Küstenorten, deren Friedhöfe mit massenhaft Grabkreuzen und -steinen von Seemannsfamilien bestückt waren. Die wohl für jede Generation mindestens einen draußen auf See gebliebenen Vater, Bruder, Sohn oder Gatten namentlich auswiesen. Die Stelle des *Mynheer Schiffsbarbierers*, Feldschers und gleichzeitigen Proviantmeisters war bekanntlich vorerst noch unbesetzt. Wenn der Skipper am Kap oder spätestens in Batavia einen solchen anheuerte, konnte er nur sparen, brauchte diesen nicht für die ganze Reise zu löhnen und hatte auch sein Gesicht gegenüber der Compagnie gewahrt.

Auf ein zweites Blatt kamen nun die Unter=Offiziere des Schiffes zu stehen: Heer Diderik Jacobzoon aus Groningen, *Schiffsprofoß und Waffenmeister*, welcher gleichzeitig auch die Funktion des Quartiermeisters ausübte (auf den größeren Handelsschiffen und vor allem bei Kriegsschiffen wichtiges, eigenständiges Amt), die Wacheinteilung an Bord befehligte, auch Strafvollziehender war. Heer Lukas In der Pünten aus Leeuwarden (und schon wieder ein Westfriese), *Oberkanonier und Stückmeister.* Nach einigem Überlegen ergänzte Willem vor sich hin schmunzelnd „gemeinhin aber nur Suput genannt." Er sparte sich und dem Journal allerdings, genaueren Grund dafür anzugeben. Danach vermerkte er sich selbst in der Bordhierarchie als „Heer Willem Corneliszoon Van den Bosch, aus dem Gutshaus Moyland in der Provinz Limburg; als *Schiffs-Waren-Zeugschreiber* sowie Proviantmeistersgehilfe an Bord gegangen." Was er mit gefälligem Schnörkel bekräftigte. Nachher folgten noch Heer Klaas Pieter Smidt von Texel, *Schiffszimmermann und Staumeister.* Willem fügte noch hinzu: „Wird von allen an Bord aber nur Oll Kabouter oder auch Meister Blau benannt." Heer Henk Schoolmeister aus Delfzijl, *Bootsführer und Rudergänger.* Sowie noch „der lahme Frits" (sonstiger Name unbekannt), vorgeblich ein Finne aus Reval. *Segelmacher* und Meister über alles stehende und laufende Tauwerk an Bord.

Nach einigem Verpusten nahm der Schreiber ein drittes Blatt zur Hand, auf dem er jetzt die Namen der besseren Matrosen notierte, das befahrene Schiffsvolk. Und als erstes den Koch, Heinrich Franke, einen bibelfrommen und belesenen Deutschen aus Köln am Rhein. Nach dem Kok folgten die altgedienten Schiffskanoniere Berent van Brink aus Alkmaar, Sievert Jansen, Dokkum, Johann ten Brooke von Borkum. Und die Vollmatrosen Janhinnerk aus Teerneuzen, Joost aus der Schiffsbauerstadt Hoorn, Kaspar aus Middelburg, Tille und Cornelissen aus Breda. Sowie Claes Scheelauge und sein Freund, der vosse Dierk, beide aus der Gegend um Bergen op Zoom. Dem Schreiber auch schon unangenehm aufgefallen ob ihrer hinterfotzigen Großmäuligkeit. Aber auch, weil sie in aller Öffentlichkeit zotige und für Katherine abträgliche Bemerkungen machten, wie etwa diese: „Unterröcke in der Kajüte sind wie Sturmsegel an den Rahen." In bunter Reihenfolge sind danach die übrigen Besatzungsmitglieder aufgezählt. Ganz zuunterst stand „Hans Blank, Schiffsjunge und Kajütswächter aus Vlissingen." Eingeklammert dazu des Schreibers Bemerkung: „Ist zwar gutwillig, aber ein wenig mall, bläst leidlich die Trompete." Ob und wie er des

Kapitäns Liebchen noch verzeichnen solle (vielleicht als mitreisende Passagierin), würde sich Willem noch genauer überlegen. Vorerst schrieb er das Freule Katherine mal auf ein Extrablatt, würde nächstens auch den Skipper dazu befragen.

Da er polternde Schritte im Niedergang hörte, baute sich malle Hans in üblicher Habtachtstellung auf. „Gut gemacht, Kereltje", rief ihm der wohlgelaunt samt Katherine in die Kajüte tretende Kapitän zu. „Aber jetzt schau, daß du hier herauskommst. Leg dich in deine Hängematte und paß auf, daß uns die nächsten Stunden hier keiner reinlatscht. Keiner, hörst du?" Rückwärtsgehend unbeholfen, aber wissend grinsend und seine mit hochrotem Kopf nach unten blickende Schwester anblinzelnd, nuschelte der sein „Woll, woll, Baas", salutierte und verschwand schleunigst durch die Tür. Draußen im Vorraum würde er bis auf Gegenordre seines Herrn wie ein treuer Hund dessen Schwelle bewachen und jedermann den Zugang sperren. „So, und jetzt zu uns zwei Schönen", lachte drinnen VAN STRAATEN dröhnend auf, seiner Liebsten wie einem Pferd kräftig auf die wohlgeformte Kruppe klopfend. Katherine verschwand kichernd in der Dönze; der Skipper folgte ihr wenig später vergnügt nach.

„Halt ein, Schreiberling!" befiehlt sich der Autor an dieser Stelle und diszipliniert sich selbst. Es sind so unendlich viele Geschichten um die Liebe (oder was manche dafür halten) zwischen Mann und Frau erzählt worden. Gute und schlechte, fröhliche und traurige, aufregende oder langweilige. Die allermeisten von ihnen wurden auch mindestens einmal schon aufgeschrieben. Ist es doch seit Urewigkeiten halt immer und wieder das gleiche Spiel unter uns Menschen. Nur eben mit stetig wechselnden Figuren, auf immer wieder anderen Schaubühnen. Und gar mancher kann nicht so aus sich heraus gehen, wie er es eigentlich gerne möchte, liebendgerne täte, so er dazu in der Lage wäre. Aber Sankt Elmos Feuer brennen eben kalt. Jedoch „es gibt nichts Gutes, es sei denn, man tut es!" Aber man sollte nicht auf offenem Markt über Sachen schwätzen, die nur zwei Menschen in ihrer geheimsten Verbundenheit und körperlichen Vereinigung angehen. Wenn zwei nämlich eines geworden sind, muß das (und auch das Wie) ganz alleine ihr Geheimnis bleiben. Davon zu reden, ist töricht wie flegelig; auch zerstört dies auf

Dauer die vertraute Zweisamkeit. Denn seit jeher ist's doch ganz allein des Mannes wie des Weibes, was da mit ihnen und zwischen ihnen und in ihnen gewesen oder geworden. Fremde Dritte sind da ausgeschlossen, ja unerwünscht in ihrem Verbündnis. Ihr Liebesleben hat jene anderen überhaupt gar nicht zu berühren. Darüber säuisch herumzusudeln, oder wissenschaftsgeil zu diskutieren, ist des Autors Sache nicht. Er zieht also den gerafften Bettvorhang mit energischem Ruckzuck an ebendieser Stelle zu. Ende vom Bugspriet!

„Time is the old bad enemy", sagte der Engelschmann immer, bei dem der lahme Frits in jungen Jahren fuhr. Willem verstand diese Lebensweisheit um den altbösen Feind, die Zeit, sehr wohl – da sie jetzt im Englischen Kanal in eine dicke Nebelwand hineingerieten. Und der gerade eiligst vorüberlaufende Steuermann Hindeloopen ergänzte: „Die Spaniolen fürchten sich auch sehr vor einer solchen *nube del morte*, weil Nebelwolken die Zeit immer sehr langdehnend morden." Der Schiffsschreiber stellte dann auch fest, daß jene niedrighängende, dichte schwärzlichgelbe Nebelbank, in welche sie jetzt förmlich hineintauchten, so richtig ekliggefährlich wirkte. Kaum, daß man noch die Hand vor Augen sah. Da half es herzlich wenig, daß auf der Galion vorne eine Pechtonne entzündet wurde; die Flammen loderten nicht hell auf, sondern krochen zitternd breit in sich hinein. Der selbst steuernde Kapitän rief nach Hans, schickte ihn in die Wanten, wo er mit einer Hand sich festklammernd wie ein Äffchen, seine Trompete laut wie stetig zu blasen hatte. Aber der höllische Nebel schluckte jeden Laut. Und dann war es auch schon geschehen! Ein splitterndes Krachen, ein derber Bums an die Bordwand, knirschend brechendes und backbordseitig vorbeischlurrendes Holz, lautes Klatschen und ein dünner, windverwehter Ruf von unten her. Danach wieder unheilverkündende Ruhe. „Godverdomme", schrien die von der Schanz, „jetzt haben wir einen gerammt." Übersegelt und aufgefahren – wohl mit das Schlimmste, was einem Skipper in Friedenszeiten widerfahren konnte. Auf ein fremdes Fahrzeug bei Nacht und Nebel draufzusegeln (weil jene keine Laternen oder Flackerfeuer gesetzt oder man selber gepennt hatte), es in Grund zu bohren und versenken, das war der Albtraum jedes redlichen Seemanns. Doch halt, was war das? Vom Bugspriet her klang plötzlich ein Hilferuf. Der knarrende Klüverbaum dort schwang träge sein nasses Segeltuch herum. Leute rannten nach vorne, wo ein Mann vorsichtig auf das weit hinausreichende und segelbefestigende Rundholz kroch, von helfenden Händen emporgezogen.
Es war dies der Schiffssteuerer des vom EENHOOREN übersegelten Fischerbootes. Der hatte vom Ruder aus, noch im allerletzten Augenblick den lautlos heranrauschenden Riesenschatten des Holländerschiffes erkennend, einen Warnschrei ausstoßend, sich mit reaktionsschnellem Aufwärtssprung zum

Bug des Überseglers dort an einem zufällig herunterhängenden Tau festklammern können. Mit den Füßen zwischen Brasse und Stag klemmend, machte er rufend auf sich aufmerksam und wurde gerettet. Oben an Deck erst einmal einknickend, von Franke mit einem dicken Schnaps wieder aufgewärmt, brachten sie ihn zum Kapitän. Welcher natürlich gar nicht erfreut war; wer mochte es ihm auch verdenken? Nach seinen Dankesworten auf englisch und deutsch, stellte sich der Mann als Franzose vor, Jean Sowieso aus Dortunddort, von gleichdadrüben. Schreiber Willems Französischkenntnisse kamen jetzt zum Einsatz. Und er dolmetschte, daß man ein französisches Küstenfischerboot versenkt habe, mit mehreren Mann Besatzung – und daß der Gerettete der gerade wachegehende Steuermann sei. Höflich bat dieser nun um trockene Kleidung und ein Quartier an Bord.

VAN STRAATEN war überdeutlich anzusehen, daß ihm die ganze Chose ausgesprochen lästig, ja peinlich war. Immerhin konnte dieses immer mal und jedem passieren. Da das zumeist nachts passierte und es auch keine Überlebenden gab, tauchten denn auch keine Zeugen vom übersegelten Fahrzeug auf. Die eigenen Leute hielten aus gutem Grund ihre Mäuler. Jene glücklich Überlebenden, wie dieser redegewandte Franzose da, stellten allerdings für die Kapitäne einen Unsicherheitsfaktor dar. Zumal wenn es sich, wie hierbei, um Ausländer handelte. Da befürchtete jeder Schiffsführer dann unvermeidliche rechtliche Folgen mit langwierigen Befragungen nebst den damit einhergehenden diplomatischen Verwicklungen im ungünstigsten Falle. Da war Ärger mit der Reederei vorprogrammiert, von wegen Schadensersatzansprüchen und Wiedergutmachungsersuchen. Das kam teuer und wurde höchst ungern gesehen. Weshalb so mancher rabiate Kapitän eigenhändig kurzen Prozeß machte und Überlebende schnell wieder in den Bach schmeißen ließ, aus dem man sie vorher so mühsam geborgen hatte. Was soll alles Gejammer – Tote reden nicht, und das war manchmal auch ganz gut so. Denn wo es keine Zeugen der verunfallten Gegenseite gab, mußte jedenfalls bei einem, Gott verhüte, möglichen Prozeß um Unfallhergang und -geschehen, das alleinige Zeugnis des Überseglers gelten. Und wo kein Kläger, da kein Richter; Vorsicht war noch immer die Mutter der Porzellankiste.

Jehan, wie der fixe Franzose künftig an Bord genannt wurde, hatte aber unbewußt (oder ahnte er schon so etwas?) sein Leben gerettet, als er dem genauer nachfragenden Hauptbootsmann folgendes erzählte: daß er ein gestandener Schiffssteuerer sei, drüben an Land keine Familie sitzen habe, Junggeselle und etwas abenteuerlich veranlagt sei. Und daß er wirklich gerne Heuer auf dem Schiffe nehmen würde, weil er auch einmal etwas weiter in der Welt herumkommen und mit nach Ostindien segeln möchte. Nebenbei gutes Geld verdienen, vielleicht dort unten dann bleiben. Das schlug durch, und des Skippers sorgengefurchte Stirn hellte sich auf. „Sehr gut, ich brauche ohnehin noch einen guten Seemann und tüchtigen Rudergänger. Beste Voraussetzungen bringst du dafür ja mit, Jehan. Und unter Steuermann Hindeloopens Anleitung kannst du bei mir an Bord noch was werden. Bist hiermit angemustert; Heer Willem hier trägt dich gleich in die Musterrolle mit ein, weist dir deinen Platz im Matrosenlogis zu." Damit war der üble Zwischenfall bestens überstanden und alle zufriedengestellt. Nur die toten Fischersleute wohl nicht. Die konnten sich naturgemäß nicht mehr dazu äußern; und sie schwammen schon weiter hinten ab, sehr bald als Fischfutter dienend. Gut möglich, daß einer von denen, die jetzt achteraus im Meere untertrieben, späterhin als qualligaufgetriebene, stinkende, fäulnisverwesende Wasserleiche anderen Fischern ins Netz ging. Abergläubisch, wie sie nun einmal waren, fürchteten sie sich vor nichts mehr, als solchem scheußlichen „Netzinspektor". Einem ungebetenen Gast aus dem Totenreich, der keine rechte Ruhe fand und anhänglich zu ihnen zurückschwamm. Zumal derlei grausiger Fund den ganzen Fang verdarb, die Treibnetze gründlich versauend.

Kaum, daß der Ärger im Englischen Kanal einigermaßen verdaut war und der Neue sich an Bord eingelebt hatte, da stand schon neues Ungemach an. Die normannischen Inseln mit Alderney und Guernsey versanken backbords eben im auflandigen Dunst. Luvseitig hob sich das Schiff schwerfällig an, sackte dann knarrend wieder in ein Wellental. Denn südwärts her rollte eine mächtige Dünung vom offenen Ozean herein; und es blies sie ein heftiger Wind von Steuerbord an. Dem doch etwas bleichen Gesichts aus seiner Kammer stolpernden Willem klopfte

der befahrene Waffenmeister (welcher an Bord auch die Polizeirechte ausübte) beruhigend auf die Schulter: „Na, nur keine Bange nicht, ist dies durchaus noch gutes Seewetter. Wartet ab, bis wir um die windige Ecke von Uschant herum sind, backbords dann die weithin sichtbaren Küstenfeuer auf den vorgelagerten Inseln schauen. Hm, da bläst ein heftiges Stürmchen und schaukelt uns richtig harter Seegang. Dann erst mag Euch das Essen aus dem Gesicht fallen. Paßt aber auf, daß Ihr nicht wider den Wind speit, der pustet nämlich alles sofort zurück."
„Ganz so, wie es sich für eine rechtschaffene Biskayafahrt gehört", fiel der hinzutretende vosse Dierk ein. Dieser quirlige Rotschopf mit den ungezählten Sommersprossen im füchsisch hämischen Gesicht („Fuchs kann man nicht werden – Fuchs muß man sein!"), griente den arg verunsicherten Schiffsgenossen an. „Unser Alter mußte ja mitten hinein in die Herbststürme segeln. Und die fegen stets mächtig gewaltig durch die dreimal verfluchte Biskaya und weiter hinüber auf die Spaniolenküste."
„Aber jetzt ist's doch noch einigermaßen windstill", machte sich Willem Mut. Kok Franke kam angeschnippelt und meinte seufzend: „Ist sogar richtiggehend schwül geworden, teuflisch bleischwer liegt's einem da in den Gliedern. Mir rinnt der Schweiß nur so den Rücken hinab, bis in die Musrinne." Aufstutzig geworden, mußten ihm die anderen bestätigen, daß sich offenbar ein Wetterumschwung ansagte.
VAN STRAATEN erschien jetzt auch an Deck, Katherine an der Hand führend und malle Hans im Gefolge. Der hockte sich auf die obere Treppenstufe zum Achterdeck, während die in der stickigen Luft schwer atmende junge Frau müde an einer der Bordkanonen lehnte. Alle waren sie durch den plötzlich einfallenden Klimaumschwung stark beeinträchtigt. Wurden jedoch aus ihrer Lethargie schon bald aufgeschreckt, durch laute Rufe vom Vorschiff her. „Seht doch, da oben, das Elmsfeuer!" Willem und Franke blickten jählings auf, erschraken sichtlich über das, was sie dort sahen, sich aber nicht recht deuten konnten. Ein fahles, bläulichgrünes Feuer brannte auf der Rahnock des Großmastes, flammte kürbisgroß und tanzend herunter aufs Schanzkleid, Deck und die Kanonenrohre. Die an einem solchen ruhende Katherine war, für alle Mann weithin sichtbar, plötzlich mitten im Feuer. Doch hatte es ihr nichts getan. „Ja, Sankt Elmos Feuer

brennen kalt, verzehren nichts", ließ sich jetzt auch der hinzutretende Obersteuermann vernehmen. Leiser fügte er für Willem noch eine Erklärung hinzu: „Sankt Elmo ist der wundertätige Schutzheilige aller seefahrenden romanischen Völker, vorzüglich der Spanier und Portugiesen. Aber auch wir glauben an ihn, manchmal wenigstens." „Himmelarschundwolkenbruch" brummelte der recht fahrig gewordene Kok vor sich hin. Und vosse Dierk neckte ihn darum kichernd „Fluchet nicht, schwöret nicht" (rief der Oll Domine auf der Kanzel) „godverdomme, jetzt stach ich mich!" Mit solchem Schelmenspruch den bibelfrommen Franke verspottend. Der zuckte derb zusammen, als jetzt auch noch des Rotschopfs enger Freund und Landsmann, der unbeliebte Claes Scheelauge laut ausrief: „Solange das Elmsfeuer oben auf der Rah brannte und um die Mastspitzen tanzte, war's ja noch gut. Jetzund aber kams auf uns herunter; das ist ein schlechtes Zeichen, deucht mir."
Die von der Mannschaft an Deck das hörten, tuschelten leise und aufgeregt miteinander herum. Und aus der Runde gellte des Schieligen Aufschrei: „Wer im Hexenfeuer gestanden, dem ist kein langes Leben bestimmt!" Willem maulte laut auf: „Der schäbige Mistkerl ist so sensibel, wie ein Tritt in den Hintern; und den sollte man ihm jetzt verabfolgen!" Jedoch flüsterte Franke ihm ins Ohr, mit scheuem Blick auf den sich nähernden Kapitän: „Wäre gewiß das allerbeste für uns alle, wenn das Weib vom Schiff wieder verschwände. Weiber an Bord, bringen Ärger und Mord. War schon immer so." Ehe der Verdutzte noch antworten konnte, sprang der Schiffsjunge in die Runde, reckte schützend die mageren Jungenarme vor seine noch immer nicht verstehende Schwester und schrillte kindhaft aufgeregt los: „Glaub's nicht, lieb Katherine, stimmt alles nicht und ist nicht wahr, was sie sagen." Mit grobem Fausthieb in den Nacken und einem mürrischen „Holt Muul, dammliche Wasserkröte", wurde er von Claes Scheelauge zum Verstummen gebracht. Seine Schwester schrie ängstlich um Hilfe, und der wütig heranfedernde Skipper winkte den Schieligen herrisch zu sich. Hieb ihm wortlos, aber nachdrücklich, die Faust ins Gesicht, daß der die Vorderzähne aufs Deck spuckte, blutigen Schleim herabwürgend. Und ihm seither die gebrochene Nase schief über dem Schandmaul wippte. Giftige Blicke auf das Geschwister-

paar abschießend, verzog er sich nach vorn ins Logis. Katherine aber wurde von Hans wieder nach unten geführt.

Franke und Willem, als einigermaßen sprachlose Zeugen der bösen Szene, hörten noch des abgehenden Rotschopfs obszöne Flüche. Aber auch, wie der ihnen zuraunte: „Hätte der weibstolle Alte mal lieber nicht unseren braven Bordhund bei der Ausfahrt ins Wasser geworfen, sondern den Weibsteufel in der Kajüte – Stein an den Hals und weg mit Schaden!" Van den Valckert ergänzte verlegen: „Ja, auf solch unnützes Opferrelikt aus altheidnischer Zeit steht unser Kapitän leider Gottes. Und als der Bello über die Schanz flog, habe ich leise gegengebetet." Keiner griente; nur Franke flüsterte warnend, seine Bordgefährten auf ein drohendes Himmelszeichen hinweisend: „Sonnenrot – Schlechtwetterbot, böseböse!" Auch der nunmehr steuernde Hauptbootsmann gab jetzt seinen Senf dazu: „Kok, hast du von einem Pferd geträumt, heut nacht?", rief er laut herüber und fügte hinzu: „Das bringt uns nämlich starken Wind." An Willem direkt gewandt, ergänzte er noch mürrisch, daß dieser kreisrunde Ring um die schwächelnde Sonne sowie ihr schwefeliger Hof auf schweres Unwetter und vermutlich schlimmen Regensturm hindeute. Zumal wenn, wie jetzt eben, der Sonnenring einseitig unterbrochen ist. Man solle sich also auf Sturmfahrt gefaßt machen. „Und natürlich fliegen auch die scheißerigen Möven schon wieder tief ums Schiff herum! Die Biskaya winkt, und wir können ihren tödlichen Lockruf schon hören." In seinen Speech hinein kommandierte Heer Hindeloopen nun mit lauter Stimme: „Alle Mann an Deck, auch die Freiwache muß mit herauf! Jeder auf seinen Posten und los, los, Beeilung Leute!" Franke murmelte im Abgehen, so daß es der ebenfalls wegtretende Willem noch deutlich hören konnte, er hielte seinerseits unbedingt am alten Seemannsglauben fest: „Wem das Nockenfeuer ins Gesicht scheint, dem kündigt es baldigen Tod. Na, wir werden's ja erleben..."

Dann ging der Tanz aber auch schon an. Sturmwinde jagten tiefhängende, schwarze Regenwolken über den eingetrübten Himmel. Nach mächtigem Blitz und Donner goß es wie aus Fässern. Schaumbekrönte hohe Wellen stießen von allen Seiten auf das sich bäumende Schiff. Unter dem anhaltenden Druck der aus wechselnden Himmelsrichtungen brausenden Winde,

bogen sich förmlich die mit Sturmsegeln voll aufgetakelten Masten, zersplitterten Rahen und Stangen, flogen losgerissene Segeltuchfetzen wie lange, rote Tücher flatternd davon. Trotzdem ließ VAN STRAATEN, seiner selbstmörderischen Gewohnheit treu bleibend, keinerlei Tuch abbergen, die Segel nicht reffen, mochten sich diese auch noch so blutig blähen. Ja, es schien fast so, als ob ihm derartiges Wetter und solche Sturmsegelei riesigen Spaß machten. „Wer refft, ist feige!" – und ein Feigling mochte er ums Verrecken nicht sein. Blieb seinem Ruf als ausgepichter Hartsegler auch diesmal verpflichtet. Selbst wenn ihm, wie jetzt eben, vom Besanmast die Fetzen des Schratsegels um die Ohren flogen, Holzteile aufs Achterdeck niederkrachten. Da stieß er nun sein wildes, juhendes Lachgegröle aus, spuckte in den Wind und fluchte gotteslästerlich, aber einfallsreich. Was alles zusammen nichts anderes besagen sollte, als das eine: „Nun aber man zu und gerade erst recht!"
Obwohl ihr wilder Skipper das Schiff hartsteuernd möglichst nahe bei Land hielt, war von einer Küste in wabernden Sturmnebeln und Regenschauern nichts zu sehen. Ständig ließ er lenzen und den Treibanker ausbringen, um den Kurs zu halten, so gut es eben ging. Aber es hieß ja nicht umsonst: „Lenzen ist des Seemanns Tod!" Steuerbordseitig rammten jetzt deckshohe Wellenberge das aufstöhnende Schiff. Als schäumende Brecher fegten sie krachend über Deck. Alles mitreißend, was dort nicht fest vertäut oder verschalt war. Bei den Geschützen mühten sich Suput und seine Kanoniere, diesen eine sichere Verzurrung anzulegen – bis Oberkante Unterkiefer ins wildwirbelnde Wasser eingetaucht und mit offenen Mäulern mühsam nach Luft schnappend. „Wie die geprellten Frösche", spottete der Skipper vom Steuer her. Aber auch er vermochte das unwillig gewordene, ausbrechenwollende Schiff nur noch unter Aufbietung aller Kräfte seiner muskulösen Arme zu zwingen. Denn schwer stapfte es durch Wellentäler, kletterte dann auf Wellenberge hinauf, sackte schwer wieder hinunter, das Vorschiff unter dem Wasser verschwinden lassend, sich gleichzeitig achtern hochaufrichtend. Jedermann an Deck wurde aber doppelt eingetränkt. Einmal, wenn er mit dem Schiffskörper im hart anrollenden Wogenschwall unterging. Und dann nochmals, wenn er wiederaufgetaucht, sich das reichlich geschluckte Wasser aus dem

Leibe gegurgelt hatte. Denn dem nunmehr aus weit geöffneten Himmelsschleusen herabstürzenden Wolkenbruch war er wehrlos ausgeliefert. „Was soll's", maulte der zitternde Schiffsschreiber. Naß und klamm waren sie alle sowieso; es kam letztlich also auf eines heraus.

Unter Deck riet dann in seiner geräumigen Kammer der sich eben zur Wachablösung fertigmachende Obersteuermann seinem verzagt dreinschauenden Navigationsschüler gutmütig, es sich derweilen dort recht gemütlich zu machen.Sein dickes Ölzeug überstreifend, meinte Van den Valckert: „Alles nur halb so schlimm, Heer Willem. Bald wird's zur Gewöhnung, glaubt mir. Wenn wir erst einmal Kap Finisterre auf kurze Distanz liegengelassen und leeseitig umsegelt haben, gelangen wir rasch in weites, offenes Fahrwasser. Der Atlantik ist meist zwar auch recht unruhig. Aber doch lange nicht so, wie die mörderische Biskaya, dieser berüchtigte Schiffsfriedhof. Jedesmal, wenn einer sie unbeschadet hinter sich lassen kann, egal, in welcher Richtung segelnd, dann darf er seinen erneuten Geburtstag feiern. Ich jedenfalls halte das immer so." Indem er auf seine diskrete und menschlich angenehme Art den Schreiber zusehends beruhigte, mit freundlichem Gruß die Kammer verließ, machte sich Willem aufatmend wieder über seine Seefahrtsbücher und Karten her. Und nur das stampfend rollende Schwanken des Dielenbodens und die halbkreisförmig über seinem Kopfe schwingende Leuchte erinnerten ihn ständig daran, daß er sich nicht in seinem gemütlichen Leydener Studierstübchen befand, sondern weit weg davon, auf hölzernem Schiff und in rauher See. „Werd woll wedder wern, sä de Modder Beern; is ok wedder worrn, mit der ollen Horn. Bei der Wimmer wars all slimmer", summte er den alten Kinderreim leise vor sich hin.

Als sie endlich an der Südspitze Portugals vorbei waren, wollte VAN STRAATEN nicht den üblichen Schwenk und großen Bogen aller Konvoifahrer segeln, in Richtung auf Madeira sowie die spanischen Kanaren. Um möglichst Zeit zu sparen, ließ er den gefährlichen Kurs steuern, dicht bei Lande zwischen den Kanareninseln Lanzarote und Fuerteventura an Steuerbord und die von maurischen Piratenschiffen ziemlich lückenlos kontrollierten Gewässer der nordafrikanischen Westküste backbords.

„Hohn und Spott habe niemals
mit dem Fremdling und Fahrenden.
Oft ahnen nicht, die drinnen sitzen, welcher
Art der Ankömmling in der Tür.
So trefflich ist niemand, daß kein Tadel hafte.
Und zu etwas sind sie alle gut!"

Spruchweisheit aus dem Alten Sittengedicht
der westnordischen EDDA

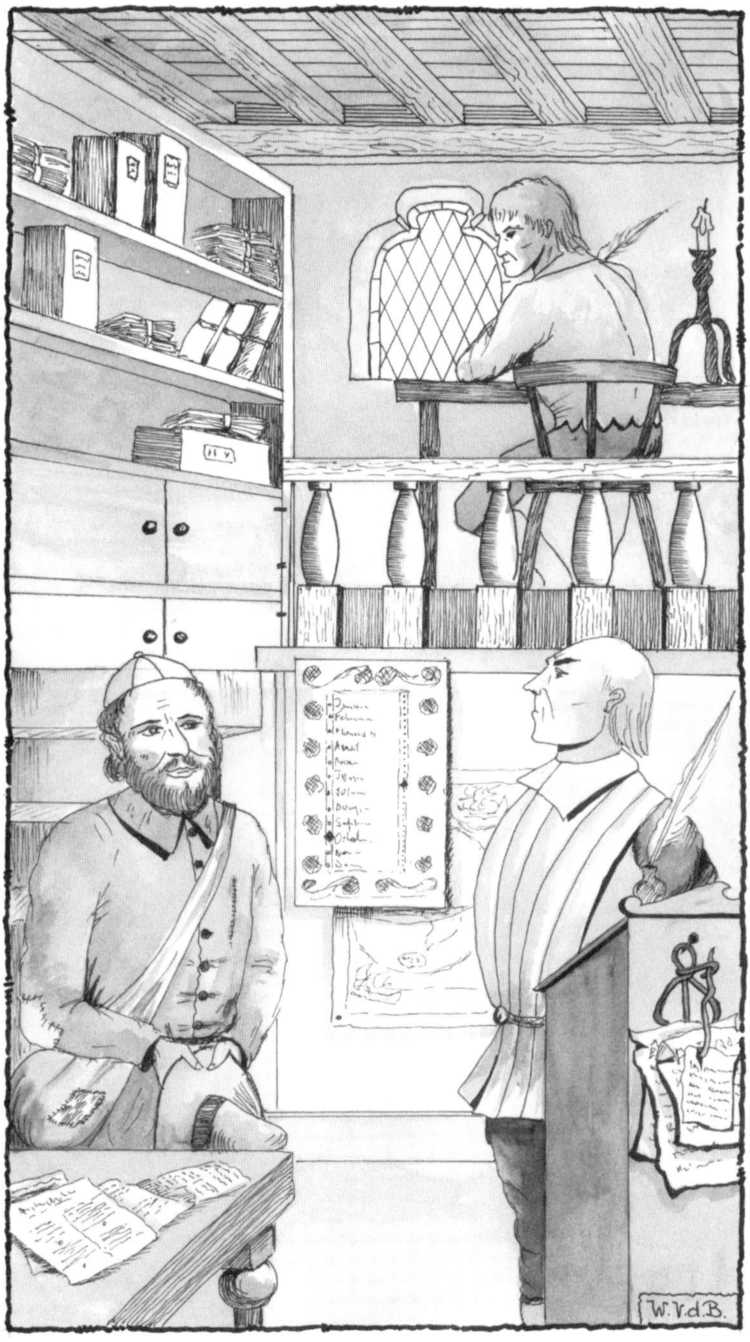
W.V.d.B.

Es war also größte Aufmerksamkeit angesagt. Längere Zeit jedoch sichtete der Ausguckmatrose keine Mastspitze. Dann aber näherte sich schnell ein größeres, offenbar schwer armiertes Schiff und zeigte spanische Flagge. Obgleich Holland zur Zeit keinen Krieg mit Spanien führte, ließ der Skipper vorsichtshalber durch Hans Alarm blasen und das Schiff gefechtsklar machen. Es setzte an Bord die dabei übliche Hektik ein. Waffenmeister Jacobzoon schloß eigenhändig die Rüstkammer auf, ließ Musketen, Entersäbel, Spieße an die Leute austeilen sowie Munition und Pulverladungen für alle Kaliber herausholen. Dicke Geschützkugeln plumpsten auf die Decksplanken, und Pulverfäßchen wurden an die Kanonen gerollt. Wo sich mit Wischer und Ladestöcken die dafür bestimmten Matrosen rasch postierten. Alle übrigen Männer verteilten sich auf die Gefechtsstationen. Chefartillerist Suput ging an die vordere Drehbasse; Jacobzoon bediente eigenhändig die auf dem Achterdeck. Dorthin begab sich auch Willem, der sich irgendwie überflüssig vorkam und aufgeregt seinen blankgezogenen Stutzsäbel umklammerte. Dem altgedienten Profosen an seiner Seite war natürlich die verständliche Nervosität des Schiffsneulings nicht entgangen. Respektvoll, aber beruhigend sprach er diesem Mut zu – auf seine Weise allerdings derbdrastisch: „Ihr müßt keine Bange haben, Heer Willem, das erledigt Suput ganz alleine, unser Kanonenfurz."
„Suput – was?" „Ach so, könnt Ihr ja nicht wissen, und das war vor Eurer Zeit, wartet mal, im vorigen Jahr gewesen. Bei einem Abstecher von Batavia hoch nach Macao, ins Chinaland. Dort hatten wir die Portugieser in ihren Handelsniederlassungen gebrandschatzt. Mann, was haben wir die feigen Hunde geweift und an fetter Beute da rausgeschleppt." „Und das haben die sich dort so einfach gefallenlassen?" „Ach was, klar suchten die sich zu wehren. Doch Portugieser sind gegen uns schlappe Kerls. Eine aufgeregt lärmende Chinesentruppe hüpfte da mit drolligen Drohgebärden und im Tanzschritt heran, gewaltige Keulen, Lanzen, Schilde schwingend. Von ein paar aufgeputzen Weißen wurden die Heldensöhne mit Pistole und Säbel schön ordentlich in Reihe gezwungen und vorangetrieben. Diese Anführer hielten sich wohlweislich sehr zurück, immer in Deckung hinter ihren Leuten bleibend. Wir also mit unseren Musketen gleich

mächtig draufgehalten. Und was soll ich Euch sagen? Nach der ersten Salve, die einige aus den Reihen herausfetzte, machte doch der ganze schreiende Schwarm auf dem Fuße kehrt, brach nach hinten aus, die lästigen Waffen wegschmeißend. Als nun alle abhauten, hastewaskannste, da flüchteten die Herren Portugieser mit jetzt aber flottem Trab an der Spitze ihrer angstschlotternden Mannen. Solcherart war dann richtige Marschordnung wiederhergestellt, Offiziere an der Spitze. Nur die Marschrichtung war wohl falsch. Na, uns sollte es schon recht sein.

In einem ihrer Forts, ärmliche Holzhütten zumeist, nur der wohlgefüllte Lagerspeicher war ein festes Steinhaus, da kams: Wie aufgetrieselt wippten die gelbgesichtigen Chinamänner um uns herum; nur portugiesische Händler oder Soldaten waren nirgendwo zu sehen. Peilten wir also auf den Speicher und durchsuchten dessen Räume. Olle Suput aber war, trotz tagelangem Bauchgrimmen, wie stets auf der Suche nach hochprozentig Trinkbarem. Denn der Alkohol ist sein ärgster Feind, den er gnaden- wie restlos durch sofortiges Wegtrinken auszutilgen sucht. Marschierte seinem inneren Trieb folgend, also gleich in den Keller hinunter. Dort staken aber auch diese Feiglinge im Dunkeln und bibberten vor sich hin. Suput, wie er die steile Treppe hinuntertappte, fühlte sich unbeobachtet und rülpste erstmal schaurig. Dann hob er das Bein und erleichterte sich mit einer Reihe laut knatternder Fürze. Die müssen in dem stabilen Gewölbe zu mächtigen Donnerschlägen verstärkt worden sein, daß man drunten meinte, wir hätten am Eingang mindestens eine Karronade aufgefahren. Mit vielstimmigem Jammergeschrei um Pardon drängte sich ein ganzer Haufen völlig entnervter und gar nicht mehr so stolzer Söhne Portugals die Treppe empor. An der Spitze ihr Capitano, den verqueren Säbel in erhobenen Händen. Suput staunte nicht schlecht, deutete schließlich generös mit dem Daumen in Richtung Tür: „Stinkt hier nicht rum, los und alle raus, marschmarsch im Schweinsgalopp immer links halten. An der Anlegestelle drüben in Gefangenschaft melden. Halt – habt ihr 'was Schöngeistiges im Keller?" Er machte mit der Linken die entsprechende Bewegung, mit der man eine Schnapsbuddel anzusetzen pflegt. Dies wurde auch verstanden und ihm bedeutet, daß sich hier unten viele wohlgefüllte Fässer und Unmengen von Flaschen befanden. „Na, bestens, bin ich ja wieder mal goldrichtig. Los, trabt ab, ihr kriegt von mir Generalpardon und stört jetzt nur." Dabei entfuhr ihm noch ein zierliches Fürzchen von immerhin Pistolenschußqualität. Brachte also die Helden tüchtig in Schwung, die sich eiligst zum Keller hinausdrängelten. Suput aber leckte sich genüßlich die Lippen, sein gewaltiger Adamsapfel geriet in hüpfende Bewegung, und der Mann ward die nächsten zwei Tage nicht mehr gesehen. Wir sollten aber doch weitersegeln, ließen ihn suchen und richtig, einige der bezopften, schlitzäugigen Landeskinder brachten ihn, wie üblich freundlich grinsend, auf einer Bambustrage herangeschleppt. Steif getrunken und wüst schnarchend, in festgeballten Fäusten je eine leere Buddel. Mußten ihm dann erstmal einen brennenden Kienspan unter die Fußsohlen halten, ehe er wenigstens mit einem Auge mühsam plinkerte. Dauerte aber noch erheblich länger, bis der Brave wieder einigermaßen an Bord war. Ist übrigens auch heute noch fürs Geistige. Zumal, wenn der Geist auf Flaschen abgezogen ist oder in soliden Eichenholzfässern still vor sich hin schnurgelt." Jacobzoon schloß dann seinen Bericht von dieser erbaulichen Begebenheit mit dem nochmaligen Hinweis, keine Angst haben zu sollen. „Die paar lausigen Spaniolen dort drüben, die furzt der Suput ganz mühelos weg, verlaßt Euch drauf!" Soweit kam's dann aber doch nicht; der Spanier drehte bei und kurzerhand ab, verschwand bald unter der Kimm.

Tags darauf aber wurde es blutiger Ernst – die gefürchteten Piraten kamen mit mehreren ihrer schnellen Schebecken. Diese niedrigbordigen, schnittigen Kampfschiffe waren an Oberdeck mit etwa jeweils zehn Geschützen pro Bordseite bestückt und ausschließlich auf Seekrieg und Piraterie ausgelegt. Kaum über der fernen Kimm aufgetaucht, waren die raschen Segler schon da. Unverkennbar mit ihren drei Masten, samt vorn überhängendem und schräglaufenden dreieckigem Lateinersegel an der Rah. Sie suchten das Holländerschiff einzukreisen. Der ausgebuffte Skipper, welcher größere Schußschäden am Schiffe vermeiden wollte, beschloß, sie zu täuschen und mimte die lahme Ente. Manövrierte sie letztlich auch aus. Dergestalt, daß er aus seinen, natürlich bemannten und gefechtsklar gemachten Deckskanonen nur hin und wieder spärliches Feuer auf die sich in der Überzahl sicher wähnenden Gegnerschiffe eröffnen ließ. Oberkanonier Suput war da in seinem Element. Rittlings auf immer mal wieder einem anderen Geschütz hockend, richtete er stets selber an, visierte grob über Daumen und Zeigefinger. Da diese Schebecken aber eben Niedrigborder waren, suchte er vom höheren Deck des Holländers aus, deren Takelage zu treffen. Währenddessen wurden die zwei Drehbassen, vorne wie achtern auf ihren Drehkränzen in alle Himmelsrichtungen schwenkbar, für eventuellen Enterkampf und Bordgefecht fertig gemacht. Die auf der Schanz mit einer brisanten Mischung aus pechgetränkten Harzklumpen sowie kleingehacktem Blei, Nägeln, Glasscherben geladen. Wenn ein solcher brennender Todesschweif breitstreuend auf sein Ziel hinfauchte, dann jumpten aber selbst jene Feinde freiwillig über die Reeling und vom Schiffe, an denen er nur vorbeizischte. Auf den Marsen und in den Mastkörben postierten sich Scharfschützen, um von dort oben aus ein plackerndes Einzelfeuer auf die feindlichen Decks zu unterhalten, möglichst erkennbare Führer wie auch Geschützbedienungen zu erledigen.

Die Gegnerschiffe hatten sich indes durch eifrige Winksignale mit bunten Tüchern verständigt. Beschlossen offenbar, die vermeintlich leichte Beute ihrem etwas größeren Führerschiff zu überlassen, welches sich schon in günstige Angriffsstellung manövrierte. Die anderen Schiffe ließen sich im Feuerlee achteraus sacken, waren bald schon unterm Horizont verschwunden. Inzwischen aber war an Bord des EENHOOREN Entscheidendes geschehen! Greulich fluchend rutschte Waffenmeister Jacobzoon soeben vor dem Niedergang zur Kajüte aus, drehte sich ein paar mal um sich selbst, krachte dann schwer auf seinen respektablen Profosenhintern, dabei ein Stückchen weit dahinschlitternd. Stumm von malle Hans betrachtet. Welcher aus einem großen Eimer quabbelige, grüne, penetrant scharf riechende Schmierseife schöpfte. Selbige dick mit einem Wischlappen auf die Stufen und obenhin davor auftrug. Als der sich mühsam Hochrappelnde dann wutschnaubend auf den verdutzten Schiffsjungen losgehen wollte, haute es ihn gleich wieder um. Nunmehr auf dem arg geprellten Steiß sitzenbleibend, starrte er Hans rat- wie sprachlos an. Vom Achterdeck oben dröhnte des Skippers Gelächter; der röhrte jetzt auf den Jungen herunter:

„Was soll der Scheiß denn, Kereltje? Haben wirklich keine Zeit für solche Späßchen – obschon, mein lieber Profoß, Ihr gebt wirklich ein hübsches Schaubild ab, haha!" Verschreckt antwortete Hans seinem Baas: „Jawollja, bohnere hier alles glatt, daß Heiden dann Treppe runterstürzen. Kann ich sie unten abfangen und alle totmachen." Einen Moment war erstaunliche Stille ringsum. Dann ächzte der wieder auf die Beine gekommene Jacobzoon ein „gar nicht mal so dumm, probates Mittel, wie mir scheint", sich dabei die verlängerte Rückseite eifrig reibend. Und der laut feixende Skipper ergänzte: „ So wie man Euch hier ärschlings herumkriechen sah, kann ich die Methode nur empfehlen." Stieg schnell zu den Männern um Hans herunter, beklopfte dem den Rücken: „Bist ja gar nicht so dammlich, wie wir immer dachten – und so werden wir's auch machen."

An alle gerichtet, dröhnte er jetzt sein „Auf, ihr Männer! Wollen diesen häßlichen Mausköppen gebührenden Empfang bereiten. Schön rutscherig muß alles sein, brauchen dazu aber noch jede Menge Schmierseife (geht wieder ins Geld, godverdomme, aber wat mut, dat mut). Also Schanzkleid auf der Feindseite, das ganze Deck vom Mittelschiff samt Untermasten feste einkleistern. Los, los, Leute, und zieht euch feste Seestiefel über, bindet Lappen, alte Säcke oder Segelfetzen darüber, daß ihr nicht selber ausrutscht. Jeder holt sich rasch noch einen vollen Eimer und Pinselquaste, dann hopphopp." Von einer der Kanonen her, auf welcher Suput noch immer thronte, schrie dieser ein lautes „Haltet ein, Leute, Wir sollten obenauf noch viele, spitzige Glasscherben streuen. Wenn dann die Heidenhunde, barfuß oder nur mit Stoffsandalen zu uns aufs Schiff überspringen, glitschen sie holterdipolter nur so hin, reißen sich Füße und Ärsche blutig. Da bleibt kein Auge trocken versichere ich euch; und wir haben noch was zum Lachen, ehe wir das Gesocks einsammeln und hinmachen. Müssen dazu aber, Gott sei`s geklagt, und auch mir fällt's nicht so leicht, Massen von Schnaps- und Weinflaschen aus der Ladung hier oben zertöppern. Dürfen sie nicht mal vorher austrinken, da wir auf Zack bleiben sollten. Also aufstöpseln, Inhalt ins Meer gießen, Flaschen zerkloppen und Splitter dicke überstreuen." Dies wäre sein bescheidener Ratschlag und was der Kapitän zu solchem meinte? Der stimmte ohne Zögern zu, „denn hier geht es um unsere Köpfe. Und es hat jeder nur den

einen." Jacobzoon wies an, das Geschützfeuer einzustellen; nach der Schmieraktion alle Mann ins vordere Logis hinunter, sich mit Handspaken oder Enterbeilen bewaffnen. Auf sein Zeichen hin dann den Niedergang hoch wie der Teufel „aber oben immer schön sutje, Männer, drauf auf das heidnische Pack, alle totschlagen und über Bord schmeißen. Du, du und der da gehen mit mir; Suput und die Herren Offiziere zum Kapitän nach achtern. Drehbassen bleiben besetzt und feuern nur auf direkten Befehl, und Beeilung bitte!"
Während die Matrosen schmierten und in Vorfreude aufs zu erwartende Heidenmassakrieren schmunzelten, war die Schebecke auf Messerwurfweite herangekommen. Drüben stellten sie jetzt ihr Feuer auch ein, spitzzinkige Enterdraggen flogen an langen Leinen herüber. So sie nicht gleich wieder abrutschten, hakten sich die vierarmigen Wurfanker mit ihren Flunken im Relingholze fest. Und schon kletterten sie flinkhändig aufs Schiff, die braunen Raubkatzen. Geschmeidig, beturbant oder Tücher um die Schädel gewunden, Messer in den Mündern, Krummsäbel und Pistolen umgürtet, Mordlust wie Beutegier im unstet flackernden Blick. Mann um Mann schlitterten sie dann übers eingeseifte Schanzkleid, rutschten laut brüllend oder mit erschrockenen Allahrufen aus, glitten völlig geschockt über die beschmierten Planken und mittenmang in die reichlich herumliegenden Scherben, Splitter, Glaszacken. Dabei blutige Reißspuren hinterlassend. „Klingt ja wie übles Hundegebell, denen ihr üllüllüll und teremtemtem", meinte oben am Ruder der Steuermann Hindeloopen mißbilligend. Am besten waren wirklich jene Piraten dran, die gleich wieder außerbords abschlitterten und im Bach versoffen. Denn nun drangen wutbrüllende Männer aus dem sicheren Logis herauf und machten sich über all die Gestürzten und Verletzten her, ihnen die Piratenschädel einzuschlagen und dann immer zu zweien mit „hauruck" und „zugleich" über Bord zu kippen. „Slah doot, slah all doot," schrillte es plötzlich vom Kabusendache her. Dort oben tanzte ein hageres Seegespenst. Dieses hieß Franke und kippte mit mordlüsternem Augenfunkeln und wutschäumendem, geiferspritzendem Quermaul den mühsam heranhumpelnden Seeräubern aus Eimern vorsorglich heißgemachtes Wasser über die Mohrenköpfe, daß es nur so rauchte. Die müssen wirklich

geglaubt haben, einen tanzenden Scheitan zu erblicken. Welcher bekanntlich kugelfest und hiebsicher ist, weswegen ihm auch keiner nähertrat. Franke wirkte also verheerend. Zuletzt nahmen sie sich den wütig glotzenden, um sich spukkenden und wie ein angestochenes Schwein blutenden Anführer der Piratenbande vor, einen schon älteren und wohlbeleibten Bassa. Zuerst machte man ihn mit pfeifendem Beilhieb über den Waffenarm vollends kampfunfähig. Sodann erdrosselten sie ihn mit festem Hanfstrick. „Macht mal schön langsam, daß der Mohrenhund noch bißchen was davon hat", riet der blutgierige Claes Scheelauge. „Nur zu", ermunterte sie jetzt Jacobzoon keuchend, „wenn die uns kleingekriegt hätten, säßen diejenigen, die es überstanden, ihr restliches Leben lang als festgeschmiedete Rudersklaven auf maurischen Galeeren!" Und mit seinem „Nein, danke, sprach Franke" bekräftigte der sich inzwischen vom tanzenden Scheitan in ihren Kok zurückverwandelt habende Kabusenchef, „dann lieber gleich tot sein." Später steckten sie das, was einmal ein Mensch gewesen war, auf einen Bootshaken. Diesen schwenkten zwei Leute wie eine Kriegsfahne von der Schanz. „Bassa manelka, ist das Aasstück vielleicht schwer. Da geht er hin, der Heidenhäuptling." Und schleuderten den Spieß samt dransteckenden Leichnam ins Wasser. Spuckten heftig schleimend hinterher. „Hätten dich liebendgerne mit glühender Katzenscheiße füsiliert, damit du in der Heidenhölle dann ewig und drei Tage stinken tust." Aber leider war keine Zeit dazu gewesen, so schnell kamen die Piraten über sie.

Drunten, auf der mit leichter Schlagseite dümpelnden Schebecke, brach ein wirres Geschrei los, dann tönten plötzlich laute, flehentliche Pardonrufe auf. „Sie streichen die Flagge", stellte VAN STRAATEN zufrieden fest. „Paar Mann mit mir rüber, den Rest dort erledigen!" Unter lautem Siegesjubel der Holländermatrosen (die glücklicherweise nur wenige Leichtverletzte hatten, mit Streifschüssen, Messerwunden; und einem war die vorwitzige Nase durch Krummsäbelhieb abhanden gekommen), stiegen sie über. Katherine, die jetzt mit ihrer Leibwache Willem und Hans von unten auch an Bord gekommen war, schlug erschrocken die Hände vor das Gesicht. Denn drüben banden die Holländer jetzt die wenigen Überlebenden in loser Fesselung an die Masten, beschmierten sie mit Pech. Auf des Skippers Befehl hin zündeten seine Männer mit lodernden Fackeln dann das Feindschiff an vielen Stellen an. Die bittenden Rufe der Angebundenen mißachtend, kletterten sie auf ihr Schiff zurück. Während die langsam abtreibende Schebecke immer heller brannte. „Das kannst du doch nicht machen", bedrängte die zitternde Katherine ihren Skipper, „sind doch auch Menschen und müssen fürchterlich zugrundegehen dort." Aber VAN STRAATEN winkte lässig ab: „Ach was, sind nur raubgierige, mörderische Heidenhunde. Keine Menschen. Was meinst du denn, hätten jene mit uns gemacht – und speziell mit dir (bestenfalls wärst du im Harem eines reichen Bassa verschwunden) – wenn sie nur gekonnt hätten. Verrecken sollen sie, die blutgierigen Hunde." Zustimmend kopfnickten die Umstehenden, indes das entsetzte Mädchen weiterhin um Gnade für die Heiden bat. Als sich ihr jetzt auch noch Willem „im Namen unserer höheren Zivilisation" anschloß, was ihm einen giftigen Kapitänsblick einbrachte, meinte der verächtlich: „Na gut, oder lieber schlecht, will mal nicht so sein." Schrie dann gegen die mächtig aufprasselnden Flammen auf dem sinkenden Schiff: „Herhören, ihr lausigen Mausköppe, ich schenke euch das unwerte Heidenleben. Und ihr könnt solange an Bord eures Schiffes bleiben, wie ihr das wollt. Verstanden?" Wendete sich dann seinen grinsenden Schiffsoffizieren zu. Willems Gesicht versteinerte sich, während Katherine zuerst aufatmete, weil sie nichts begriffen hatte. Sehr bald schon erkannte sie aber, daß sich ihr Liebster nur einen tödlichen Scherz erlaubte.

Denn die Mauren drüben konnten sich zwar problemlos aus ihren Fesseln befreien, irrten nunmehr aber infolge ihrer pechbeschmierten Körper und Kleidung wie lodernde Fackeln auf ihrem von Flammen und Rauch völlig eingehüllten Schiff umher. Als dann die Pulverkammer aufflog, stürzten sie sich einer nach dem anderen schließlich laut schreiend ins Wasser. Damit schnellen Tod im aufgewühlten Meere einem langsamen, schmerzvollen Geröstetwerden vorziehend. „Na bitte, ich gab denen mein Wort, daß sie an Bord bleiben dürften, solange sie es wollten", feixte der hartherzige Skipper. „Sehr lange haben die das allerdings nicht gewollt! Immerhin, ich habe mein gegebenes Wort getreulich eingehalten, wie ihr allesamt wohl sehen konntet." Letzteres galt vor allem der tränenüberströmten

Katherine, die er jetzt süffisant anlächelte und tröstend in die Arme nehmen wollte. „Geh weg, du Mörder", entzog die sich ihm aber energisch und floh regelrecht in die Kajüte hinunter, gefolgt vom unsicher hinterher trottenden Hans. „Weiberlaunen sind schlimmer als Wellenraunen", grummelte VAN STRAATEN ungerührt, bevor er seine Offiziere und Matrosen an ein gründliches „schoon Schipp maken" und schleuniges Deckaufklaren befahl. Womit dann auch wieder der übliche Bordalltag einsetzte. Während Willem (vermutlich strafweise, wegen total überflüssiger Humanitätsduselei) zu sofortigem Eintrag des stattgefundenen Gefechtes ins Schiffsjournal verdonnert wurde, „und Ihr legt mir das dann persönlich vor", kamen die Matrosen zu einer Extraration Bordschnaps. Als sozusagen Nachsturmfrühstück durfte der Schmuddelkok jedem einen doppelten Besanschot anschlagen. Und der mit der abgesäbelten Nase konnte sich gar über einen Zuschlag freuen. Auf Kapitänsweisung schüttete er sich einen Dreistöckigen hinter den Halsknorpel. „Wohl bekomms, und hilft garantiert gegen Blutvergiftung. Außerdem, wer keinen Riechkolben mehr hat, der bekommt sicher keinen Schnupfen", suchte ihn der mitfühlende Franke wortreich zu trösten. Obs dem Nasenlosen aber viel genutzt hatte?

Jacobzoon war ein leidenschaftlicher Freizeitangler. Und als er jetzt einen Fisch am Haken hatte, der erstaunlich kahlschuppig war, gesellten sich Willem und Suput zu ihm, um das Viech zu begutachten. Ersterer äußerte sich, spöttisch kommentierend: „Na, ja, in schlechten Zeiten müssen eben auch die Fische Federn lassen." Selbst die beiden anderen tauten auf, wurden direkt redselig. Lags an der schon tagelang dauernden Beinaheflaute? „Hier vor den Kapverden hat der olle Seeteufel wohl eine Tauchstation", wußte der Profoß. Während er den nackigen Fisch verächtlich wieder ins Wasser zurückbeförderte, berichtete er dem Seefahrtneuling Willem flüsternd – dabei scheue Blicke aufs Achterdeck hochwerfend, wo der Skipper gereizt hin und her lief. Eben wies er seinen Rudersmann schreiend an, mal um einen Wind zu pfeifen. Kratzte selber auch heftig am Mast; in den Augen der christlichen Matrosen alles schlimmste Todsünden auf See. Aber „viel hilft viel, sprach der Bauer – sprang ins Bett und brach durch!" Während Suput zustimmend nickkoppte, erzählte der Altbefahrene nun also vom seinerzeit an der ganzen Küste (und nicht nur in Westfriesland) vielbelästerten, geheimnisvollen Teufelspakt des Skippers. Denn daß jener es mit dem Bösen hielt, wußten sie ja alle hier an Bord. Nur eben Willem noch nicht, und der erfuhr es jetzt. Jacobzoon hatte VAN STRAATEN einmal nach Amsterdam begleiten müssen, dabei den Schwanz eines heftigen Streitgesprächs zwischem diesem und seinem großmächtigen Handelspartner dort mitbekommen. „Der edelachtbare und hochmogende Mynheer Crispin Van den Valckert ist der Vater unseres geschätzten Obersteuermanns, wie Ihr ja mitbekommen habt."
Und Jacobzoon berichtete, daß der Skipper dabei ziemlich hochfahrend und so ganz nebenher dem Kaufherren und Reeder folgendes entgegenschmiß: „Teufelsdienste? Dummes Zeug und ausgestreut von Waschweibern. Nur mal keine Ängste nicht! Was soll mir schon so ein dummer Teufel? Klar, bei Euch hier und tief im Binnenland, da holt der sich die Menschen jeweils einzeln ab. Gelegentlich auch mal paarweise in die Hölle. Bei meinen Fahrten auf hoher See aber, da rechnet er ganz anders. Denn da greift er sich sein Futter meist nur als volle Schiffsmannschaft. Von einigen Ausnahmen mal abgesehen. Und ich, Mynheer, bin so eine. Weil ich des Teufels alter Seekumpan bin.

Und jenem, solls darauf ankommen, feste über sein Geweih fahre. Jawoll Mynheer, ich segle dem Teufel die Ohren ab! Und bis meine Stunde dann einmal geschlagen hat, ist hoffentlich noch sehr viel Zeit. In welcher ich für Euch eine Menge Geld verdienen werde. Für mich natürlich auch mit. Wogegen Ihr gewißlich keine Einwendungen erhebt? Also, kurz und schlecht: Wer mit dem Teufel an Bord geht, der muß dann ja schließlich doch mit ihm segeln!" Danach war dem vor angelehnter Kontortüre still vor sich hin gruselnden Waffenmeister klar gewesen, daß er künftighin einen gespenstischen Fahrensmann mit bocksverhorntem Klumpfuß hinter sich hatte. Zumeist wohl unsichtbar und als stetige lebensgefährdende Bedrohung. Daß er nunmehr höllisch aufpassen müßte, um noch rechtzeitig vorher abzukommen, wenn's einmal mit seinem Skipper aufs Letzte gehen würde. Denn am Ende war's ja das seit Urzeiten immer gleiche Ritual. Wenn es einmal ans Bezahlen ging, schickten der oder die Gläubiger zunächst einen, oftmals unwissenden, Sendboten als Ansager voraus, seltener gleich den Abholer. Dies war so etwas wie ein ungeschriebenes Gesetz, doch man hielt sich daran. Nach dem Grundsatz, daß jegliche Schuld irgendwann bezahlt werden müsse. Und zwar in voller Höhe sowie ganz wortgetreu, laut Vertrag samt dessen Klauseln und Zusätzen.

Suput sekundierte jetzt seinem Partner: „Leider ist es nämlich immer so gewesen auf der bösen Welt, daß für alles und jedes und auch das geringe bißchen Menschenglück im stets zu kurzen Leben, einmal dann zur Kasse gebeten wird. Wer aber den Teufel zum Partner hat, muß sicherlich doppelt und dreifach draufzahlen. Wann aber, wie und wo, und in welcher Währung bezahlt wird, das bestimmen Andere." Und weiter zum gleichen Thema: „Selbst wenn einer in gewisser Stunde den Teufel beim Würfeln beschiß, gewann er zwar den Sack, sprich weitere Gnadenfrist, verspielte aber seine schwarze Seele total. Und wenn eine Katze im Fischladen Junge kriegt, so müssen das nicht unbedingt Heringe sein!" Den Priem auf die Planken spuckend, leitete er mit solcher Binsenweisheit jetzt den wirklich neugierig gewordenen Willem unmerklich auf jenen ominösen Teufelspakt des Skippers hin. Gemächlich im Schatten von Frankes Kabuse sitzend (in welcher ihr Schmuddelkok leise vor sich hinschnarchte und somit Interessantes verpaßte), klärten ihn die beiden Wackeren auf.

„Tjä, also", begann Jacobzoon, „es war auf einer der letzten Fahrten noch mit unserer alten, dicken ‚Wapen von Fryslan'. Ich war dazumal auch schon mit von der Partie, als Quartiermeister, und teilte mit Suput die Kammer." Der nickte und fuhr fort: „Das war, als die stumme Dyveke das letzte Mal mitreiste, sein strammes Täubchen. Und genau hier, auf der Höhe von Kap Verde, bekamen wir überraschend hohen Besuch, nämlich vom Teufel persönlich. Der präsentierte sich uns beiden (die Mannschaft war, bis auf Hindeloopen am Steuer und den Schiffsjungen, samt Dyveke ins Logis befohlen worden und hatte dort zu verbleiben) als ein hagerer, großgewachsener, feingekleideter Herr. Trug enganliegendes, schwarzsamtiges Wams und wickelte sich in seine dicke Pelzschaube, goldbestickt und mit blutrotem Kirchenbrokat ausgefüttert – so, als ob ihn trotz drükkender Hitze fröre. Zierdegen mit Griff aus schierem Silber zur Seite, schwergoldene Ehrenkette mit hühnereigroßem, diamantenen Pudelkopf daran, schwarzgoldenes Samtbarett mit roter Sturmfeder auf den Hörnern sitzend. So stand er ganz alleine, mit verschränkten Armen zu uns hochblickend, urplötzlich in einem kleinen Boot, das sich von selber bewegte, an der Bordwand. Begehrte aufgehievt zu werden." Jacobzoon redete aufgeregt dazwischen: „Nachher hatten wir noch tagelang zu tun, die rostigen Brandflecken von der Ankerkette abzuschrubben. Auch auf den Decksplanken stapfte der mit seinem Bocksfuß qualmende Löcher ins Holz, wohin er trat. Hinterdrein schlich ihm der bibbernde Schiffsjunge, zu dieser Arbeit befohlen, um die teuflischen Schmauchspuren mit dem Wassereimer auszugießen. Das zischte vielleicht, und stinken tat es wie Höllenschwefel."

„Böse angeglotzt hat uns der Schlaks, als er da aus dem Nichts vor uns beiden auftauchte", spann Suput seinen Faden weiter. „Uns war richtig schummrig zumute, trotzdem wir vom Alten auf schlimmen Besuch vorbereitet waren. Herrisch begehrte er, nachdem wir ihn mühsam mit dem Anker aufgeleiert hatten, zum Kapitän gebracht zu werden, seinem zweitbesten Freund und Superkargo in vielerlei Geschäften." Steuermann Hindeloopen sei dann auch zu ihnen getreten (nachdem er das Ruder festgebunden hatte). Der trug vorsichtshalber seine ererbte Bibel unterm Arm, man konnte ja beim Teufel nie so recht

wissen. Als Herr Urian ihn da so heranschleichen sah, soll er unmäßig gelacht haben und mit ganz hoher, weibisch schriller Stimme gefistelt (später mußten alle dadurch zerklirrten Heckfensterscheiben der Kajüte neu verglast werden): „Beim Teufel, hihihi! Diese selbstgerechten, überfrommen Herren Holländercalvinisten sind schon eine ganz besondere Sorte Mensch. Glauben wohl gar, sie stammten direkt von Gottesvater ab – weiterhin ergebenster Diener, und meinen steten Respekt, Alter Herr da droben – unter taktischer Umgehung seines eher schwächelnden Adoptivsohnes Jesus, des kreuzgenagelten Chrestos. Na schön, und nichts für ungut, mein lieber Pilot. (Er benutzte wirklich diesen längst aus der Mode gekommenen Titel für schiffssteuernde Nautiker und Lotsen). Kommt samt Eurer Gesäßkladde ruhig mit runter in die Kajüte. Um einen tüchtigen darauf zu trinken, daß Ihr mal so alt werdet, wie Ihr gerade ausseht, hihihi!" Sein nervendes, eiskaltes Kichern ging durch Mark und Pfennig, berichtete der alte Kämpe schaudernd. Der Hindeloopen soll dann panisch fix weggerannt sein und sich in seiner Kammer verriegelt haben. „Sicher suchte er mit zitternden Händen dort in seiner Gesäßkladde, ähem Bibel, Trost und Zuspruch", griente nun Willem.
Während Suput weitererzählte: „Jacobzoon mußte auf des Skippers Geheiß oben vorm Niedergang wachen, den Jungen zur Seite, der angstvoll heulte und mit derben Ohrfeigen ständig ermuntert werden mußte. Ich hatte an der Kajütentür Posten zu stehen, hörte daher auch einiges von dem, was sich nun da drinnen Unheimliches abspielte. Mir zitterten die Knie, als der Böse den Skipper gleich mitnehmen wollte." Doch ließ er sich von dem noch zum kleinen Umtrunk und Abschiedsschnaps einladen. Woraus dann mehrere wurden; schließlich verführte ihn der Alte noch zu einem Würfelspielchen. Weiß doch heute jedes Kind, daß der Teufel dem Spieltrieb verfallen ist und ebenso gern wettet, wobei er meistens zu gewinnen wußte. Dieses Mal aber konnte er eines nicht wissen: Wohl benutzte jeder von ihnen seine eigenen Würfel. Die des Teufels waren ganz normal aus Horn; der Skipper jedoch hatte welche aus Eisen, als Spezialanfertigung nur für ihn gemacht. Und auf dem Tische lag, wie zufällig, einer der Lodsteine, mit welchem die Schiffsoffiziere den Kompaß immer wieder neu magnetisieren mußten. An

jenem Lodstein schabte er, so ganz nebenbei, vor jedem Wurf herum. Solcherart die Eisenwürfel aufladend, daß er mit beiden stets nur Sechser warf. Was wiederum den ehrlich würfelnden Teufel mächtig verdroß, sodaß er nun seinerseits grobschlächtig zu schummeln begann und plötzlich einen Siebener warf. Was den Kapitän zu der höhnischen Frage provozierte, ob der Teufel denn auch älter werde, weil er so ganz offensichtlich wie ungeschickt mogele. Dem war dies äußerst peinlich, und er grämte sich sehr. Zumal der Skipper noch einen draufsetzte und meinte, weit sei es mit des Teufels Spielkünsten auch nicht her. Selbiger setzte ein Schuldgesicht auf. Und in gleicher Sekunde faßte sein ihn aufmerksam beobachtender Partner nach, nutzte ebendiese Schwäche voll aus. Als hartgesottener Fechter rang er dem verunsicherten Teufel jetzt einen Zusatz zum eigentlich abgelaufenen Vertrag noch ab.

Dergestalt, daß der Würfelspielverlierer Teufel dem Gewinner Kapitän noch einen, vorerst unbefristeten, Zeitaufschub gewährte. Sich dazu verpflichtete, das in der Flaute träge dümpelnde Holländerschiff im Schweiße seines gehörnten Angesichts schnell durch die Fluten zu bewegen, schiebend und ziehend. Dessen Bedingung aber lautete, daß während dieser Teufelsarbeitszeit garnichts aus dem Schiffe heraus und wegkommen dürfe – kein Mensch, keine Maus, kein toter Gegenstand ins Wasser oder sonstwohin. Auch darf während dieser ganzen Zeit an Bord kein frommes Lied gesungen oder gebetet werden (gewiß VAN STRAATENs leichteste Übung). Derb geschweinigelt hingegen dürfe werden, geflucht auch, so viel und so lange, wie gewünscht. Na, auch das ließe sich ohne weiteres hinbekommen, meinte der Skipper. Wenn er oder seine Leute aber gegen die Abmachung verstoßen sollten, würde der Teufel sofort Schiff und Besatzung zu sich herunterholen. Wenn dann aber das Schiff wieder aus eigener Kraft weitersegeln könne – und es ist aus ihm wirklich nichts weggekommen – dann hole sich der Teufel den Skipper; die anderen alle dürften weiterleben. Gelingt es diesem aber, am schwer arbeitenden Teufel vorbei, irgendetwas aus seinem Schiffe nach draußen zu praktizieren – hat der Teufel den neuen Pakt verloren und VAN STRAATEN wäre frei, behielte Leib wie Seele. Jedenfalls vorerst; doch Zeit gewonnen, alles gewonnen!

Solches besiegelten beide dann mit festem Handschlag. Als der Skipper die feuchtheißschwammige Teufelsklaue umkrallte, durchzuckte ihn ein jäher, schneidender Schmerz, vom Brustbein über die Schulter bis in die Fingerspitzen der linken Hand durchziehend. Und fortan lebte er mit Taubheitsgefühlen in jener sowie mit einer stumpfen Nadel im heftig pochenden Herzen. Das äußerte er einmal im Suff gegenüber Jacobzoon; aber man gewöhne sich eben an alles, auch an ein Leben auf Abruf, wie dieser zitternd von sich gab. Und Suput berichtete weiter, daß ihm der Alte auf den Kopf zusagte, an der Kajütentür gelauscht zu haben. Daher könne er ihm jetzt auch noch sagen, daß er stark darauf spekuliere, der Böse hier stamme noch aus jenen uralten Zeiten her, wo den Menschen insgesamt ein gegebenes Wort noch heilig gewesen sei, ebenfalls die unveränderlich buchstabengetreue Befolgung aller Vertragspassagen ein Bedürfnis. Und daß der hiesige Kapverdenteufel gewiß nicht allzu oft aus seiner weltabgeschiedenen Einöde heraus unter die heutigen, modernen Menschen gekommen sei. Wo er den ganzen sophistischen Schweinkram von behördlicher Rechtsbeugung und obrigkeitsgesegneter Staatsbetrügereien, hätte gründlicher kennenlernen können. Er, VAN STRAATEN, als gelehriges Kind dieser modernen Zeit, schätze also jenen Teufel als einen ehrlichen und damit auch dummen Teufel ein. Und man müsse sich jetzt nur etwas Gescheites einfallen lassen, um sich aus mißlicher Vertragslage zu befreien. Damit ließ er den schlimmen Gast allein in der Kajüte zurück. Der mußte kurzerhand durchs zersplitterte Heckfenster abgestunken sein, denn keiner an Bord sah ihn je wieder. Holte sich aber, als quasi mageren Vorschuß, noch schnell den armen Schiffsjungen. Dieser fiel unvermittelt über Bord und verschwand hilferufend in schaumstrudelnder Wasserfaust. „Das war soweit ja nun in Ordnung", ergänzte der Profoß, „der war ohnehin nur die letzte Nummer an Bord."
Oben am Steuer überlegte der Skipper krampfhaft, wie er den Bösen überlisten könnte. Warf schnell eine volle Arrakpulle leewärts in See. Aufklatschend blubberte sie weg. Doch wie er gerade triumphieren wollte, flog sie von unten her in umgekehrter Richtung wieder zu ihm rauf; und zwar aufgestöpselt und leergesoffen. Krachte direkt zu seinen Füßen nieder, sich

noch einigemale höhnisch drehend. Und die drei auf der Schanz hörten tatsächlich aus dem Wasser einen dumpfgemütlichen Rülps, gefolgt von einem brummigen „Wohl bekomms!" „Das war vielleicht furchtbar", bestätigten Jacobzoon und Suput wie aus einem Munde Willem, der sich unruhig am Kabusenholz schubberte. Auch sei dem Kapitän jetzt der pure Angstschweiß auf die Stirn getreten; sie haben ihn murmeln gehört: „So geht's also nicht." Da aber sei gottlob, trotz des strikten Verbotes, die stumme Dyveke wieder aus dem Logis hervorgetreten, ihren hölzernen Vogelbauer in der Hand. Darin eine von ihr gezähmte Lachmöve hauste. Wollte der wohl in unangenehmer Schwüle ein wenig Sauerstoff zuführen. Allerdings rauschte das Schiff nun wirklich schnell durch das Wasser, obgleich oben alle Segel schlapp hingen und kein noch so leises Lüftchen wehte. Der Teufel unten im Meere gab sich rechtschaffene Mühe, seinen Vertragspart zu erfüllen. Als der Skipper eben fluchend mit Dyveke ins Gericht gehen wollte, fiel sein Blick auf den Käfig, die darin umhertrippelnde Möve und schon griente er gewaltig, winkte das verschreckte Mädchen zu sich herauf. Die hatte er überhaupt sehr schofel behandelt, pflegte immer zu sagen: „Lieber eine Stumme im Bett, als eine Taube auf dem Dach". Ja, ja, Tränen hatte sein Täubchen zwar mehr als genug, nur zwitschern konnte es halt nicht. Was er schamlos ausnutzte. Wie jetzt auch, als er der zögernd Heraufkommenden ohne ein Wort der Erklärung ihren Vogelkäfig entriß, hineingriff, die Möve in zupackender Faust hielt. „Uns beiden gab er Befehl, irgendwas festes zu greifen und ins Wasser zu werfen", meinte Suput (dem die arme, nichtsahnende Dyveke wirklich leid tat). „Hatte also ein umherliegendes Kistenbrett gefaßt und Jacobzoon seine alte Pistole. Auf Kapitäns Befehl hin mußten wir beide Dinger gleichzeitig über Bord schmeißen; ich backbords und er an Steuerbord. Wie sie drunten aufklatschten und wir schaudernd die Teufelsklauen beidseitig vom Schiffe strudelnd danach fassen sahen – da ließ VAN STRAATEN auf der Schanz oben die Möve frei, schleuderte sie weit weg und hoch hinaus, feuerte sie durch wildes Gebrüll an, sich höher und höher zu schwingen und schließlich schnell fortzufliegen. Ich höre immer noch sein juhendes Gelächter und wie er schreit: „Jawohl, auch der quirligste Teufel hat nur zwei Arme und Hände, gewonnen, alles gewonnen, Leute!" „Bei uns an der Wasserkante heißt es nicht umsonst: „Buten und binnen – wagen und winnen" fiel sein Kumpan Jacobzoon hier ein. „Die arme Dyveke, ihres Lieblings so schnöde beraubt, kriegte natürlich nicht mit, was hier eben vor sich ging. Auch erklärte es ihr keiner. Mit Tränen in den Augen hob sie ihre kleine Faust gegen uns. Als der bestgelaunte Skipper ihren strammen Mädchenhintern beklopfte und meinte, sie solle gefälligst mal ein lachendes Gesicht machen, denn wir seien gerade nochmal eben davongekommen, da rannte sie tonlos schluchzend unter Deck, den jetzt leeren Käfig mitnehmend. Brummte der Skipper: „Na dann eben nicht, Tussi. Wer zuletzt lacht, hat's halt nicht eher begriffen." Nunmehr kam endlich Wind auf und ließ alle unsere Segel schwellen, sodaß wir auch ohne Teufelshilfe weiterreisen konnten. Jener aber verabschiedete sich hinterm Heck mit wütigspritzendem Wasserschwall.

„Wir haben alle drei fix noch darauf gespuckt, solcherart den genarrten Bösen verspottend", griente Jacobzoon. Und Suput ergänzte abschließend: „Dyveke aber zog sich fortan immer mehr von uns allen zurück. Lief dann während der Hafenliegezeit in der Kapkolonie mit ihrem ärmlichen Bündelchen vom Schiffe weg. Huschhusch, war sie fort und muß sich irgendwo im Busch versteckt haben. Sollten sie dann noch tagelang suchen. Hat sich aber keiner von uns große Mühe gegeben, des Skippers schlechtgehaltenes Täubchen wiederzufinden. Konnten uns ja denken, daß der sie erstmal halbtot prügeln würde, denn er war zuzeiten schon ein schlimmer Wüterich." Jacobzoon erinnerte auch noch daran, daß der Kapitän sich nach jener Fahrt reich verheiratete. Und natürlich sowohl eine gute Partie wie ein gutes Geschäft damit machte. Seine zarte, frühverstorbene Frau Christintje ist ja leider nur ein einziges Mal mit ihm gefahren. Das war dann schon auf dem neuen Schiff DE EENHOOREN und auf dessen erster Reise, der sogenannten Jungfernfahrt. Die beiden Seezigeuner mußten jetzt ihre Wachpositionen beziehen; und unten in seiner engen Kammer mühte sich Willem ab, das Wesentlichste ihrer breiten Erzählungen in Kurzfassung zu Papier zu bringen, nur so zum eigenen Pläsier,als Anhang zum Journal.

„Una nube salida del malo lado del Diavolo", zitieren die Spanier gerne: Eine Wolke kommt aus der bösen Seite des Teufels! Unfern der großen, von den seefahrenden Engländern gewaltsam für sich reklamierten, Insel St. Helena – weit draußen vor der afrikanischen Westküste – wurden Franke, Willem und malle Hans schreckerfüllte Zeugen eines Seefahrtsdramas. Zwar betraf dieses nur einen von den grobkotzigen Engländern, ein stattliches Kriegsschiff mit mehreren Decks voller Kanonen. Doch erwischte es dieses in Sichtweite der soeben noch mit zähneknirschender Höflichkeit ihre Flagge dippenden Holländer so böse, daß jene mit den Briten, die ja auch Seeleute waren, wie sie selber, direkt mitfühlten. Obschon man heutzutage niemals so richtig wußte, ob die sich wieder einmal oder immer noch im Dauerkriege mit den Vereinigten Niederlanden bewegten. Vorsicht war also stets geboten.

Unerträglich schwül ist es den ganzen, langen Tag gewesen und völlig windstill. An Bord waren die Männer der Freiwache eben dabei, sich gegenseitig aus Segeltucheimern das lauwarme Seewasser über die entblößten, dampfenden Leiber zu schütten. Als sich plötzlich der lethargisch vor sich hin dösende Schiffsjunge rührte, unruhig von seinem Hockplatz auf einer der Mittschiffskanonen herabsprang, aufgeregt den Männern zurief: „Seht mal,Leute, die große Wolke da, kommt direkt auf uns runter, nein – schwenkt ab zum Engelschmann drüben; oho, sieht die aber grauslich aus, godverdomme." Willem und Kok Franke, ja alle Männer an Deck glotzten erstaunt dahin; selbst der am Ruder lehnende Steuermann wurde aufmerksam. War bisher überhaupt kein leisester Lufthauch zu verspüren und hingen alle ihre Segel sackschlaff herunter – so blähten diese sich in Sekundenschnelle auf, von einem kreiselnden, pfeifenden Wind ganz plötzlich und sehr hoch gefaßt. Als die seltsam gefahrdrohende Wolke sich jetzt in mehrere fetzig zackende Teile auflöste, von denen wiederum einige dünne, schwärzlichgelbe Krakenarme sich in Richtung Wasseroberfläche herunterzogen und den ebenfalls unbeweglich dümpelnden Engländer erreichten, wurde es schlimm. Denn mit Urgewalt faßte jenen ein massiver Windstoß, daß mit einem Schlag, und sozusagen aus heiterem Himmel heraus, die sich vorher runterschlappenden Segel füllten, bauschten und an sich biegenden Stengen und

„Lieber die Stumme im Bett, als eine Taube am Dachfirst." So scherzte der Holländerkapitän in gewohnt derber Weise, wenn in trinkfroher Männerrunde dann die Rede auf die hübsche Dyveke kam, sein strammes, stummes Täubchen. Wobei er leider ganz darauf vergaß, daß auch die anhänglichste Taube, sofern sie nicht ausreichend gut gefüttert und gepflegt wird, einmal fortfliegt. Um sich in fremdem Schlage dann häuslich niederzulassen. Darauf hoffend, hier werde sie ordentlich versorgt und es möchte ihr wenigstens ein bißchen besser gehen. Denn Liebe kennt die Taube wohl, nur Tränen hat sie nicht...

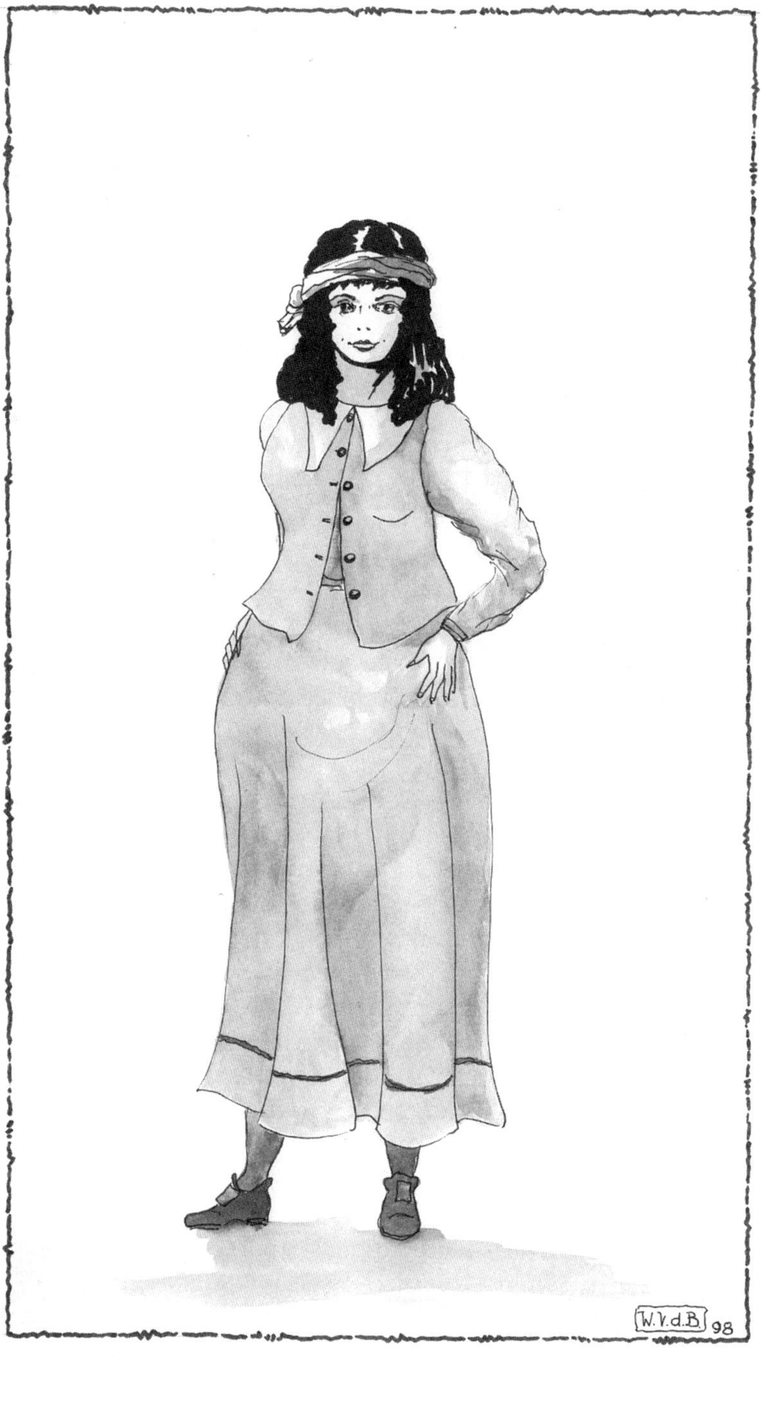
W.V.d.B. 98

Spieren das Holz wegsplitterte. Das ganze, große Schiff machte förmlich einen gewaltigen Sprung vorwärts. Jetzt kriegten sie dort drüben den Wind offensichtlich direkt von vorne, dann von hinten und ziellos drehend von allen Seiten. Gewaltig drosch es auf sie ein; hausdachgroße Segel flogen von den Rahen, rauschten in die gellenden, heulenden Lüfte hinauf. Offenen Mundes und mit angsterfüllten Augen blickten die Holländermatrosen auf dieses Inferno und unwirkliche Geschehen in ihrer nächsten Nachbarschaft.
Hindeloopen schrie ihnen etwas vom Achterdeck zu. Willem mußte sich, die Hand am Ohr, direkt anstrengen, diesen im jetzt um sie herum losbrechenden Windesrauschen zu verstehen: „Godsverdorri, auch das noch! Ein absolut tödlicher Krüselwind – kommt von der Teufelswolke dort oben her und bringt zumeist noch eklige Wasserhosen mit – da, seht Ihr sie?" Willem und die anderen sahen sie. Greifend, tastend, suchten sich schlängelnde Wolkenarme, jetzt schnell dicker und praller werdend, ihr Ziel. Faßten nach dem Engländerschiff, hoben es scheinbar mühelos, samt darum herum strudelnd schäumenden Wasserberg, hoch und höher. Hielten es dann in etwa Kirchturmhöhe über dem Wasser, welches sich außerhalb dieses Riesenstrudels nur schwach bewegte. „Die fliegen ja direktemang in den Himmel hinauf", vermochte ein erschütterter Franke nur noch zu ächzen. Um den immer höher steigenden Wasserberg kreiselte die sich träge fortbewegende See auf einem Hundertmeterfleck. Sie drehte sich, bildete dann mit dem hochsteigenden Wasser eine dicke, unsichtige Röhre. Welche sich schnell mit einem der aus nunmehr niedrigziehender Wolke herabtänzelnden Arme locker verband. Das unglückliche Schiff wurde, zwischen diesen beiden sich von oben wie unten zur Mitte hin verjüngenden Trichtern, samt Decksaufbauten, Mastwerk und allen Menschen an Bord (von denen jetzt einige in ihrer Angst über die Reeling sprangen, aufstrudelnd versanken) wie von groben Riesenfäusten zerdreht, zerdrückt, zermanscht. Brach mittschiffs auseinander, seine Wrackteile verschwanden im nun schon wieder zurückwallenden Wasserberg.
Jene häßliche Todeswolke am grauen Himmel aber fing an, sich langsam, dann schneller werdend, zurückzuziehen. Ihre immer noch unterwärts ausgestreckten Arme einfahrend und hinter

sich her mitschleppend. Während dieser ganzen, kurzen Zeitspanne aber war unten auf und dicht über der See totale Windstille. Nur von droben hörten sie ein furchtbares Höllengeheule, das dann ebenfalls schnell nachließ. Und bald schon war es wieder still geworden, über Ruhigwasser blinzelte die Sonne hervor und es herrschte, wie vordem, lästige Gewitterschwüle. Alles wie gehabt – nur, daß diese englische Fregatte halt verschwunden war; mit Mann und Maus von der Wasserhose vernichtet! „Muß die Admiralität im fernen London als Totalverlust abbuchen", meinte der inzwischen aus der Kajüte heraufgeeilte Skipper zum Steuermann. „Und es gibt für solch übles Naturphänomen sogar eine englischsprachige Bezeichnung: hawspipe sagen ihre Sailors." Hindeloopen ergänzte noch „und die Deutschhansischen meinen wohl auch Klüse dazu." Kok Franke aber war's egal, wie man das Teufelsding benannte. „Hauptsache, es trifft uns nicht. Heiliger Sankt Florian, behüt' uns und zünd' andere an!" Winkte später vorsichtig zu Willem und Hans hin, sie in seine Kabuse lockend. Wo sich die Männer mit einem doppelten Genever allmählich beruhigten. Und der angstzitternde Schiffsjunge, eine angeschimmelte dicke Rauchwurst zwischen den Zähnen, gemütlich mampfte: „Hei lewwet noch". Denn das war schließlich wohl das Wichtigste...

Ohne weitere Fährnisse gelangten sie schließlich an das Hoffnungs-Kap, machten im Hafen auf der Außenreede fest. Der Skipper wußte, warum. Einige der Schiffschargen erbaten und bekamen begrenzten Ausgang an Land. So saßen denn Jacobzoon, Suput, Willem nebst Hans Blank, der ihnen zur Bedienung mitgegeben wurde, ganz gemütlich im Obst- und Gemüsegarten eines der holländischen Kapkolonisten. Dieser war Freibauer im Dienste der Ostindien-Compagnie, führte mit deren Genehmigung (und ohne solche ging hier unten garnichts) eine kleine Schankwirtschaft. Van het Roehr, so hieß der Mann, leistete ihnen mit seiner Liebsten dabei Gesellschaft. „Sieh einer an – die stumme Dyveke", brummelte Suput vergnügt vor sich hin, begrüßte diese aber sehr herzlich. So auch Kumpan Jacobzoon, während sich Willem vornehm zurückhielt. Die junge Frau hat sich auch sichtlich gefreut, wurde aber zunehmend unruhiger, sodaß sie von Suput begütigend zugerufen bekam: „ Keine Angst, Dyveke, der Skipper kommt bestimmt nicht hierher, hat unten im Hafenkontor viel zu tun. Auch bleiben wir nicht sehr lange – und erzählen tun wir ihm ganz gewiß nichts von dir, Mädel." Als sie ins Haus verschwand, um einen kleinen Imbiß für die Runde vorzubereiten, wurde der Boer noch kurz aufgeklärt, warum sie sich so vor ihrem wilden Kapitän fürchtete. Van het Roehr lebte mit Dyveke zusammen, seit er sie vor Jahren halbverdurstet im Busch gefunden hatte, unfern der damals noch recht kleinen Siedlung. Jacobzoon lobte das Mädel und erklärte ihm, daß VAN STRAATEN keinerlei Rechte auf es habe. Denn er hatte seinerzeit in irgendeiner Hafenspelunke an der Westerschelde die Dyveke gekauft oder beim Würfelspiel gewonnen. Der Boer atmete sichtlich auf und erklärte so nebenbei, er wolle sich demnächst vom Prediger mit ihr kirchlich trauen lassen, „ist auch schicklicher so, und Dyveke ist eine gute Frau. Daß sie nicht sprechen kann, ist nicht so schlimm – dafür hört sie um so besser!" Der sprachgewandte Willem hatte unmittelbar vor seinem unrühmlichen Abgang von der Leydener Universität noch bei einem dortigen fliegenden Buchhändler einige ihn interessierende Bücher erstanden. Darunter die brandneue Erstausgabe eines Reiseberichtes von Johann Jakob Merklein, einem Landsmann von Kok Franke. Dieses zog er jetzt aus seinem Fellranzen hervor und las aus einem seiner Kapitel (aus dem deutschen frei ins holländische übersetzend), was jener ehemalige Schiffsarzt im Dienste der Compagnie alles so beobachtet hatte.

In seiner „Ost-Indianischen Reisebeschreibung" der Jahre 1644 bis 1653 wußte er über Land und Leute der Kapkolonie zu berichten: „Den 23. Februar sahen wir das äusserste Eck gegen Mittag des Lands Africa, genannt Cabo bona Esperanca; den 2. Mertz ankerten wir an gemeldten Cabo in den Meerbusen, die Tafel-bay genant, ligt auf 35. Gr. latitud. Sudwerts von der Aequinoctial Linie und 56. Grad longit. Das Land ist zwar zimlich bergicht, aber doch sehr fruchtbar und noch gesunder Luft. Die Inwohner des Lands sind wilde Menschen, nicht groß von Person, mager, beschmirt und unflätig, klucken mit ihrer Sprache bey nahe, wie die Indianischen Hühner; leben von dem Vieh, dessen sie eine große Menge haben. Sie wohnen in Hütten von Rohr und kleinen Reisig geflochten, welche sie, wo sie gute Weiden finden, aufschlagen und wohnen beyeinander wie in einem Dorf oder Flecken. Wann sie aber die Weid selbigen Orts aufgefretzet, heben sie ihre Hüttlein auf, bringen sie etliche Meilen hinweg, da sie wieder Weid finden. Ihre Kleidung besteht in einem Mäntelein von unbereiteten Fellen und einem Stückelein von einem Schafsbeltz vor ihrer Scham. Im übrigen gehen sie nackicht, wiewol es bisweilen ziemlich kalt ist... Im Essen sind sie sehr säuicht, denn wiewol sie viel Vieh haben, so begehren sie doch, wann die Holländer ein Rind schlachten, desselben Därmer; von denen sie nur den Koth zwischen den Fingern durchziehen und heraus streiffen, hernach auf das Feuer legen: Und wann sie noch nicht halb gebraten, alsdann beissen sie mit solchem Appetit davon, daß einem grauen möchte, des er ansihet. Das Fette von denselbigen Därmern schmieren sie auf ihren blossen Leib, welches sie für eine Zier halten; davon sie so abscheulich stinken, daß nicht wol mit ihnen umzugehen ist. Wann sie fröhlich sind, so springen sie auf und nieder, singen stetig das Wort Hottentott und mehr nicht; welches sie lang antreiben: Dahero sie von den Holländern insgemein Hottentott genant werden.

Über die regen Handelsbeziehungen zwischen den Eingeborenen und den ins Land gekommenen Kolonisten wußte der Deutsche Merklein – als erfahrener Schiffschirurg ein aufmerksamer Beobachter gewesen – noch zu sagen:

„Damit also der Commandant des Orts, zu gelegener Zeit Schaff- und Rindvieh einhandeln könne, und man solches wann die Schiffe ankommen in Bereitschaft haben möchte, war solche Anbauung wol vonnöthen. Das gemeldete Vieh kauffen sie alsdann sehr wolfeil für messenen Draht zu Armringen, Toback, und anderes ein; also daß ein gross Stuck Rindvieh nicht über ein Kopfstuck kostet. Geld kennen sie ganz nicht, begehren auch keines" (Die Hottentotten. D. W.).

Der Holländer ergänzte als nachdenklicher, vielgereister Mann noch einige Details dazu aus seiner Sicht und gemachter Erfahrung: „Wir Kolonisten schimpfen sie ofmals auch die Kaffern. Sie bestehen hier in Neu-Holland aus dem Hirtenvolk der Khoin-Khoin und dem Jägervolk der San. Welche letzteren aber durch Krankheiten und Trunksucht schon äußerst dezimiert sind.

Außer dem begehrten Arrak aber lieben alle Hottentotten insbesondere den Tabak, den sie alle, Männlein wie Weiblein, unablässig kauen oder rauchen. Für Tabak verkaufen sie uns Boers all ihr Vieh, Kühe wie Schafe. Als Preis wird ein Stück gerollter Tabak festgemacht, von einer Länge, die man von den Hörnern bis zum Schwanz ermißt. Doch hat auch hier die Compagnie eine strenge Oberaufsicht, und wir dürfen keinesfalls auf eigene Rechnung handeln. Diese Hottentotten oder Kaffern leben großteils auch schon am Rande unserer Ansiedlung und dienen uns als Knechte und Mägde. Doch sind sie recht faul und oft arbeitsunwillig, weswegen wir sie dann mit unseren starken Ochsenpeitschen, Schambock genannt, verprügeln müssen, um sie anzutreiben. Ackerbau betreiben sie von sich aus gar nicht, werden erst von uns dazu bestellt.

Sie leben sehr dürftig, in kleinen runden Hütten, nur bis zu zehn Fuß hoch, aus Baumstöcken und Rohrgeflecht, mit Schilfmatten zugedeckt und Tierhäuten. Durch ein Loch kriechen sie dort ein und aus. Als Küchengerät hat jede Familie einen großen Kochkessel. In ihren Dörfern, Kral genannt, regiert jeweils ein Häuptling oder Ältester, den sie Kapitän nennen. Der wohl auch ihr Priester ist, denn sie verehren den Mond als ihre Gottheit und beten ihn an als ihren Großen Kapitän. Zu seinen Ehren singen und tanzen sie bei Neu- und Vollmond ganze Nächte hindurch, mit starkem Schreien und rhythmischen Händeklopfen. Warum sie sich mit dem widerlich, riechenden Fett überall einschmieren und darauf dann noch den Ruß von ihren Kochtöpfen streuen, sich besonders die Gesichter einschwärzen, weiß ich nicht zu sagen. Vermutlich aber, um sich bei ihrer Nacktheit gegen die brennende Sonne sowie fliegendes Ungeziefer zu schützen. Da hierzulande Wasser recht knapp ist und die Hottentotten sich auch lebenslang kaum waschen, stinken sie eben dann so greulich. Und wenn man sie im Winde hat (als Jäger gesagt), riecht man sie von weitem schon, noch ehe man sie erblickt. Auch haben alle ihre Beine, von den Knöcheln bis hoch an die Knie, mit bis zu drei Finger dicken Tierdärmen kreuzweise umwickelt. Sieht von weitem aus wie Bundschuh oder Stiefel. Solche Därme werden von frischgeschlachtenem Vieh noch blutig angewickelt und dürren mit der Zeit steif, werden beinhart. Warum sie solches tun? Ich habe gesehen, daß sie diese alten Därme dann als Reiseproviant verzehren, wenn sie mal gar nichts anderes haben; scheint ihnen auch zu schmekken." „Igitt", ekelte sich malle Hans, „solche Ferkels." Der Boer und landeskundige Jäger, nebenher Wildfleischlieferant für die Holländer in der Festung, zuckte gleichmütig die breiten Schultern: „Weißt du, Kereltje, man sollte nie vorschnell abschätzig reden. Andere Länder – andere Leute – andere Sitten und Gebräuche; ist nun mal so in der großen, weiten Welt. Und ich habe wahrlich ein Stück davon gesehen; gibt noch weit Schlimmeres, das magst du mir glauben."

Inzwischen hatte Dyveke die Mahlzeit gerichtet. Und wie sie gerade abgespeist hatten, sprang der Wirt plötzlich auf, blickte mit steigender Unruhe in die weite Steppenlandschaft hinaus. „Irgend etwas kommt da auf uns zu, weiß nur noch nicht so recht, was es ist!" Aus einem sehr entfernt wuchernden Buschdickicht, hinter welchem sich ein Hottentottenkral verbarg, näherte sich jetzt mit ziemlicher Geschwindigkeit eine Riesenstaubwolke. Nun sahen es auch die anderen, rätselten, was dieses wohl wäre – ein Steppenbrand oder gar ein Wüstensturm aus dem Landesinneren? „Godsverdorri, na so was aber auch; immer wieder dieser unselige Franke", schimpfte Jacobzoon. Alles feixte, als nunmehr ein Windstoß die Wolke kurzzeitig entstaubte; denn ihr ungetreuer Kok bildete deren Mittelpunkt, kam schwer keuchend angejagt, von einer Menge aufgeregt schnatternder und keifender Hottentottinnen verfolgt. Welche ihn fortwährend festzuhalten suchten und ziemlich alle Kleider vom schlotternden Leibe fetzten. Auf seinen kugelrunden Glatzkopf einschlugen, der sich vor unmenschlicher Anstrengung rotgefärbt hatte. Am wildesten gebärdete sich dabei seine Angetraute, die ihn gar nicht lassen mochte. Mit einem letzten, röchelnden Hilferuf stürzte sich der fast nackte Mann jetzt ins Gärtchen. Von woher die Männerrunde erstmal, mittels geschwungener Zaunlatten auf die Weiberschar einprügelnd, ihren Schmuddelkok retten mußten. Als der handfeste Boer dann auch noch fluchend eine Musketenkugel über deren Köpfe hinwegfeuerte, wurden sie in den Busch zurückgedrängt. Von woher sie noch lange schrille Schmährufe ertönen ließen. „Was für ein rabiates Undeer", entsetzte sich Franke, nachdem er seiner kurzzeitigen Frau glücklich durchgebrannt, sie solcherart los und

damit wieder ledig wurde. Ein laut lachender Suput gab der Runde danach des Rätsels Lösung bekannt, berichtete mit ungehemmter Schadenfreude (indes Franke schamvoll den mißhandelten Glatzkopf senkte):
„Tja, das war man so", hub er an – immer wieder von des Koks empörter Fistelstimme unterbrochen, der das Ganze natürlich völlig anders sah, nur hörten sie nicht auf ihn – „kaum hatte unser Kahn im Hafen festgemacht, der Skipper saß mit seinem alten Freund, dem Hafenmeister, beim Begrüßungstrunk in dessen Kontor, da schlich sich doch dieser Unglücksmensch hier klammheimlich von Bord. Von den meisten überhaupt nicht beachtet, ich sah ihn aber deutlich, mit seinen paar Habseligkeiten, und habe mir das meinige dabei gedacht. Daß er nämlich in der Kapkolonie Bauer werden wollte, dieweil er aus seiner Kombys desertierte." „Unsinn", keifte hier Franke auf, „ich wollte doch nur Heiden missionieren gehen, etwas für deren Seelenheil tun!" „Hm, ja", brummelte Suput versöhnlich, „seine olle Bibel hat er schon unterm Arme gehabt." Sei es drum; jedenfalls sichtete man Franke am späten Abend dieses Anlegetages im Hafengebiet wieder. An der Hand ein blutjunges Hottentottenmädel, welches aber schon einen ansehnlichen Fettsteiß angesetzt hatte und den frömmelnden Laienprediger verliebt anhimmelte. Verschämt lächelnd vertraute Franke dem Hafenmeister an, dabei nach dem willigen Produkt seiner Bekehrungsversuche schielend, er hätte sich gerade mittels seiner Bibel selbst mit dieser getraut. Und werde jetzt mit ihr gehen, um ihre Sippe ebenfalls auf den dornigen Pfad der Tugend und des rechten Christenglaubens zu führen.
Danach ward der Fromme zwei ganze Tage nicht mehr gesehen. Als sich schließlich Suput und Jehan, in tiefer Sorge um sein Wohlergehen, auf die Suche nach ihm machten und in den nächstliegenden Kral einmarschierten, kamen sie gerade noch zur Hochzeitszeremonie der Eingeborenen zurecht. Blickten also amüsiert wie verwundert auf Franke, den diese mitsamt der Auserwählten, in einer Art Backmulde von Holz liegend, unter wilden Gesängen der Großfamilie und mit allerlei Gehopse, durch das Eingangsloch einer ihrer Hütten schoben. „Wie Brote in einen Backofen", äußerte sich Suput prosaisch. Als die windschiefe Behausung dann taktmäßig ins Schwanken geriet,

Franke mit hoher Stimme Lustschreie heraus röhrte, seine nunmehrige Eheliebste dazu melodisch kreischte, die Umstehenden anerkennend mit den Zungen schnalzten und ihren Singsang in die Lüfte schmetterten – da machten sich die beiden Seeleute still und heimlich aus dem Staube. „Meine Lieben", grinste Suput, „gegen deren Geruch ist unser geliebter Dreckfranke geradezu ein besessener Reinlichkeitsfanatiker!" Worauf die ganze Runde in wieherndes Gelächter ausbrach. „Aber was sieht man denn da? Franke, du bist in kürzester Frist schon total verkaffert!" So schimpfte Jacobzoon los, zeigte dann auf die Storchenbeine des verdatterten Koks. Nunmehr schauten sie alle hin und lachten, daß ihnen die Tränen herunterkullerten. Nur Dyveke genierte sich ersichtlich, schaute lieber einmal mehr weg: Hatte sich der frischgebackene Ehemann doch um die Waden herum – dem Brauch seiner neuen Sippe folgend – reichlichen Notproviant für schlechte Zeiten gewunden, nämlich gerade im Antrocknen befindliches Schafsgedärm. „Runter mit dem Scheiß!" Und obwohl der sparsame Franke schwächlichen Protest einlegte, riß man ihm das stinkende Zeug ab, schmiß es auf den Komposthaufen.

Als sich danach alles wieder beruhigt hatte, erwähnte der Boer noch, man erwarte in der Kolonie nicht ohne Sorge einen lange angekündigten Erlaß, der gestrengen Mynheers Bewinthaberen aus Amsterdam. Alles horchte auf, als er ihnen auseinandersetzte, in Zukunft solle jegliche fleischliche Vermischung zwischen Holländern wie auch deutschen Buren mit Eingeborenenfrauen und -mädels in Strafe gestellt werden und alle Ehen verboten sowie schon bestehende für ungültig erklärt werden. Ihre Kinder zu Unfreien, egal, ob getauft und christianisiert oder nicht. Da die Compagnieoberen bekanntlich mit harten Strafen, wie Ohren- und Nasenabschneiden, Auspeitschen oder gar Aufhängen fix bei der Hand waren – auch die Calvinistenprediger schon lange gegen die Farbigen hetzten – gab der zerknirschte Franke seine weiteren Missionierungsgelüste sehr schnell und gründlich auf, verzog sich leise weinend dann doch lieber in seine sichere Kabuse auf dem Schiff. In der Mannschaft, und auch bei den Offizieren, war es natürlich bald wie ein Lauffeuer herum, daß der Kok missionieren wollte und welchen gewaltigen Einbruch er damit erlitten habe. Als Franke später dann noch vom ansonsten nicht boshaften Untersteuermann Hindeloopen ob seiner mißglückten Familiengründung geneckt wurde, platzte dem Gestreßten aber der Kragen. Wütend ging er auf den verdutzt Zurückweichenden zu, schrie ihm in allerhöchster Erregung und mit schrillem Diskant ins Gesicht: „Heiraten wollte ich die ja gar nicht! Nur so etwas ihren noch jungen, unfertigen Christenglauben stärken. Und sie sollte mir doch bloß een bißken die Pfeife anroochen..." Was wiederum die Lachsalven der schnell von überallher dazutretenden Matrosen auf wahrhaft homerisches Größenmaß steigerte.

Wild mit den Händen in der Luft herumfuchtelnd, um sich vor dem einsetzenden Nieselregen zu schützen (in seiner steten Wasserscheu ähnelte er wirklich dem angeheirateten Hottentottenclan), schraubte sich der entnervte Kok mit großen Sätzen in seine rauchschwarze Bretterbude. Und die draußen angespannt lauschenden Männer hörten ihn drinnen mit Papier rascheln. „Jetzt blättert er in der Bibel", verkündete Hans naseweis. Dann fistelte Franke überhastet los und schrillte überlaut: „Gott, der Herr, schütze mich vor allen meinen Feinden! 'Denn draußen sind die Hunde und die Zauberer und die Hurer und die Totschläger und die Abgöttischen und alle, die liebhaben und tun die Lüge!" Immer noch lachend und angeregt schwatzend, gingen die Männer schließlich auseinander. Nur der bibelfeste und mindestens ebenso fromme Hindeloopen nickte anerkennend zum grienenden Willem hinüber: „Offenbarung Johannes, Kapitel 22, Vers 15". Was der sachkundig ergänzte: „Aus dem Neuen Testament."

An einem der Folgetage saßen sie wieder an Deck beisammen: Untersteuermann Hindeloopen, Schreiber Willem, Oberkanonier Suput, Rudergänger Jehan, Hans Blank sowie als schweigsamer wie aufmerksamer Zuhörer der lahme Frits. Letzterer als vorgeblich finnischer Segelmacher (stammte aber aus der deutschbaltischen Hansestadt Reval) und allseits respektierter Wetterhexer. Nachdem so einiger Klönschnack hin- und hergeredet war, deutete Suput – zu Hindeloopen gewandt – mit amüsiertem Feixen auf den zum wiederholten Male recht aufgeregt und nach allen Seiten hin sichernden Kabouter, der ständig an Bord hintigerte. Zwar ist der ja ständig in Bewegung gewesen, doch heute übertrieb er seine Geschäftigkeit wohl. Denn es war doch gar nichts weiter los, auf dem Schiff nicht und auch im Hafen nicht. Nach einigem Räuspern verschwand er im Niedergang. „Immerhin", so bemerkte Suput nachdrücklich, „einen besseren Schiffszimmermann können wir uns gar nicht wünschen. Der ist mit Schiff und Ladung geradezu verwachsen – was auch in seiner körperlichen Kleinwüchsigkeit zum Ausdruck kommt." Willem setzte zu einer Frage an, doch kam ihm Hindeloopen zuvor: „Ja, Oll Kabouter-Smidt hat schon bessere Tage gesehen. Ist zwar jetzt irgendwie mit unserem Skipper geschäftlich verbunden, hat wohl einiges Geld ins neue Schiff mit reingesteckt. War allerdings früher mal ein reicher Herr, fuhr als Oberkaufmann und Superkargo für die Compagnie, brauchte also keinerlei schmutzige Handarbeit zu tun." „Müßte er auch heute nicht", meinte Suput dazu, „obgleich er sein Geld großteils verspekuliert hat, und der Kapitän ihm vieles von seinen Absonderlichkeiten nachsieht. Aber er ist halt viel zu tüchtig, um anhaltend zu faulenzen, macht sich als Zimmerer und Kalfater ebenso wie als Stau- und Lademeister nützlich."
„Aber warum ist der so aufgekratzt?" brachte der Schreiber seine Frage doch noch an. „Na ja, jedesmal, wenn wir hier am Kap einlaufen, überfällt den Kabouter panische Angst vor seiner Alten", griff da überraschend der lahme Frits ins Gespräch ein. Er war einer der frühesten Schiffsgefährten des Kapitäns; und

alle blickten ihn erstaunt fragend an. „Ja, ja, seine Alte, dieses furchtbare Riesenweib", nickte Suput bestätigend. „Die hat ihn doch stets und ständig verdroschen, mit allem, was ihr gerade in die Hände kam – deswegen ist er wohl dann immer kleiner und verhuzelter geworden. Gottlob ist sie uns damals, auf der Jungfernfahrt mit dem neuen EENHOOREN, hier unten am Kap abgeblieben. Seither nicht wieder aufgetaucht. Fehlte uns gerade noch, die Hottentotten-Tittenschmitten, was?"
„Die Hottentotten... Mensch, sag's noch mal, ich höre wohl nicht recht!" Willem mußte sich ein Grienen verdrücken. Auch Hans Blank richtete seine treuen Hundeaugen verwundert auf den Erzähler. „Na also, da muß ich euch die Sache wohl richtig verklaren", sprach Suput und holte aus: „War ein staatsches Mannweib, so um die sechs Fuß groß und überragte ihren Ehekrüppel, unseren geschätzten Kabouter, um reichlich zwei Köpfe. Ein putziges Bild, wenn die beiden an Deck zusammen erschienen. Sie stets mit großen Schritten voraus, er im Trippelgang folgsam hinternach, klein und zierlich von Körperbau. Aber sie hatte viel Geld mit in die Ehe gebracht und also die Hosen an. Ließ es ihn wie auch uns ungescheut und hemmungslos merken. Männlein – so brummte sie oft und öfters mit ihrer tiefen Mannsstimme, wobei sich der mächtige Dragonerschnurrbart auf wild zuckender Oberlippe sträubte, die fettigen, ungepflegten Haarzotteln aufregend wippten – Männlein, daß du mir herkommst, sofort! Dann schnappte sie sich den hängenden Kopfes Heranschleichenden fest am Kragen, schubste ihn mit derben Fausthieben ins Kreuz zum Niedergang. Wo beide dann in ihrer Kammer verschwanden. Der seinerzeitige Kajütswächter vermeldete uns nachher, daß sie ihn dort brutal handhabte. Hat uns viele Male aufgeheitert, wenn er von ihrem fauchenden Luströhren wie auch dem leidvollen Angststöhnen des Kabouters erzählte. Außerdem hatte dieser mal im Suff, dem er sich – aber noch viel wilder seine furchtbare Alte – ergeben hatte, aus dem Bettkasten geplaudert: Wie sie sich ihm feste aufhuckte, mit ihrem immensen Körpergewicht den Kleinen fast erdrückend; und wie sie so den Ärmsten auch Nierenquetschungen mit Blutpinkeln, außerdem Leistenbrüche und Blähungen bis hoch ans Herz verursachte. Als er das aber gar nicht mehr aushalten konnte, offenbarte er sich dem Skipper. Und der hat in seiner

unbekümmerten Direktheit dann sofort Abhilfe geschaffen, die Alte von Bord komplimentiert!" Ins laute Gelächter der Runde hinein fragte Willem: „Wie denn das?"
„Na, wir haben seinerzeit mitgekriegt, daß die Tittenschmitten – so nannten wir sie zuerst wegen ihrer furchteinflößenden, überstrammen Gewehrauflage vornedran (also, Brustwarzen hatte die, da konnte sich einer den fettigen Daumen daran abbrechen, ungelogen) – erstaunlich gut mit den Hottentotten konnte und mit denen gewaltige Geschäfte machte. Verhökerte ihre streng gehüteten Geneverfäßchen, mindestens zur Hälfte mit Seewasser verdünnt, sowie die steinharten Rollentabakvorräte, welche sie mitnahm, für gehörigen Aufpreis gegen deren Viehzeugs – welches sie dann ebenfalls mit Gewinn an Kolonisten wie auch Schiffskapitäne losschlug." Hindeloopen fiel jetzt hier ein: „Was der umtriebigen Ollschen auch ihren Ekelnamen von der Hottentotten-Tittenschmitten einbrachte. Der Skipper konnte sie überzeugen, daß sie für den Rest der Fahrt doch hier am Kap verbleiben, weiterhin gute Geschäfte machen und viel Geld damit scheffeln sollte. Auf der Rückfahrt würden wir sie dann wieder hier an Bord nehmen. Der überglückliche Kabouter gab gerne seine Einwilligung und zog sich bannig erleichtert mit seiner Arrakpulle in die Kammer zurück. Bei unserer alsbaldigen Abfahrt sichteten wir sie noch lange, mit einem bauchigen Fäßchen unterm Arm und die Mole langtrampelnd, uns derbneckisch zuwinkend. Auf Retourfahrt im Kaphafen angekommen, verkroch sich der Kabouter sturzbetrunken unter Deck. Seine Ollsche aber war nicht zur Stelle, handelte irgendwo da draußen in den Kaffernkralen. Dort soff und rauchte sie mit deren Häuptlingen um die Wette , und wenn das nichts brachte, drosch sie auch schon mal mit ihrem stets am Handgelenk baumelnden Schambok den verkaufsunwilligen Eingeborenen tüchtig über ihre Köpfe, was dann zumeist doch half. Wir sind also ohne sie zurückgesegelt; besonders einen unter uns freute dieses sehr." Schmunzelte der Untersteuermann, der jetzt Suput den Gesprächsfaden wieder überließ.
„Ja, und seither ist uns die Hottentotten-Tittenschmitten echt abhanden gekommen. Trotz aller Ängste vom Kabouter bei jeder Hafenansteuerung haben wir sie nicht wieder gesehen. Nur allerhand Ungereimtheiten über sie vernommen: So soll die

furchtbar aufgeschwemmt und aus dem Leim gegangen sein, geradezu unmäßig saufen und mit den Schwarzen herumvögeln. Handeln tut sie aber immer noch; und mit Vorliebe auch jenseits der altbestimmten Mandelbaumgrenze, vor den Hecken also und in der Verbotszone. Denn das ist dann schon außerhalb der hiesigen Ansiedlungsgrenze. Unter anderem sahen Kolonisten das Riesenweib in den Neudörfern Stellenbosch und Swellendam – wofür man eigentlich eine Sondergenehmigung bräuchte, wie der Hafenmeister mir sagte. Der meinte auch, sie wäre schlimm krank, hätte einen geradezu altbiblischen Wurmbefall und wäre ansonsten nicht mehr bei Troste. Er selber sah sie zuletzt vor einigen Monaten, wie sie auf ihren riesigen Plattfüßen mühsam watschelnd, sich aus der Niederlassung hinweg, in Richtung aufs nächste Eingeborenendorf bewegte. In einer Hand die unvermeidliche Geneverpulle, in der anderen den unternehmungslustig baumelnden Schambok. Soweit war sie also noch ganz die Alte. Na, jeden Tag besoffen, ist auch regelmäßig gelebt", schloß Suput seinen Bericht ab (und er mußte es ja wirklich wissen). Willem meinte, daß sie es so aber nicht mehr lange machen würde und die Welt, vornehmlich aber ihr gedrückter Kabouterzwerg, endgültig Ruhe vor ihr hätte. Der staunende Schiffsjunge aber fragte vorsichtig nach den sie offenbar allmählich verzehrenden Würmern. Und der bibelkundige Hindeloopen antwortete ihm freundlich, nach einigem Nachdenken: „Es müßte sich um solche handeln, wie sie auch den in der Heiligen Schrift mehrfach erwähnten König der Juden und Tyrannen Herodes heimgesucht haben." „Den mit der Kinderzählung und Erstgeborenentötungsaktion?" fragte Willem. „Ja, diesen! Besagte Würmer nagten ihm im Fleisch und Gebein, kamen von innen heraus und brachten dem bösartigen Gewaltherrscher dann ja einen fürchterlichen Tod." „Den hat er wohl verdient", sprach malle Hans da aufschnupfend. Und so endigten sie ihre lange Gesprächspause, gingen stumm und nachdenklich auseinander. Drunten im Schiffsinneren hörten sie ihren Kabouter schon wieder laut herumklopfen und sägen.

Um sich die langweilige Hafenliegezeit etwas zu verkürzen, unternahm die rührige Runde am nächsten Tag einen Besuch beim neu angekommenen Feldscher der Kapsiedlung. Einem früheren Oberbarbierer an Bord des Ostindienfahrers Eendracht, wo der Hindeloopen einst als Hauptbootsmann diente. Von daher war er auch mit dem gelehrten Manne befreundet gewesen. Heer Adrian van der Snaar war sichtlich bewegt, obgleich zeitlich sehr knapp bemessen. Denn er war in seiner luftigen Hütte am Festungswall gerade intensiv mit einem ausgemergelten Eingeborenen befaßt. Dieser hockte sichtlich erschöpft am Boden, streckte sich nach Feldschers Weisung auf einer Schilfmatte lang aus. „Totaler Wurmbefall", murmelte dieser, „sowas habe ich noch nicht gesehen, und ich bin weit herumgekommen." Auf fragende Blicke der Seeleute setzte er kurz hinzu: „Ist der verdammte Guinea-Wurm. Haben Besatzungen unserer Schiffe hier eingeschleppt, die oben an der ehemals portugiesischen Goldküste, im Gebiet von Fetu, beim Kastell del Mina, gewesen sind. Dort bauen wir nämlich eine Handelsniederlassung; irgendwie haben sich die Unglücklichen mit offenbar durch Pestflöhe verseuchtem Trinkwasser die Larven dieser Würmer in den Körper gesogen." Vorzüglich die Hottentotten vom Stamme der San gingen daran zugrunde, erläuterte er dann etwas mitteilungsfreudiger. „Der Alte hier ist der Häuptling einer Unterabteilung dieser umherschweifenden Wilden" – und nach einem weiteren prüfenden Blick auf jenen – „er liegt nun auch im Sterben. Erstaunliche Sache, das: Binnen weniger Monate ist sein Kral richtiggehend ausgerottet und alles dort tot. Er ist der letzte von allen." Dann benannte er noch die Symptome dieser oftmals tödlichen Tropenkrankheit. Wie andauerndes hohes Fieber, unerträglichen Juckreiz nebst eitrigen Hautrötungen, auf der dann durch Kratzen und Scharren nässende Pusteln anschwellen; Darm- und Magenschmerzen mit Blutungen, ein wie bei der Wassersucht unförmiges Anschwellen von Füßen und Beinen sowie im Unterleib und After, auch an den Schamteilen ausbrechende faulige Geschwüre. Aus welchen sich dann die häßlichen Würmer über den ganzen Körper ausbreiten. Seine Leute haben anfangs versucht, sich selbst zu heilen, indem sie die Würmer, wo sie welche zu fassen kriegten, wenigstens einen Finger lang herausgezogen und dann auf die Wunden Kuhdreck oder Ruß schmierten. „Half ihnen aber alles nichts" brabbelte der Feldscher geschäftig. „Übrigens benennen die Wilden den Todeswurm andächtig-respektvoll mit ‚Mevrouw Smidt' – könnt ihr euch das erklären?"

Entschuldigte sich, um kurz mal nach draußen zu gehen, nach einem eben fertiggekochten Kräutersud zu schauen. Die drinnen sahen sich stummbeschwörend an. Den wieder Hereintretenden fragte Willem jetzt nach jener Dame. Dieser aber konnte nicht mit einer Antwort dienen. Dafür regte sich jetzt der Todkranke am Boden und radebrechte etwas zu ihrem Verbleib. Trotz seiner elenden Lage lächelnd und mit zitternden Händen über seinen Blähbauch streichend, sich die Lippen leckend, meinte er, die wäre mehr ins Innere gegangen. Vielsagend Blicke der Weißen untereinander. Da stürmte der Feldscher plötzlich wieder los, kramte in einem Felleisen herum und brachte dann ein dickes Buch angeschleppt. „Ist mir mit dem letzten Retourschiff aus der Heimat zugegangen und steht auch was von diesem verfluchten Guineawurm drinnen." Leider deutschsprachig, sodaß er damit seine Schwierigkeiten habe. Und schon hatte sich Willem des Bandes bemächtigt, trug nach einigem Blättern dann vor, daß hierin die „Wittib Appolonia Hemmersamin, demütig gehorsame Bürgerin zu Nürnberg, in freudvoller Erinnerung an ihren in Gott ruhenden lieben Ehewirth" dessen Aufzeichnungen von den Spitalpflegern zu St. Martha 1663 in Nürnberg veröffentlichen ließ. Nach seiner „Vorrede von der Nutzbarkeit weit entlegner Länder" kam ihr dahingeschiedener Michael Hemmersam dann u.a. auch sehr bald zur Sache. „Offenbar ein sehr beschlagener Heer Collega", bemerkte der Feldscher anerkennend. Indem der für die Compagnie Diensttuende in seiner Publikation „West- Indianische Raißbeschreibung" nämlich auch den „Bericht über Würmer, so aus Menschen kommen" einfügte. Aus welchem Willem jetzt, frei übersetzend, der staunenden Zuhörerschaft vorlas:

„In diesem Land Guinea werden die Mohren vor allem, aber auch die Europäer, am ganzen Leib von Würmern geplagt. Man muß wissen, daß einem die Haut anfängt zu jucken, teils an den Armen oder Füßen, gewöhnlich aber dort, wo das Fleisch dick ist. Dann geht ein Bläschen auf, bald eine, bei manchen aber auch drei Erbsen groß. Wenn sich der Wurm nicht selbst durchbeißt, muß der vom Bader aufgeschnitten werden. Dann zeigen sich zwei weiße Härlein, die am Kopf angewachsen sind und der Bart des Wurms genannt wird. Die Blase aber ist voller Wasser. Danach wird morgens und abends der Wurm bei diesem Bart herausgezogen.

Wenn er an einer fleischigen Stelle sitzt und nur ein Glied lang ist, kann man ihn vielleicht auf einmal herausziehen. Die Würmer sind eine oder anderthalb Ellen lang, schneeweiß und ganz kalt, obgleich sie doch aus dem warmen Fleisch herauskommen. Manche sind so dünn wie ein Faden, andere wie ein starker Bindfaden, die dicksten sind die giftigsten und am schwersten herauszuziehen. Wenn sie unten an den Beinen kommen, wickeln sie sich oft um die Sehnen und Adern. Da man sie dann beim Herausziehen abbricht, gibt es hernach eine große Geschwulst mit viel Eiter. Sodaß schließlich ein Loch geschnitten werden muß, wodurch manche lahme Füße bekamen und große Schmerzen leiden mußten..."

Als der fixe Schreiber soweit vorgetragen hatte, alle andächtig lauschten, der umtriebige Feldscher seine Hände eine Weile lang ruhen ließ und sogar der nichtsverstehend, aber gerade wegsterbende Häuptling sich fast unhörbar mit im Todeskampf verdrehten Augen streckte, machte sich der Hausherr wieder an die Arbeit. „Da wollen wir mal", zog er dem Alten mit einer hölzernen Gabelzange einen ganz respektablen Wurm aus der Leiste. Er drehte und wendete diesen am Kopf hin und her, bekam ihn auch schließlich unzerstückelt heraus. Nur noch einen halben Blick zu dem mit einem seufzenden, nochmaligen „Mevrouw Smidt" jetzt endgültig aushauchenden Patienten hinüberschmeißend, meinte er lächelnd: „Das ist doch etwas für unseren lieben Gubernador oben auf der Festung. Der sammelt solche Raritäten, und damit kann ich mich wiedermal Liebkind bei dem machen. Was für ein ungebildeter, arg korrupter Dummkopf – und sein noch dümmerer Sohn erst – wirklich nur Arschlöcher, unter uns Pastorentöchtern gesagt!", schwätzte er weiter und stopfte den wüst behaarten, monströsen Wurm in eine noch halbgefüllte Arrakflasche. „Spiritus ist mir ausgegangen, aber scharfer Schnaps tuts wohl auch", lächelte er wohlgefällig. Dabei den ihn böse anglotzenden Wurm fixierend. „Schaut genau hin, Männer, wie sich der robuste Würmling da vollsaugt und immer dicker wird." „Halt, der platzt noch aus der Pulle", ließ sich jetzt malle Hans schüchtern vernehmen. „Ach wo, der ersäuft sich gleich", und sie sahen es mit an. „Welch schöner Tod", kommentierte Suput hintersinnig, worauf alle laut loslachten. „Möchte aber wirklich zu gerne wissen, warum sie das liebe

Tierchen hierzulande 'Mevrouw Smidt'heißen?" So nuschelte der Feldscher noch, bevor sich die Männer dankend von ihm verabschiedeten, denn sie mußten zurück an Bord. Auf den Gedanken aber, den Sterbenden da hinten im Eck zu befragen, als er noch nicht gänzlich tot und stumm war, ist keiner von ihnen gekommen. Denn der interessierte eigentlich keinen. Und so konnte er ihnen den Umstand auch nicht mehr erklären, und sie mußten wild darüber spekulieren. Wobei Jehan der Wahrheit noch am nächsten kam, weil er in seinem drolligen französisch-holländischen Sprachschatz unterstellte, daß diese Hottentotten-Tittenschmitten beim Geschäftemachen mit den Eingeborenen diese mit der Wurmkrankheit angesteckt hatte. Weil sie vielleicht, in Ermangelung ihres seefahrenden Kabouters einem der stämmigen San-Männer aufhockte und durch solcherart Beiwohnung entweder sich bei ihm oder diesen durch sich infizierte. Und dann, bei ihren ständigen Saufreisen durch die Krale, war es mit den Handelspartnern zu preislichen Streitigkeiten gekommen. Wobei sie sich im Hüttendorf des toten Häuptlings entweder so aufregte, daß ihr mit einem blauroten Schlagfuß die Luft wegblieb. Oder sie im Streit von irgendwem mit der harthölzernen Kriegskeule erschlagen wurde. Jedenfalls war das Riesenweib plötzlich tot und nunmehr kamen auch die den Ureinwohnern immer nachgesagten kannibalischen Urgelüste zum Vorschein. Denn ihre Leiche wurde als hochwillkommenes Frischfleisch verhackstückt. Bei derem Volumen war ja reichlich da, und es langte für alle. So wanderte sie also in die eisernen Kochkessel der Sippen, wobei die armen Leute, ohne es zu wissen, mit der fettigen Bouillon zugleich eben auch ihren eigenen Tod mit verspeist hatten. Welcher in Würmerform aus der viehhandelnden, betrügenden, saufenden, beiwohnend aufhockenden und, wie gesagt, total verwurmten Schnapspanscherin auf sie übersprang. „Na, ja, könnte durchaus so gewesen sein", meinte Hindeloopen und beschloß, die leidige Sachlage dem gewiß nicht lange trauernden Witwer schonend beizubringen. „Lott ist dood, Lott is dood, Lisbeth hat en Kleeber – an der Lunge, an der Zunge, an der Leber", schmetterte Hans Blank dann im Hafen unten plötzlich los. Um anschließend, wohl erschrocken über sich selbst, mit vor den Mund gehaltener Hand wieder abzubrechen. „Sing weiter, Jong", munterte ihn Suput auf. Dieser grobe Klotz war manchmal doch erstaunlich feinfühlig, „denn sowas ist immer noch besser als speien zu müssen."

Nachdem für die Restfahrt dann ausreichend Sauerkrautfässer sowie Äpfel gegen den auf allen Schiffen gefürchteten Scharbock gestaut worden sind (der Skorbut war eine typische Vitaminmangel-Krankheit, bei welcher sich unter heftigem Zahnfleischbluten dann die Zähne aus dem Kieferknochen lösten, gruppenweise verselbständigten und ausgespuckt werden mußten) – nachdem einiges Schlachtvieh und Geflügel lebend an Bord kamen und auch die obligatorischen Geneverfäßchen für den inneren Seelenfrieden – nach alle diesem hätte der Skipper eigentlich absegeln können. Aber halt; vorher war seitens des nachtragenden wie rachsüchtigen VAN STRAATEN noch etwas äußerst Dringliches zu erledigen. Nämlich: der Widerling von Gubernator und alte Intimfeind aus früheren, gemeinschaftlichen Compagniegeschäften mußte vor der Ausfahrt noch geärgert werden. Wobei ärgern sichtliche Untertreibung ist. Denn diesem Holländerresidenten am Kap stand eine regelrechte Verscheißerung nebst bösartiger öffentlicher Blamage ins feste Haus am Berge. Dazu brauchte es aber einen ebenso handigen wie intelligenten Burschen mit schneller Auffassungsgabe und einem Gesicht, das hierherum noch nicht bekannt war. Damit der hochnäsige Gouverneurskommandant über das fixe Kerlchen nicht sofort auf den eigentlichen Urheber der ihm angetanen Schmach und Schande schloß. Aus der ganzen Schiffsmannschaft kam da eigentlich nur einer in Frage – Willem. Der aber war zur Zeit nicht an Bord, trieb sich irgendwo im Hafen herum. Kapitänsaufklarer Hans Blank ihm also nachgeschickt. Der so dringlich Gesuchte saß indessen seit dem Morgen friedlich zechend und schwätzend in der Hafenschänke „Het Groene Seepaerd" bei den Lagerschuppen gleich hinter der Mole. Mit ihm zusammen ein altgedienter Compagnieangestellter, Hafenmeister Arnhold Aus der Moehlen. Heer Arnhold erzählte dem wißbegierigen Schiffsschreiber und Seefahrtsneuling von den zahlreichen Gefahren und Schwierigkeiten für Schiffer und Schiffe rund um das „Kap der Stürme" – wie das Hoffnungskap eigentlich richtiger heißen sollte. Wirkte er doch schon jahrelang hier unten; er konnte auch ein langes Klagelied singen.

OCEANUS

ATLAN

TICUS

EUROPÆ,
MARIS INTER
NUMQUE SED
ETIAM
BARBARIÆ
SEPTENT. PARS
DESCRIPTIO
ANNO 1580

CALE
DONIA
HI
BER
NIA
Oceanus
Germanicus
ANGLIA
HOL
LANDIA
Oceanus Britannicus
GERMANIA
FRANCIA
HELVETIA
ITA
LIA
BE
RIA
MARE
INTERNUM
BARBARIA.
W. V. d. B.

Hafenszene in Alt-Holland

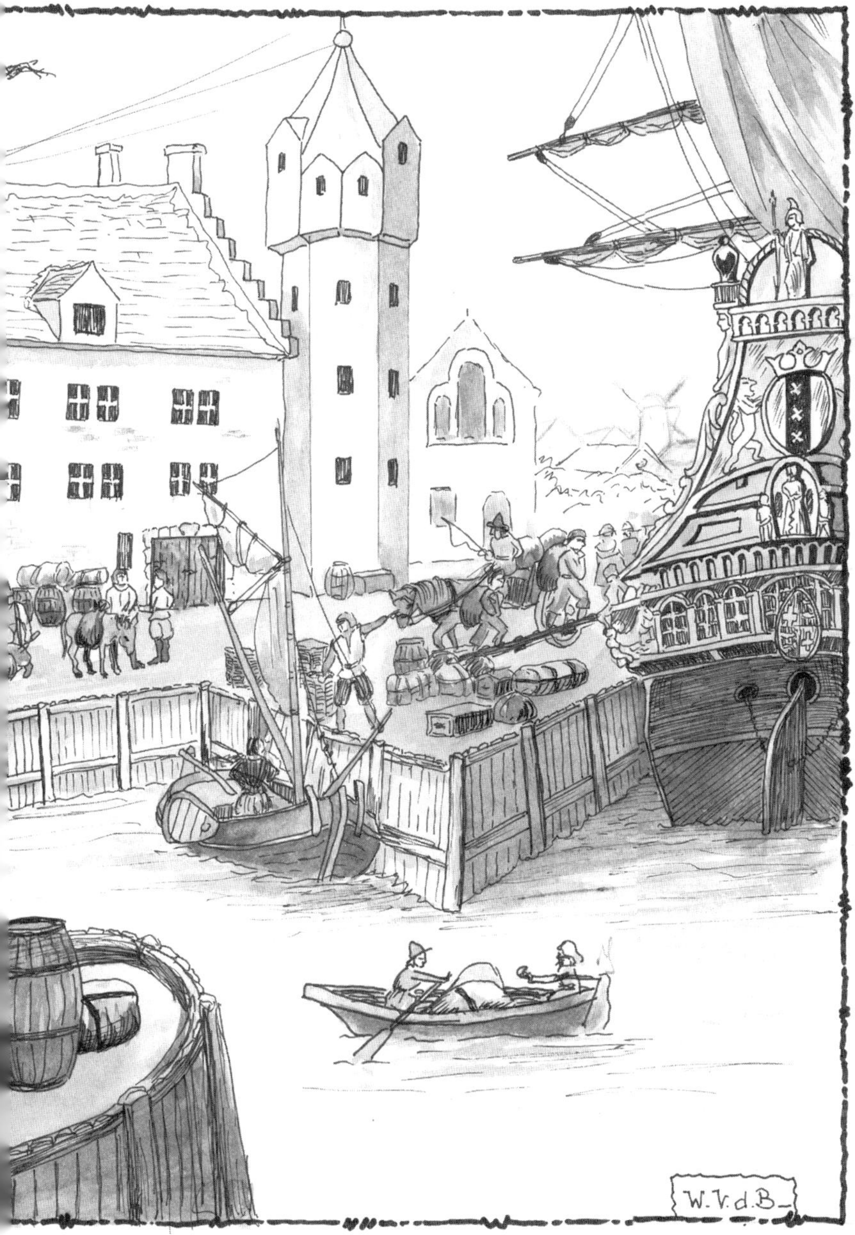
W. V. d. B.

Die Hottentotten-Tittenschmitten, das furchtbare Riesenweib, und ihr fröhlich auf See dahinlotternder Witwer, Schiffszimmermann Oll Kabouter-Smidt

Gesichter und Charakterköpfe aus dem Schiffsvolk des Fliegenden Holländers, an Bord seines Schiffes DE EENHOOREN

In der Hafenschänke

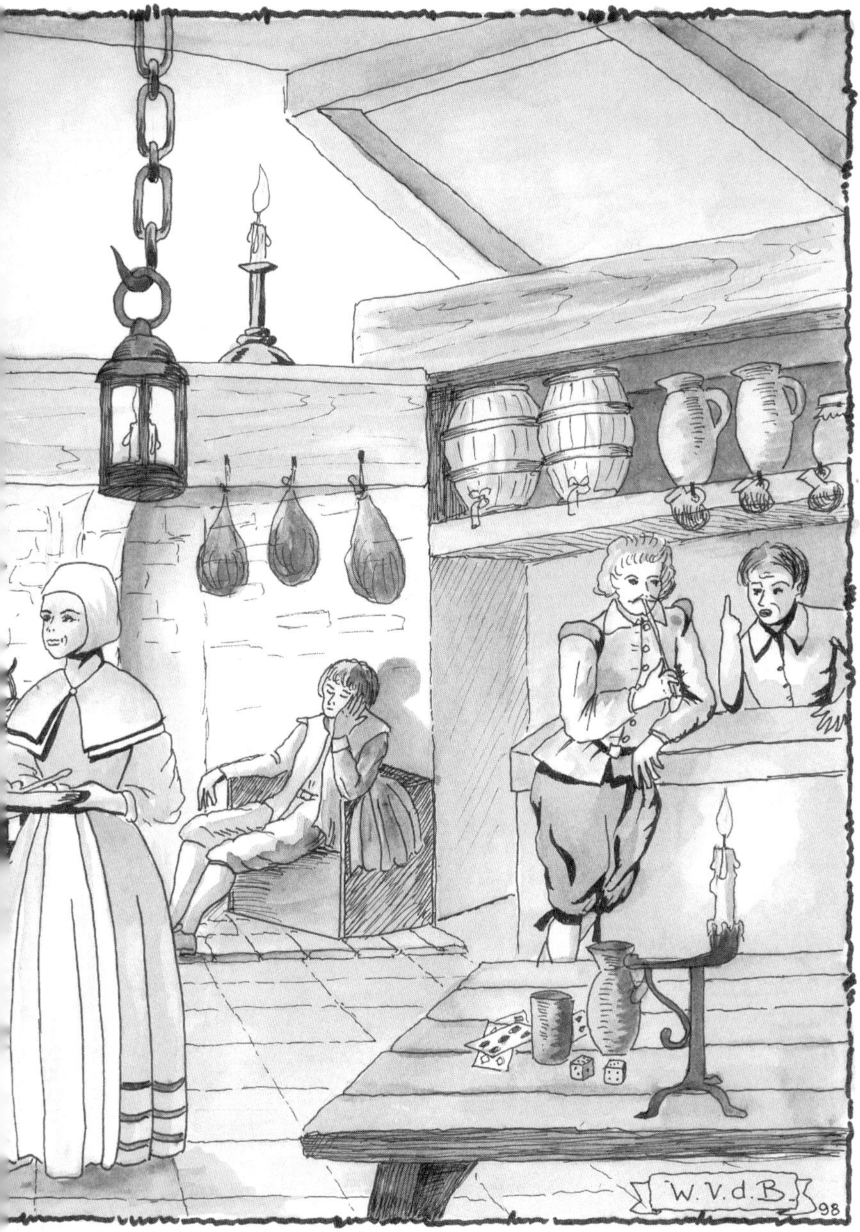
W.V.d.B.
98

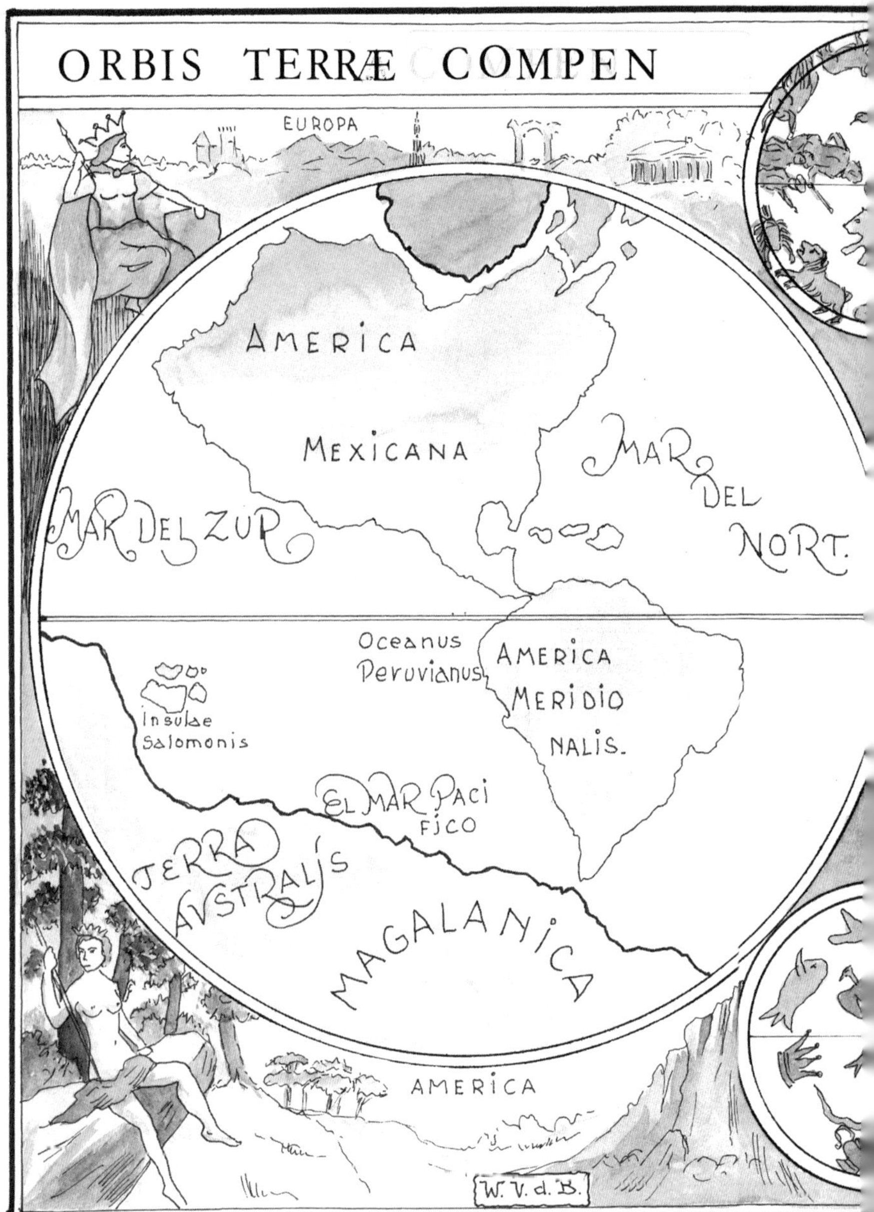
ORBIS TERRÆ COMPEN
EUROPA
AMERiCA
MEXiCANA
MAR DEL ZUR
MAR DEL NORT.
Oceanus Peruvianus
AMERiCA MERiDIO NALiS.
insulae Salomonis
EL MAR PACi FiCO
TERRA AUSTRALIS
MAGALANiCA
AMERiCA
W. V. d. B.

DIOSA DESCRIPTIO

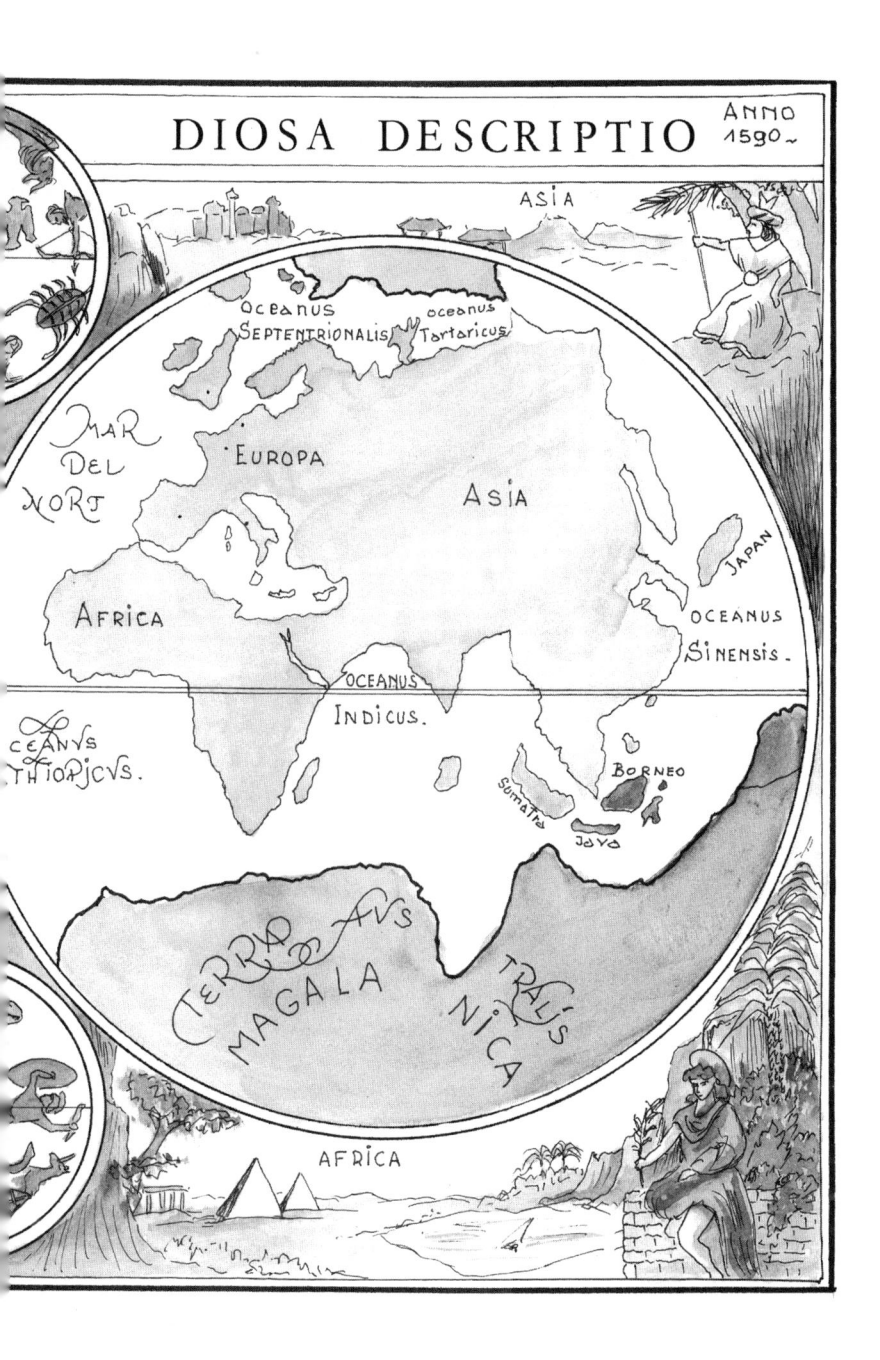

ANNO 1590

- ASIA
- Oceanus Septentrionalis
- Oceanus Tartaricus
- Mar del Nort
- Europa
- Asia
- Africa
- Japan
- Oceanus Sinensis
- Oceanus Indicus
- Oceanus Æthiopicus
- Sumatra
- Borneo
- Java
- Terra Australis Magalanica
- Africa

Willem hörte sehr aufmerksam zu und beschloß, nachher in seiner stillen Kammer an Bord ein möglichst ausführliches Gedächtnisprotokoll vom hier Gehörten anzufertigen. Wer weiß, wozu es einmal gut sein mochte? „Die Passage um dieses ‚Kap der Guten Hoffnung' ist gefürchtet und müßte eigentlich richtiger als Sturm- und Nebelkap bezeichnet werden, als eine böse Wetterecke, die es nun einmal ist. ‚Caput bonae Spei' sagen die Lateiner dazu, Él Cabo de Bona Esperanca' die Portugiesen und Spanier. Und solches aus gutem Grunde! Andauernde Stürme, plötzlich einfallende Winde vom nahe der Küste aufragenden Tafelberg, unruhige Strömungen gefährden die Schiffahrt", erläuterte der Hafenmeister. Eine winterliche Nordwestströmung mit bis zu drei Knoten Fließgeschwindigkeit in der Tafelbay (und damit auch im Kapstädter Hafen) drücke stetig auf die Küste. Eine andere Strömung gehe von ihr weg, südwestwärts auf die See hinaus. Bei Robben Island dann treffen beide hart aufeinander. Und auch der Bengualstrom, als kalte Meeresströmung vom Südatlantik her, kreuzt vorm Kap die aus dem warmen Indik heranfließende Nadelkapströmung. Jenes Zusammentreffen aber verursacht die hier unten sehr häufigen, meilenweit festsitzenden wie äußerst dichten Nebelbänke. Jähe Fallböen von den Küstenbergen drohen von April bis Oktober eigentlich andauernd und verursachten im Hafenbereich schon zahlreiche Schiffsunglücke. Dazu kommt, daß von Mai bis Oktober winterliche Regenzeit ist. Und die wandernden Wasserwirbel mit ihren Riesenwellen wie auch den landeinwärts ziehenden Tornados wären ebenfalls nichts Gutes. Zudem mache unsichtiger Nieselregen für alle Nautiker die Navigation so gut wie unmöglich. Sodaß vielen die Küstenlinie mit davor drohender Brandung nebst auflandigen Unterströmungen schon zum Verhängnis wurde. „Ein wahrer Schiffsfriedhof ist das hier!"
Willems Gegenüber bestellte sich immer wieder seinen Lieblingstrank, einen mittelalterlich anmutenden Würzwein. Willem kostete auch mal und meinte, flüssigen Lebkuchen aus Mutters heimischer Weihnachtsbäckerei herauszuschmecken. Dazu befragt, lächelte der Hafenmeister ein „Ist schon recht." Denn seinen Weiß- und Rotwein ließ er mit Anis, Nelken, Pfeffer, Zimt, Thymian, Muskatnuß würzen sowie mit Johanniskraut (zur Beruhigung, wie der Brave scherzte) anreichern und mit Honig

süßen. Für sich aber ließ Willem eine dickflüssige Biersuppe kommen, mit Brot als kleiner Morgenimbiß auf den Tag einstimmend. Es war dies heißgemachtes Starkbier, mit Ei und Honig versetzt, mit Nelken und Zimt gewürzt – und so hinunterzulöffeln. Beide kamen dabei mächtig ins Schwitzen, aber auch in aufgeräumte Stimmung. So berichtete der Hafengewaltige gleich noch viel Wissenswertes, und für Willem Neues, von den gestrengen Compagnieoberen, die im fernen Amsterdam regierten, sowie von deren wahrlich weltumspannenden Handelsbeziehungen. „Wißt, Heer Schreiber – ich habe da einen Vetter im Hause der Compagnie, der ist Erster Schreiber im Chefkontor, Ihr versteht?" Von jenem wüßte er, daß besagte Bewinthaberen als Vorsteher von der „Vereenigde Oost-Indische Compagnie" (und meistens nur als die Herren Siebzehn benannt) in der heimischen Welthandelsmetropole das Sagen hätten. Und daß von diesen siebzehn allerhöchsten Chefs über sämtliche Handelsgeschäfte in Holland wie im Ausland stets mindestens acht aus Amsterdam selbst sein mußten. Jene Herren verwalteten nun – nicht zuletzt auch zum eigenen Nutzen, wie der Vetter glaubhaft zu berichten wüßte – in ihrem prachtvollen Ostindischen Haus ein umfangreiches Aktienkapital von vielen hunderten Anlegern aus vermögenden Volksschichten. Und hätten schon bei Compagniegründung 1602 Anteilscheine für über sechseinhalb Millionen Gulden zeichnen können.

Das war dann auch die allererste Volksaktie in der bekannten Weltgeschichte!. Noch in diesem Gründungsjahr zahlte man den Anteilseignern schon fünfzig Prozent Dividende aus. Und sieben Jahre später, 1609, fuhr die Compagnie unvorstellbare 325 Prozent Gewinn ein. Es hatte sich also mehr als gerechnet für die wagemutigen wie skrupellosen Kaufherren, Reeder, Bankiers und Kapitäne. Ermutigt durch solche riesige Handelsspanne, gründete man noch im gleichen Jahre 1609 die erste Wechselbank, installierte diese natürlich auch in Amsterdam. Die umtriebigen Schiffsführer und die handelsbevollmächtigten Superkargos samt ihren frachtbeauftragten Ober- und Unterkaufleuten, brachten mit der ihnen zustehenden privaten Kajütenfracht natürlich auch ihre persönlichen Schäfchen ins Trockene, fuhren große Gewinne ein.

Zumeist allerdings auf Kosten und Knochen der Schiffsbesatzungen, kleiner Handelsbediensteter und tausender ärmlicher Tagelöhner (von den eingeborenen Arbeitssklaven einmal abgesehen, die zählten ohnehin nicht mit). Aber das gehörte halt zum Geschäft, das trug man keinem groß nach, denn so machtens ja alle. 1648, gleich zu Ende des schlimmen Dreißigjährigen Krieges im Römisch-Deutschen Reich, wurde dann die Kaufmannsrepublik der Vereinigten Niederlande gebildet. Und deren regierender Staatsrat mit seinen Hochmogenden Herren Staaten General sorgte folgerichtig dafür, daß später bis zu 17 000 hochseetüchtige Schiffe der Holländer die Nordsee und alle Weltmeere besegelten. (Die Küstenschiffe, Fischlogger und andere Kleinfahrzeuge mit eingerechnet, sollen die Holländer im 17. und vorzüglich bis ins 18./19. Jahrhundert hinein, insgesamt eine schwimmende Flotte von um die 35 000 Fahrzeuge gehabt haben; eine heutzutage fast unglaubliche Zahl...) Nicht nur nach Ostindien und Asien hinüber fuhren ihre Schiffe; auch die Westindienroute samt der Karibik, die Neue Welt von Amerika wurden befahren. Allein im Amsterdamer Hafen sollen damals desöfteren (täglich!) an die 200 Schiffe aller Coleur vor Anker gelegen haben. Fakt ist weiterhin, daß alle großen Ostindienfahrer bis zu 100 000 Reichstaler an Bord, verwahrt in der Kapitänskajüte, haben mußten – um unterwegs gute Geschäfte machen zu können und in bar zu bezahlen. Manchmal war dieses Geld aber offenbar nicht so gut oder sicher verwahrt, und so kam es immer mal wieder auf den Holländerschiffen zu Meutereien und bewaffneten Streitigkeiten. Welche in einigen, gut dokumentierten Fällen auch zu daraus resultierenden Schiffsverlusten aufgrund von Bränden oder Rammings samt Untergängen und Total- bzw. Großverlusten an Menschen wie Handelsgütern führten. So ruhen auch heute noch riesige Schätze auf dem Meeresgrunde und warten nur darauf, gefunden und gehoben zu werden.

„Und wie fing es hier unten am Kap eigentlich mal an?" wollte Willem genauer wissen. Ein abenteuernder Feldscher und Oberbarbierer in Compagniediensten, Heer Jan van Riebeeck, kam mit einem Holländerschiff 1652 ans Kap. Wo er auf Geheiß der Vorsteher einen sogenannten „Küchengarten" für Anbau von Obst, Gemüse, Heilkräutern anlegen sollte. Damit die dann hier regelmäßig Station machenden Schiffe die Gesundheit ihrer bis nach Batavia weitersegelnden Besatzungen einigermaßen regenerieren und ihre Kapitäne oder Kommandanten sich mit reichlich Frischobst, Gartengemüse und auch Frischfleisch sowie dem lebensnotwendigen Frischwasser neu verproviantieren konnten. Gute Geschäfte ließen sich nun mal nur mit leistungsfähigen, leidlich gesunden Matrosen auf guterhaltenen Schiffen machen. Dieses hatten die ebenso scharf rechnenden, eng kalkulierenden, hartherzigen Amsterdamer Compagnievorsteher beizeiten erfaßt, richteten sich danach. Denn von Amsterdam bis Batavia herunter waren es immerhin so um die 13500 Meilen zu segeln!

Kommandant Riebeeck baute in seinen zehn Dienstjahren am Kap die anfänglich kleine Holländersiedlung zum festen Orte aus, mit kleinem Küstenfort samt ausreichender Geschützarmierung sowie einem Hafen mit Wellenschutz durch flankierende Mole. Im Orte dann mehrere Straßenreihen Wohnhäuser, kleiner Läden und Handwerkergeschäfte; natürlich auch eine Kirche und die Hafenschänke. Als Bewohner kamen ab 1657 in zunehmender Anzahl holländische wie auch deutsche Freibauern (die Boeren, später als die Buren bekannt). Die allesamt Calvinisten sein sollten und die auch sämtlich in Diensten der Compagnie standen, deren sehr genaue wie strenge Auflagen und Vorschriften buchstäblich einhalten mußten. Im Hinterlande dieser allmählich aufblühenden Kolonie am Kap siedelten sich Stämme der Landeseingeborenen an, vorzüglich Hottentotten. Erste bewaffnete Konflikte mit diesen umherschweifenden Nomadenvölkern vermochte der Kapkommandant Riebeeck noch einigermaßen friedlich und schiedlich auszugleichen. Als jener dann 1662 aus dem Amte scheidet, um weiter nach Batavia zu gehen, hinterließ er seinem anreisenden Nachfolger Wagenaar den guten Rat, immer nur schrittweise, schön vorsichtig aber stetig, die Kolonie territorial zu vergrößern. Dabei möglichst blutschonend zu verfahren. Was wohl nichts anderes heißen sollte, als die Eingeborenen in aller Freundschaft tüchtig übers Ohr zu hauen, indem man mit ihnen Handel treibt – natürlich zum eigenen Vorteil, was denn sonst – und langsam immer tiefer ins Landesinnere hineinkommt, sich hier und dort festsetzend, andere Siedler nachziehend und so allmählich ein riesiges Landgebiet friedlich annektiert. Nun, der nachfolgende Kapkommandant war auch ein kluger Kopf und sehr gewandter Diplomat und richtete sich danach. Denn er war nicht allein Deutscher; er war auch ein Sachse (die ja bekanntlich ebenso fix wie helle sind) und hieß eigentlich Zacharias Wagner, stammte von Dresden her und war mit Elbewasser getauft. Kam also gleichermaßen gut aus mit seinen Kolonisten wie mit den immer aufmüpfiger werdenden Landeskindern, Hottentotten und anderen Völkern. Nach ihm aber residierten hier andere Typen als Kapgouverneure, die auf Geheiß ihrer vorgesetzten Kaufherren mit brutaler Willkür immer mehr Profit machen wollten, ja sollten. So einer war eben auch der seit den Siebziger Jahren amtierende Simon Van der Steel. (Als „Gubernador Hungerwanst" wegen seines schmutzigen Geizes und protzig-dümmlicher Großmannssucht heftig verspottet.) Dieser siedelte in großer Anzahl landhungrige Kolonisten an. Welche in jahrelang erbittert geführtem, blutigen Buschkrieg die inzwischen fest ansässig gewordenen Hottentotten verdrängten, viele von denen als Billigarbeitskräfte versklavten. Gutgewachsene weibliche Eingeborene fanden als willige Bettgenossinnen der frauenlosen Farmer reißenden Absatz. Sie, wie auch ihre Nachkommenschaft, wurden so zwar näher an die weiße Herrenschicht herangezogen – auch mußten christianisierte Sklaven wie deren getaufte Kinder dann freigelassen werden – blieben aber immer nur Menschen zweiter Klasse, als weitgehend entrechtete, unterdrückte Gesellschaftsschicht unterpriveligiert. Und Anfang der Achtziger Jahre des 17. Jahrhunderts dann werden per Gesetz alle Eheschließungen zwischen Weißen und Eingeborenen sowie jeglicher zwischenrassige Geschlechtsverkehr strengstens verboten sowie unter Strafe gestellt. Von wegen farbiger Abartigkeit der eingeborenen Landeskinder. Im Holländischen kurz Apartheid genannt! Was freilich seinerzeit weder der mitteilsame Hafenmeister noch sein aufmerksamer Zuhörer Willem wissen konnten...

Im Gesprächsverlauf kamen sie nun also auch auf den jetzigen Kapkommandanten Simon Van der Steel sowie auf dessen ebenso mißratenen Sohn und Dauersäufer Vilm. „Schreibt sich gottlob anders als ich", meinte der Schreiber. Sein allmählich schläfrig werdender Zechgenosse griente und führte aus, daß der Häßling von Gubernador seinen Ekelnamen „Hungerwanst" mit voller

Berechtigung führe, alldieweil er schon fast aus dem Spitzenjabot platze, „fettgefressen infolge unmäßiger, andauernder Völlerei." Zumal er sich, nach altfeudalem Vorbilde, mit einem lächerlichen Hofstaat aus liebedienerischen Unterbeamten umgebe. Ansonsten aber alles aus dem Ruder laufen ließe, nichts wirklich im Griff habe und die geplagten Kapburen durch einen sich wie ein Steppenbrand ausbreitenden Kleinkrieg mit aufmuckenden Hottentotten im Koloniehinterland permanent verunsichere und schwäche. Aber für ein ordentlich bemessenes Schmiergeld sei vom Hungerwanst, wie auch von dessen völlig verwahrlostem Sohne, alles zu haben. Die beiden betrieben, trotz strenger Compagnieverdikte, haufenweise undurchsichtige Privatgeschäfte. So zögen sie die auf beide angewiesenen Schiffskapitäne regelmäßig über den Tisch. Indem sie mit willfährigen Eingeborenenhäuptlingen in deren Krals Scheinverkäufe großer Viehherden inszenierten, von denen sie dann nur die kranken oder gefallenen Tiere schlachten und als Frischfleisch an darbende Schiffsbesatzungen weiterverhökerten, zu Höchstpreisen natürlich. Was sicherlich nicht im Interesse der fernen Compagnieoberen sein dürfte, die allen Anlaß hatten, um die gute Gesundheit ihrer seefahrenden Handelsvölker besorgt zu sein. Was den hiesigen Gubernador offenbar nicht sehr interessierte.

„Na, der Krug geht eben solange zu Wasser, bis er bricht", gähnte der Hafenmeister und schlingerte hinaus. Nicht ohne vorher noch zu Willem mit Verschwörermine hinüberzuflüstern: „Aber mein Vetter hat mir da letztens mit Kurierpost sowas geschrieben von Gubernadors unehrenhafter Ablösung. Und daß jener, samt Söhnchen in Ketten geschlossen, mit einem Retourschiff in die Heimat zurücktransportiert werden solle. Wo beide dann auch Rechnung ablegen müßten, für ihr schändliches Treiben am Kap. Hoffen wir also das Beste, denn eigentlich kann's für uns hier nur besser werden. Aber verratet mich nicht, Heer Schreiber!"

Willem war vom jetzt Wegtretenden vorher auch noch herzlich gebeten worden, nicht verlautbaren zu lassen, daß dessen vielwissender Vetter aus Amsterdam noch kurz mitteilen ließ, künftighin sollten Mitreisen diverser Weibspersonen an Bord der Compagnieschiffe schärftens untersagt werden. Zumal wegen dieser schon des öfteren Streitigkeiten, Meutereien auf den Schif-

fen gewesen sowie einige von diesen Schiffen darum auch gesunken oder spurlos verschollen sein sollen. Ausgenommen von diesem Ausschluß aber wären nur die Kapitänsfrauen sowie Offiziersgattinnen – sofern diese ihre amtlich eingetragene und kirchlich sanktionierte Eheschließung mit Papieren nachweisen konnten. Außerdem dürften auf einigen großen Ostindienfahrern noch zahlende Passagierinnen mitreisen, in gesonderten Kajüten. Ehe Willem über das alles noch tiefschürfender nachdenken konnte, tauchte im Türrahmen ein völlig abgehetzter Hans Blank auf, vom hinwegschwankenden Hafenmeister hereingeschickt. „Euch suche ich schon lange", rief er in den dunstigen Schänkenraum, wo der Schreiber am Zahlen war. „Flugs zurück zum Schiff, wo der Baas in der Kajüte dringlich wartet". Liefen beide also im Eilschritt zur Außenreede, und Willem meldete sich einigermaßen verlegen beim Kapitän zurück. Im Vorraum blieb der keuchende Schiffsjunge dann mit dem ebenfalls herbestellten Jehan wartend stehen, indem der abwinkende VAN STRAATEN seinen Schiffsschreiber mit hinein nahm. Dort warteten schon einige der Schiffsoffiziere, andere kamen jetzt noch hinzu, sodaß alle Chargen versammelt waren. Untertänig schob sich noch Kok Franke herein, brachte den etwas verlegen grienenden Jehan kurzerhand mit. Sie alle wurden knapp angewiesen, das Schiff bis zum Spätnachmittag auslaufbereit zu machen und die Besatzung mächtig ranzunehmen, „daß wir dann mit der ablandigen Abendflut raus und schnellstens hier wegkommen!" Befahl dann, bis auf Ober- und Untersteuermann, Willem und den überraschten Jehan, alle anderen mit kurzem Gruß hinaus und auf ihre Stationen.
Auf des Skippers auffordernden Ruf nach Katherine in die Dönze hinüber, trat jene freundlich lächelnd aus dem Nebengelaß herein, einem jeden von den jetzt gemütlich dasitzenden Männern aus einem Silberkännchen ein großes Glas Arrak kredenzend, von dem guten und unverdünnten natürlich. Still vor sich hin lächelnd, verließ sie die Runde dann wieder. Willem war sich fast sicher, daß die lautlos drüben Hantierende durch die einen Spalt geöffnet bleibende Tür alles mithörte. Und daß sie, wie eben der feine Heer Cornelius, ihr Näschen rümpfen würde, ein mißmutiges Gesicht dazu schneidend. Was aber den sichtlich aufgekratzten VAN STRAATEN wie auch seinen feixenden

alten Seekumpan Hindeloopen nicht weiter anfocht. VAN STRAATEN klärte nunmehr die Anwesenden über die anstehende und lange schon ins Auge gefaßte Verscheißerung des hungerwanstischen Finsterlings auf. Vorzüglich, wie er sich die Sache dächte und deren Ablauf sein soll. Zum kurzen, heftigen Ende gekommen – wobei er selbst mächtig lachen mußte – folgte sein abschließendes Credo: „Also, alles klar, Heer Willem? Daß Ihr Euch ja nicht erwischen laßt! Wer gekascht wird, hat dann eben auf eigene Faust gehandelt. Laßt mich außen vor, und ich weiß auch von nichts. Suche natürlich, den oder die Gestellten wieder auszulösen. Wird aber bei dem habgierigen Schweinehund ein rundes Sümmchen kosten. Ziehe ich später von der Heuer ab, seid ja alle freiwillig dabei, oder?" Nachdem der lächelnde Schreiber erklärte, daß er diese schwierige Aufgabe gerne übernehme, als Freiwilliger, und daß er vollkommen im Bilde sei, entließ ihn sein Skipper gnädigst. Nicht ohne zu bemerken, daß man im Notfalle aber auch ohne ihn rasch auslaufen würde. Willem dolmetschte einiges Wichtige für Jehan; dieser bemerkte draußen vor der Tür dann mißmutig: „Befehl sein Befehl." Und Hans Blank schloß sich beiden wie selbstverständlich an; ob freiwillig, oder auf des Skippers geheime Weisung, blieb ungeklärt und war auch weiter nicht von Interesse. Jedenfalls kam er mit. Auf VAN STRAATENs Geheiß zurrte oben vor der Kabuse ein aufgekratzter Franke den drei Schelmen noch einmal Besanschot an – und diesmal durfte auch malle Hans sich einen hinter die Binde kippen, sah es doch die fürsorgliche Schwester nicht. Der Kok schüttelte sich, meinte zu ihrem Vorhaben: „Also, für mich ist das nix, mer sen enne echt Köllesche Jong on blewe sauber – nein danke, sprach Franke." Mit diesem, seinem Leib-und Magenspruch verabschiedete er sie von Bord. Schleunigst trabten sie los, zur Festung hoch.

Dort kamen sie ohne Schwierigkeiten ins Kommandantenhaus hinein. Jehan übernahm den Part dessen, der die Wachen draußen abzulenken hatte. Somit marschierte Willem stracks durch die ungesicherte Tür in den Festsaal, wo man gerade wieder mächtig am Gabeln war. Erstaunt fixierte der mit vollen Hamsterbacken mampfende Hausherr den direkt auf ihn zusteuernden Eindringling, drehte den Stiernacken und wendete sein blaurotschlagflüssig angelaufenes Genießergesicht fragend nach dem etwas entfernter sitzenden Festungsprediger. Wollte wohl gerade eine etwas fettspritzende Frage hervorgrunzen, als Willem ihm maulflink und gewandt zuvorkam. „Einen recht schön guten Tag auch, verehrter Gubernador Hungerwanst", legte er los, „stopft Ihr Euch schon wieder Kopf und Kropf? Recht getan, Mynheer Vielfraß, wer's lang hat, soll's auch lang hängen lassen. Und wir haben's ja, tunken salzigen Schinken in süße Milch. Das gibt aus, und das schafft guten, breiigen Stuhlgang, wie?" Mit solchen unziemlichen Worten griff er sich einen der auf überladenem Tisch prangenden, hartgeräucherten Saftschinken am Knochen, klatschte ihn mit Wucht in eine große, vollgefüllte Milchschüssel, daß es heftig über die Tafel spritzte. Während die neben ihm sitzende Dame des Hauses übelst bekleckert wurde und entsetzt aufjuchzte, röhrte der völlig perplexe Gubernador ein hilfloses Gestammel. Schrie auch zum jetzt zögernd herantretenden Priester sein erwartetes „Höh, höh, Paster – Paaasteer!" Alles genau so, wie der dreckig feixende Skipper es vorhin seinem Schreiber in der Kajüte vorgemacht hatte. Denn solcherart pflegte der vollgefressene Dümmling seinen gescheiten Haushofprediger immer heranzurufen, wenn er (wie meistens) nicht ganz klar sah. Also auch jetzt; und damit war für den frechen Akteur sein Stichwort gefallen. „Ob der paßt? Klar doch und viel besser als Deiner! Nicht wahr, liebwerte Mevrouw Gubernadorin?" Flink hatte Willem seinen Hosenlatz geöffnet, zerrte den freudig angeschwollenen Piepel heraus, haute diesen lautschallend auf den Tisch vor die schellfischäugig glubschende Gubernadorsche hin. Ringsum Stille! Der schlimm desavouierte Kapgewaltige konnte nur noch entnervt kicksen, offenen Mundes vor sich hinsabbeln, tonlos röcheln. „Sowas maßlos schwächliches" raunzte ihn der Provokateur verächtlich an, während er sein bestes Stück wieder in der Hose verstaute, griff sich mit einer Hand noch eine dicke fettglänzende Gänsekeule und mit der anderen den ihm wie ein Schatten folgenden Hans. Auch der lebhaft parlierende Jehan ließ jetzt von den verdatterten Türstehern ab. Und es gelang ihnen allen dreien, im nunmehr lautmächtig ausbrechenden Trubel ungeschoren wegzukommen. Rannten flott los, hinunter zur Mole, auf die Reede hinaus und auf das abfahrtbereite Schiff.

Hier kam Willem eben noch zurecht, um den am Ankerspill auf dem Vorschiff versammelten Männern mit seiner schnell herbeigeholten Fiedel bei der Schwerstarbeit des Ankerlichtens taktmäßig aufzuspielen. Im von den Matrosen spöttisch so genannten Bratspieß waren schon die hölzernen Handspaken in die Löcher eingesteckt. „Zuuu-gleiiich!" Aufs Kommando griffen schwielige Fäuste fest zu, mühten sich die Männer, den Kommandos des Hauptbootsmannes folgend, an der Winde schuftend, den tief im Hafenschlick sitzenden Anker Umdrehung nach Umdrehung zu lichten. Langsam schäkelten sich nun die Glieder der rostigen Ankerkette auf. Schmuddelkok Franke stimmte als Vorsänger jetzt fistelnd ihr schönes Ankerlied an. Selbiges hatte er seinerzeit mal bei den rüden, sauf- und rauflustigen Kölner Holzflößern gehört, und als musikalischer Mensch im Kopf behalten. Die rauhen Gesellen schifften Unmengen prächtig gewachsener Riesentannen aus dem Schwarzwald rheinabwärts. Weil Hollands berühmte Schiffsbauer ständig Festholz zu Planken, Spanten, Masten dringend benötigten – und dies auch gut bezahlten.

Wie raunte doch der märchenhafte HolländerMichel, als steinreicher, kaltherziger, zauberkundiger Riese in Seestiefeln, dem nach Reichtum gierenden, ärmlich-erbärmlichen Kohlenmunk Peter zu? In dessen wüsten Alpträumen, solches immer wieder beschwörend: „In Holland gibt's Gold – könnt's haben, wenn's wollt – Gold, Gold, Gold!"

Bei jeglichem Ankerhiev also sangen die Männer am Spill, stoßweise keuchend und nicht sehr schön, aber laut. Und Willem begleitete diese mit schrillen Geigentönen: „Ein schöner strammer Arsch, ein schöner strammer Arsch, mit einem roten Fähnchen dran, ein schöner strammer Arsch." Hauptbootsmann Hübbe Hayes munterte seine Leute kameradschaftlich auf: „Hoiho, Männer, und jetzt nochmal einen kräftigen Ruck, eine Ziehung – Franke, bitte den nächsten Vers!" Dieser ließ sich nicht lange bitten, und sie drehten die Winde weiter, gröhlten lauthals dazu: „Was geht der uns denn an? Der geht uns garnichts an! Ein schöner weißer Frauenarsch, man faßt ihn gerne an."
Und Hayes wieder: „Alle Mann – raaan!" Das ganze dann nötigenfalls von vorne, bis sie den schweren Anker schließlich hochgewuchtet und ihn fest vertäut hatten. Da der Hauptbootsmann

gönnerhaft nickte, eilte Franke leichtfüßig zur Kabuse, wo sich alle nun in Reihe anstellten, zum beliebten Ruf „Besanschot an". Willem machte schließenden Offizier und bekam einen Doppelstöckigen zugemessen.

Den ihm von der Mole aus zuwinkenden Hafenmeister gerade noch mit einem Auge zur Kenntnis nehmend (vermutlich ist dieser vom Skipper ins Komplott mit eingeweiht gewesen), war er jetzt in bester Stimmung, VAN STRAATEN in dessen Kajüte unten seinen ergötzlichen wie triumphalen Gefechtsbericht zu erstatten. Der wollte sich denn auch halbtot lachen – indes ihr Schiff in der schnell einsetzenden Dämmerung und ablandiger Strömung den Tafelberg achtern ließ, aus der Bai hinwegsegelte. Mochte der furchtbar blamierte Hungerwanst auch fluchen und toben, seine Streifpatrouillen noch lange durch Kolonie und Hafen suchen – seinem drohenden Zugriff jedenfalls waren sie entgangen. Noch in der Nacht schallte dröhnendes Gelächter durchs Matrosenlogis, da ihr Kok dafür sorgte, daß die Besatzung von diesem tollen Streich erfuhr. Na ja, allzuviel Lustigkeiten hatten die Männer unter ihrem harten Skipper auf See ja auch nicht erlebt, und man amüsiert sich eben, wann und wo und wie es sich ergab. Man war ja auch nicht gerade verwöhnt; und blaßgesichtige Ästheten gabs keine an Bord. Oft und öfters wurde nun Hans Blank animiert, seine Version von dem Geschehnis abzulassen. Worauf er regelmäßig beim dramatischen Schlußakt treuherzig erklärte: „Willem hatte ihn geradeaml erst halb draußen und noch gar nicht auf'n Tisch gestemmt, da krischen schon die paar mit beisitzenden Wiwerslüd wie unklug. Und die Ollsch vom Gubernador klapperte mit ihren Augen, schlimmer als eine Eule. Kippte dann doch glatt vom Stuhl und rutschte untern Tisch. Nee, nee, ein malles Volk ist das dort, geh ich nicht mehr mit hin!" Unter stoßweisem, heiseren Lachen fast erstickend, keuchte der Hauptbootsmann zum schweigsamen Segelmacher hin: „Na, wenn ein Maller andere Leut als mall beschreit – und diese dann auch wirklich mall waren – da muß es dort ja wohl dreifach mall zugegangen sein." Worauf Suput trocken philosophierte: „Ja, die Dummen sterben niemals aus." Nur die beiden Steuerleute hielten sich sichtlich zurück. Und Katherine beschloß schamroten Gesichts lieber nicht mehr hinzuhören.

Willem hingegen machte einen eher mißlaunigen Eindruck. Hatte er bei seiner Rückkehr doch einen mitreisenden Passagier und Schlafgenossen in seiner Kammer gefunden. Welchen der Kapitän vom Kap bis nach Batavia mitnehmen wollte und den er bis auf weiteres bei Willem einquartierte. „Ist ja auch Theologe, allerdings fertig studiert", meinte er boshaft, „werdet euch schon gut verstehen." Da war sich der ärgerliche Schreiber aber gar nicht so sicher. Zumal er vom neuen Reisegenossen alsbald einen unguten persönlichen Eindruck empfing. Dieser Geistliche war Calvinist von der militant-fanatischen Sorte, ein trockener Eiferer mit lautstarkem Predigergehabe. Außerdem noch ein Deutscher, was er mit geradezu pedantischem Ordnungssinn sehr betonte. Naturgemäß war also einiges an Verständigungsschwierigkeiten zu befürchten. Trotzdem ließen sich Willem und erstaunlicherweise auch der allem Neuen aufgeschlossene, wenngleich etwas windige Franke in Mußestunden vom Magister Johann Christian Hoffmann sehr gründlich dessen Auslegung vom Calvinismus speziell altholländischer Prägung erläutern. Freilich war dem Exstudenten Charakteristik und System dessen doppelter Prädestination nichts all zu Neues. Für den Kok als Katholiken und rheinische Frohnatur aber war's geistliches Neuland. Im Zuge der priesterlichen Rhetorik verdüsterte sich dann sein anfangs recht erwartungsfrohes Gesicht zusehends.

„Denn Gott, der Herr und Gebieter, hat einige wenige Menschen für die ewige Seligkeit – aber viele andere wiederum für die ewige Verdammnis fest vorausbestimmt! Dieses ist so und bleibt so für alle Ewigkeit. Ein etwaiges Aufmucken von uns Sterblichen hingegen ist ebenso sinnlos wie strafbar. Denn Gott, der Herr, verherrlicht sich in allen seinen Taten sichtbarlich selbst. Somit auch in der Auswahl seiner sorgsam erwählten Gutmenschen. Welche diejenigen sind, so bei ihrer Tätigkeit und überhaupt im Leben Erfolge haben. Alle anderen sind halt die erfolglosen Schlechten, bleiben von seiner Gnade und Erleuchtung von vornherein ausgeschlossen. Ein gläubiger Calvinist muß sich als ein von Gott, dem Herrn, gnädigst Erwählter fühlen, bewußt und freudig seinem Gottesglauben dienen, ebenso streng wie unnachsichtig gegen alle Glaubensfeinde ankämpfen. Heiden wie auch Ungläubige werden entweder zwangsweise christianisiert (was noch lange nicht heißen soll, sie etwa mit weißen, holländischen oder deutschen Christenmenschen gleichzustellen!), oder erbarmungslos ausgetilgt, mit Stumpf und Stiel. Warum? Weil Gott, der Herr, es so haben will. Posaunen und Jericho darüber, Basta und Amen. Übrigens", schloß der rabiate Prediger wesentlich gedämpfter an, „ist Geld verdienen keine Sünde. Sehr viel Geld verdienen ist wahrlich gottgefällig wie geboten." Als der knochige Glaubensstreiter dann noch auf die zahlreichen strengen Strafandrohungen seiner Kirche zu sprechen kam, mit Ohrenabschneiden, Auspeitschen, Brandmarken, Kastrieren, Hängen und Verbrennen – da schauderte es Kok Franke; er sprach sein übliches „Nein, danke!" und schlich sich mit einer dicken Gänsehaut heimlich davon. Beschloß folglich, doch lieber beim ererbten Väterglauben zu bleiben. Doch hatte er seine, ihm vorgehaltenen, angeblich rassenschänderischen Missionierungsversuche beim weiblichen Teil der Kaphottentoten flugs wieder eingestellt. Nicht zuletzt ja wohl wegen mangelnder künftiger Gelegenheiten. Zudem kannte der ihm sehr freudlos vorkommende Calvinismus, mit seiner zwangsläufig einhergehenden Seelenverkrümmung und Herzensaustrocknung, ja auch die erlösende, allverzeihende katholische Institution der Ohrenbeichte nicht. Lehnte diverse vatikanische Ablaßbemühungen als sündiges Wischiwaschi strikt ab. Das war also wieder mal nichts gewesen...

Als später, eines Sonntags, der Deutsche laut psalmodierend und fromme Lieder singend auf Deck lustwandelte (auch Kok Frankes eher düsterstimmiges Lieblingslied, aus Zeiten des Dreißigjährigen Krieges überkommen, war darunter – doch ließ sich dieser wohlweislich nicht blicken), ist der ruderführende Steuermann Hindeloopen äußerst mißvergnügt. Währenddem drunten in seiner Kammer, die er jetzt kurzzeitig für sich alleine hatte, der umtriebige Schreiber rasch einige Seiten aus des Predigers akribisch geführtem Reisetagebuch kopierte. Denn der gelehrte Magister wollte jenes später mal in seiner Heimat als Buch publizieren. Und wie man ihn kennenlernte, würde er dieses Vorhaben auch in die Tat umsetzen. Eigentlich scheußlich, befand Willem für sich, was der so zu den Eingeborenen vom Kap festgeschrieben hatte. Wie dieses: „Alles kam mir hier seltsam vor. Am seltsamsten aber die wilde Lands-Art dieser Völker, die ich anfänglich mehr vor ungeheure Affen als vor rechtschaffene Menschen ansah. Und gewißlich, wegen ihrer Unmenschlichkeit haben sie fast nichts an sich, das einem Menschen ähnlich ist. Und daher sein sie in Wahrheit die aller elendsten Menschen, die ich jemals gesehen." Gerade noch konnte der Abschreiber enden, das Tagebuch zuklappen, weglegen und sich mit kühnem Sprunge in seine Koje retten – da kam auch schon der Geistliche markigen Trittes, und also gottlob unüberhörbar, in die Kammer zurück. Mißgestimmt auf den sich lieber in der Koje Lümmelnden, anstatt mit ihm auf Deck singend den Herrgott Lobenden, hinschauend. Was Willem aber nicht weiter störte. Etwas später raffte dieser sein Skriptum unbemerkt auf und verzog sich zum Achterdeck. Dort plazierte er sich neben dem aufmerksam zuhörenden Steuerer, diesem des Magisters Auslassungen halblaut vortragend. Nach einigem Nachdenken, und seinen geliebten Priem von einer Mundecke in die andere schiebend, sprach der bedächtige Hindeloopen solches: „Also, eines ist wohl gewiß, der Mann Gottes, so er denn wirklich einer ist, dürfte ein kreuzgefährlicher Spintisierer sein. Einer von denen, welche die Hexen verbrennen. Und glaubt man ihm unbesehen, so hätte sich unser lieber Schmuddelfranke doch glatt mit einer Halbäffin verbegattet, bei seiner fröhlichen Heidenmissionierung damals. So tierisch wüste sah die aber nicht aus; und ein Menschenkind, wenn auch noch ungetauft, war sie in jedem Fall. Nee, nee – ich will wirklich froh sein, wenn der hartgesottene Prediger in Batavia von Bord geht. Soll der doch dort unten seine grimmen Theorien unter die Leute bringen. Da wird gewiß bei denen die rechte Freude dann aufkommen", schmunzelte er behäbig vor sich hin. „Ich bin sicher, dieser Merkwürden dürfte noch von sich reden machen", sekundierte ihm Willem unter beipflichtendem Kopfnicken. „Gott schuf die Menschen – aber sie waren auch danach."

Es schien sich wieder einmal was zusammenbrauen zu wollen, an oder außer Bord. Denn VAN STRAATEN hatte kurzfristig den Schiffsrat nach achtern auf die Schanz beordert. Solchen Rat pflegten Kapitäne nur in Ausnahmefällen zusammenzurufen. Also schien sich jetzt eine besondere oder gefahrdrohende Situation anzubahnen. Zum Rat gehörten alle Schiffsoffiziere und Chargen: Kapitän, Ober- und Untersteuermann, Hauptbootsmann, Oberkanonier, Waffenmeister, Schiffsschreiber, Schiffszimmermann, Segelmacher, Bootsführer (sowie der nicht vorhandene Schiffsfeldscher oder Barbierer). Und aus den Reihen der Mannschaft, wie von den Compagnieoberen vorgeschrieben, drei ausgesuchte Leute. Bedachtsam hatte der Skipper dafür den Kok Franke (als quasi Nichtseemann), den mit Sprachschwierigkeiten behafteten Jehan und den Schiffsjungen auserksehen. Diese würden als gehorsam abnickendes Stimmvieh ihm dann alle seine Entscheidungen bestätigen, notfalls auch gegen die Meinung einiger der Offiziere. Was aber lag nun so dringliches an?
Leidvollen Erfahrungen aller Nautiker zufolge, lauerten auf dem seit der Kapausfahrt gesteuerten Generalkurs, Richtung auf die Inselgruppe der Maskarenen und Mauritius, in jenen unruhigen Gewässern stetig wechselnde und immerfort präsente Gefahren für Mann und Schiff. Besonders die regelmäßig auftretenden, schlimmen Mauritius-Orkane waren die reine Pest und auch wie selbige gefürchtet. Da waren zudem die lästigen Wechselwinde. Bei vorherrschendem Nordostwind fällt der Luftdruck, und der Wind schläft ein. Dann plötzlich dreht er unvermittelt auf Südwest, wird stürmisch, und es konnte passieren, daß man unvorbereitet in allerschwerste Kopfseen hineinsegelte, große Wassermassen übernahm. Sodaß ein Schiff mit dadurch

zertrümmerten Ladeluken vorne vollaufen konnte und koppheister absackte. Wenn dieser Südwester aber dann urplötzlich wieder auf Nordwest umdrehte, wie man es hier ums Kap der Stürme so häufig erlebte, dann fegten haushohe Wellen mit stärksten Brechern das ohnehin aufgewühlte Wasser vor sich her. Geradezu tiefpflügend das Meer aufreißend; der fürchterliche Seegang konnte selbst größeren Schiffen zum Verhängnis werden. Denn die kurz hintereinander folgenden Sturmböen jagten bis zu fünfzig Fuß hohe Wellenberge über See, unter einem grauschwarzgelblichen Wolkenhimmel von düsterdrohend verhangenem Aussehen. Dann stampfte, schlingerte, rollte ein jedes in solche Unwetter geratene Schiff sehr erheblich, lief meistens aus dem Ruder, fraß sich förmlich durch tiefe Wellentäler, ohne sich zwischenhinein wieder mal aus jenen hervorheben zu können. Wassereinbrüche wie auch wegsplitternde Masten, Rahen, Spanten waren somit vorprogrammiert. Noch viel schlimmer aber traf es Schiffe, die das Unglück hatten, in einen der fast ebenso häufigen Südweststürme vorm Kap zu segeln. Denn hier sorgten wechselnde Gezeiten, Unterströmungen und Brandungsausläufer für wahre Wogenungeheuer von mindestens Kirchturmhöhe.

Weiter nördlich, oben von Mozambique her, fließt auch noch der arg verrufene Aguelhasstrom. Dieser führt Wassermassen mit unterseeischen Strömungsgeschwindigkeiten von bis zu geschätzten zehn Knoten. Mit jener vom Kap herauffließenden Kaltwasserströmung, in der sie sich gerade aufhielten, kam es dann nicht selten zu unheilvollen, wasseraufwühlenden Vermischungen, in deren Todesstrudeln so manches Schiff spurlos verschwand. Auch schuf die gewaltige, langrollende Dünung hier ganz plötzlich, mit allesvernichtender Urgewalt und wie aus dem Nichts heraus auftretende, Riesenwellen mit ungewöhnlich großem Abstand zueinander. Nämlich bis zu 300 Fuß Niedrigwasser zwischen den einzelnen, aufgesteilten Wellenkämmen. In derartig aufgerissene Leerräume dann kopflastig hineinzusegeln – das bedeutete sicheren Untergang und Tod! Denn ehe sich der schwer arbeitende Schiffskörper aus der Tiefe wieder nach oben hinauf (und gleichzeitig in eine relativ stabile Gleichgewichtslage) aufrichten konnte, schlug schon eine erneute Gewaltwelle über ihm zusammen.

Auf den Planken der Schiffe ist Weltgeschichte geschrieben worden. Seefahrt tut not! So war es immer, und so ist es noch bis heute. Dieses galt im besonderen für jene nicht gerade so guten, alten Zeiten. In welchen auch die fast unglaublichen Geschehnisse spielen, von denen hier im Buche berichtet wird. Wo die Schiffe noch aus Holz waren; die Männer und Jungens aber, die sie besegelten, aus Eisen.

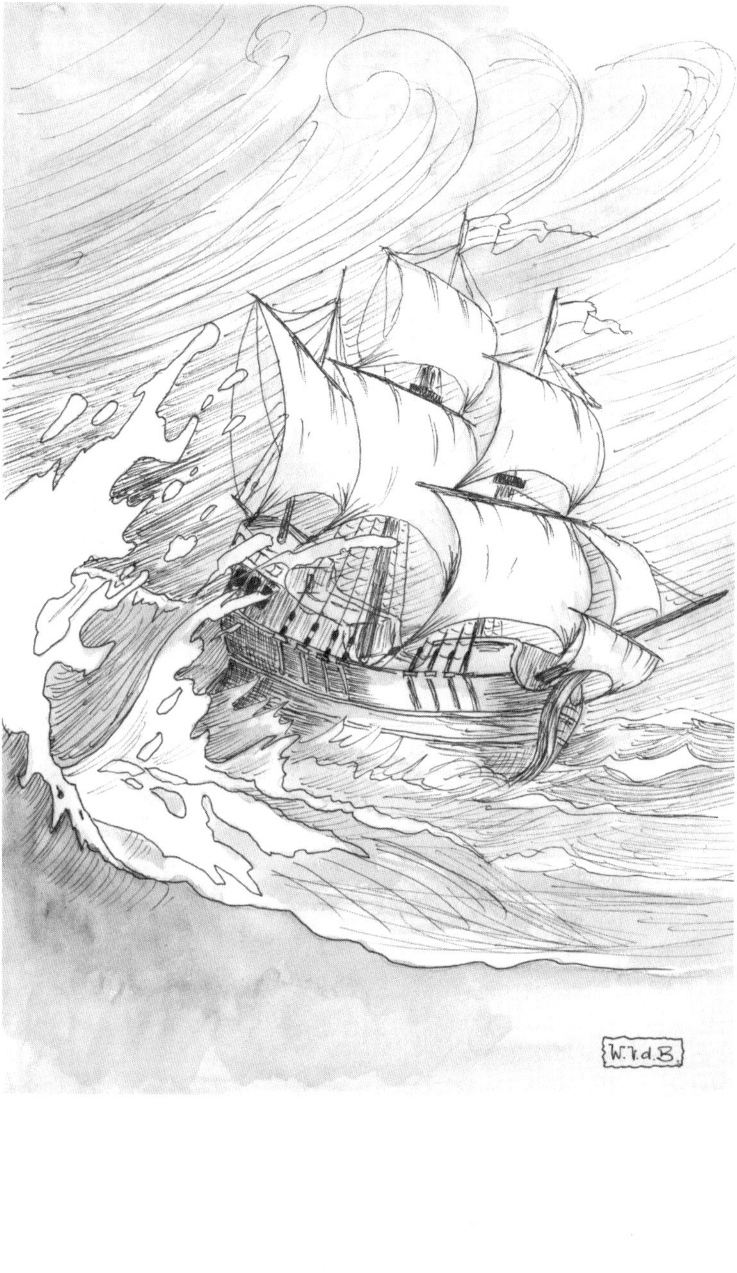
W.T.d.B.

Alles verschüttend, zermalmend, in den Grund stampfend. „Hier unten ist im Laufe der Jahrhunderte ein riesiger Schiffsfriedhof entstanden", sorgte sich der Kapitän. Welcher allerdings von den auch diesmal seitens der Leute allen Ernstes vorgebrachten Phantastereien garnichts hielt. Die über riesige Löcher oder Erdspalten auf dem Meeresgrunde berichteten, in welche dann durch unglückliches Zusammentreffen von nordsüdlicher Strömung und südnördlichen Winden die Schiffe richtig hineingesogen würden. Fakt jedoch blieben immer noch diese ungeheuerlichen Allvernichter von Riesenwogen, mitsamt ihren hart malmenden Brechern.

Und deshalb galt es, Vorsorge zu treffen. Nunmehr folgten eine Reihe von knappen, sachbezogenen Weisungen des Kapitäns an seine Chargen, betreffs Sicherungsmaßnahmen für ihre jeweiligen Stationen. Als keine diesbezüglichen Fragen mehr kamen, ließ er abstimmen. Natürlich hoben alle Mann ihre Schwurhand, gelobten das Beste zu tun für Schiff und Ladung (und damit natürlich auch für die Compagnie). Was der Schreiber dann umgehend ausführlich zu protokollieren hatte. Danach durften sie sich alle vom Kok den schon erwarteten Besan anschlagen lassen. Lediglich malle Hans erhielt von diesem einen großen Apfel. Weil Schwester Katherine es sich dringlich ausgebeten hatte, daß der Junge, wenigstens vorerst, von der bordüblichen Sauferei verschont bliebe, denn „er ist doch noch im Wachsen!"

An Land sagt man zuweilen, Zeit wäre der schleichende Tod. Und das Leben nur ein unstet flackerndes Irrlicht, welches dahingehe wie ein Geschwätz. Auf See aber konnten sie die Zeit nun auch nicht gerade abkürzen... Da hockten die Männer also wieder mal beisammen, und es gaben die unteren Schiffschargen im träge plätschernden Klönschnack ihre mehr oder minder passenden Kommentare zu allem wie über jeden ab. Vom Kok Franke aus der offenstehenden Tür seiner Kabuse lautstark unterstützt. Zuvörderst lästerten sie natürlich über ihren Skipper, der – was allseits anerkannt wurde – trotz aller seiner unguten Seiten noch einer von der alten Art sei. Denn selbst wenn ein steifer Wind zum Orkan anschwolle, würde der Alte noch fix mal versuchen, ob und wie hoch er gegen diesen angehen könne. Zwar habe es ja zu allen Zeiten solche Gewaltkerle gegeben, die unbekümmert mit brennender Pfeife im Munde in der Pulverkammer herumfuhrwerkten. Aber VAN STRAATEN war eben einer von ganz besonderem Schlage. Nämlich zu jenen unverwüstlichen Typen gehörig, die – wenn sie dann mit dem ganzen Schießkram und Donnergetöse die allfällige Himmelfahrt antraten – völlig ungerührt und steifnackig vor sich hinmuffelten, daß sie sowas eigentlich schon immer gewußt hätten. Weil sowas eben von sowas komme und auf Dauer halt ja doch nicht gut gehen könne.

„Grob hingeklotzt", tönte Suput nun vernehmlich, „gibt's überhaupt nur zwei Arten von Skippern. Solche, die saufen und solche, die nichts taugen!" Lautes Gelächter in der Runde. Hatte es sich doch schon auf dem ganzen Schiff herumgesprochen, daß ihr Gewaltiger derzeit in seiner Schlafdönze einen gewaltigen Mordsrausch auskurierte, ihn schnarchend verschlief. Und auch sie selber hatten ja vorhin ihre tägliche Geneverration genüßlich hinter die Binde gegossen. Nach Schnaps stanken sie also allesamt. Selbst der lahme Frits und große Schweiger mühte sich redlich, Suputs Worte flankierend, ihrer aller Schnäpselei zu beschönigen: „Tjawollja, und die echten Seeleute bleiben halt lieber oben an Deck, wenn's mal mit dem Absaufen losgeht, sie nicht mehr abkommen können und ihr Schiff ihnen unter den Füßen wegsackt. Etliche halten dann die Bibel in der Hand, andere die Geneverflasche. Ganz Schlaue aber halten es mit beiden; wobei sie zuletzt aber das Buch eher wegschwimmen lassen als die Buddel. Diese auch erst, wenn sie leergepichelt ist. Dann heißt es wohl, seine sündige Seele Gott zu empfehlen. Jeder stirbt für sich und jeder ist dann ein Mann, wenn's aufs Letzte geht, godverdomme."

Solcherart redeten sie hin und wider, als malle Hans eilig vorbeitrottete, um vorne auf der Galion sein Geschäftchen zu verrichten. Dort hängten sie ja alle ihre Hintern außerbords, wenn sie mal groß mußten. Nur die Katherine nicht. „Die funkelt mit ihrem prallen Achtersteven den Mond an, aus offenem Heckfenster der Kajüte", witzelte Willem. Aber Dreckfranke giftete neidisch herüber: „Menscher und Mücken, die wird einer so schnell nicht wieder los." Er hatte offenbar seine gescheiterte Heidenmission vom Kap doch noch nicht so ganz verdaut. Nun gesellte sich auch der bislang an der Reeling lehnende Jehan zu ihnen. Auf die Wasseroberfläche hinweisend, bemerkte er kurz „Mother Careys chicken"; denn dort tummelten sich kleine und schaumbekränzte, weißliche Wellenkämme im flinken Spiel. „Bin mal im Kanal mit Engelschmann gefahren, da sagen sie das so", erklärte er. Überhaupt sei es schon immer so gewesen, daß alles letztendlich nur am Wetter liege. Dieses meinte der irgendwie bedrückt wirkende Jacobzoon, riß sich den Hemdkragen weit auf und wischte sich den Schweiß von fahler Stirne. „Ich weiß nicht, weiß wirklich nicht, fühle aber ganz stark, da kommt irgendwas von draußen rasch auf uns zu. Und ist gewiß nichts Gutes." An diesem bleischwerschwülen Tage ohne jede Sonne blies dicht über'm Wasser ein mäßiger Wind, der langsam auffrischte, in größeren Höhen schon ordentlich fauchte und polterte. Zusammenklumpendes, graubraunschmutziges Gewölk führte lästiges Geniesel heran. Es wurde unsichtig.

„Dort vorne braut sich eine dichte Nebelbank zusammen, treibt in lockeren Schwaden rasch auf uns her", meinte nun Franke, wieder seinen Senf dazugebend, „der Hayes am Ruder wird schon unruhig, und jetzt tritt auch noch Hindeloopen zu ihm. Die Herren Offiziere beraten sich, wie es scheint." Eben tauchte auch der sichtlich erleichterte Schiffsjunge wieder in ihrem Gesichtskreis auf, wie immer etwas fahrig wirkend und im Begriffe, sich an ihnen vorbeizuschleichen. „Hoho, schaut hin, malle Hans hat wieder die Hose verkehrtherum angezogen, mit der Latzklappe nach hinten", schrie Suput. Dieses bedeutete wahrlich nichts Gutes, zumindest böses Wetter innerhalb der nächsten drei Tage. Galt doch der Junge an Bord als ein verläßlicher Sturmanzeiger. Und die Mannschaft pflegte sich lieber auf ihn zu konzentrieren, als auf das berühmte Wetterglas des Kapitäns in dessen Kajüte (welches das gemeine Schiffsvolk ja ohnedies kaum zu Gesicht bekam). An Hansens windanzeigende Buchse aber glaubten sie alle. Und auch der Skipper schien sich insgeheim nach dessen Wetterfühligkeit zu richten. Lediglich der lahme Frits sah in Hans eine üble Schmutzkonkurrenz hinsichtlich seiner früheren, borddominanten Rolle als anerkannter Wetterprophet. Suchte den Jungen daher ständig grobverächtlich abzuwerten, ja verfolgte diesen sogar mit stillem Haß. Immerhin aber hatte jenes geistig wie körperlich so arg vernachlässigte Menschlein eine geradezu animalische Witterung für alles, was mit der See und ihren Strömungen, mit Wind und Wetter zusammenhing. Dazu noch ein unheimlich anmutendes Gespür für Unsichtbares wie für Kommendes. Das konnte selbst Frits nicht ableugnen, spielte es jedoch möglichst herunter.

Aber Wahrschau, liebe Leute! Manchmal ist auch den unbedarften Banalitäten in Alltagsgesprächen einfacher, schlichter, geradezu denkender Menschen irgendein gewisser Dröhn und Hall unterlegt. Etwa so, als wenn einer auf den Holzbohlen der Seebrücke im Hafen oder den eisernen Wendelstiegen eines Leuchtturms an der Küste herumstiefelt. Und dann ist meistens äußerste Vorsicht geboten, denn es pressiert und etwas Mächtiges will an uns heran. Oftmals gar gekoppelt mit verschlüsselter Botschaft, die irgendwer von irgendwo zu uns herüberbringen möchte. Manchmal wohl nicht so ganz richtig anbringen und sich also nicht hundertprozentig verständlich machen kann. Meist bleibt ja auch noch einige Zeit bis zur Ankunft des Unbestimmbaren und man kann sich innerlich darauf einstellen. In diesem Falle aber kam's sofort. Es schrie nämlich der steuernde Hauptbootsmann wild erschrocken auf. Hindeloopen fuchtelte abwehrend mit den Armen, und vom Vorschiffe stolperte Bootsführer Schoolmeister heran. „Da, da, da...", stotterte er angstverzerrten Gesichts, ehe er sich längsseits der Männerrunde niederfallen ließ. Die schreckte jäh auf. Zwar hüllte jetzt ein klumpiger Nebel das ganze Schiff ein, doch konnte man nach vorne ins Ungewisse schauen. Da war doch etwas und zwar etwas ganz Gewaltiges! „Pfui Spinne, hier stinkt's aber mächtig", stellte Suput bierruhig fest, „Franke, bist du das wieder? Solltest dich wirklich mal bißchen waschen, altes Bordferkel, wenigstens den Hals und die Füße." Während der Kok entrüstet dagegenzeterte, er wäre das nicht und röche wie immer – „nämlich wie Latrinenbalken", feixte Willem breitmäulig – mußte er anschließend aber heftig schnüffelnd feststellen, daß es zunehmend fürchterlicher stank. Modrig, faulig, scheißerig und allgemeine Übelkeit erregend. Zugleich rauschte es förmlich aus dem Nebelnichts heran. Eine schwere Bugsee schoß über, wässerte das Deck und ließ alle Leute auf ihm bis zu den Hüften darin versinken. Malle Hans hockte erbärmlich plärrend im Windlee. „Herrgott hilf, dat Undeer dort will mich freten; und jetzt kommt noch so eines an, ohohoh!" Dann erst sahen sie es

alle: zwei riesige, stinkende Urviecher, an jeder Schiffsseite eines sich wohlig am Holze scheuernd, aus dem aufgewühlten Wasser turmhoch aufragend, den langen dünnen Hals drohend herumwindend, mit kleinem Kuhkopf neugierig aufs Deck und zu den sich dort flugs plattmachenden Menschen hinunterglotzend. Weiter hinten im Nebeldunst quirlte und zappelte es durcheinander, als ob dort ein ganzes Nest solcher Seeungeheuer herumplantsche. Es war einfach zum Fürchten; selbst Suput stöhnte auf: „Hilfe, ich piss mir in die Buchse!"
Und Willem erklärte etwas später dem jählings ernüchterten Skipper, der zu seinem allergrößten Ärger die ganze Aufregung verschlafen hatte, was sie droben an Deck alle mit eigenen Augen gesehen und was ihre gepeinigten Nasen gerochen hatten. „Jawoll, Kapitän, auf mein Wort und Ihr müßt es uns schon glauben. Es ist die Wahrheit und es waren die legendären Seeschlangen, von denen die Alten so vieles schrieben. Es gibt sie also wirklich! Flüchtig geschätzt – blieb uns ja kaum Zeit dazu, auch waren wir viel zu aufgeregt – und im Vergleich zum Hauptmast, ragten sie mit Schultern, Hälsen und Köpfchen so etwa zehn Fuß aus dem Wasser. Möchte lieber nicht wissen, was von derem Körper da noch unter der Oberfläche schwamm! Jedenfalls müssen die, aufrecht im Wasser treibend, mit ihren Schwimmflossen mächtig gepaddelt haben, so schnell wie die heran- und wieder fort waren. Um die Kehlen herum hatten sie weißliche Blessen, so wie manche Pferde, auch wuchs ihnen eine dichte Pferdemähne auf dem Hinterhals. Große, neugierig wie auch bißchen töricht glotzende, blaue Augen hatten sie und kleine, schnappende Mäuler. Gequiekt haben sie auch, aber mehr wie die Kleinkinder greinen. Sahen auch gar nicht böse aus; getan jedenfalls haben sie uns nichts, nur interessiert beguckt, godsverdorri." Wieso die Tiere denn nicht irgendwie agressiv oder angriffslustig gewesen wären, wollte der interessierte Skipper von Willem noch wissen.
„Na, weil Dreckfranke die rettende Idee hatte! Verwahrt er doch auf Euer Geheiß Hansens Trompete in der Kombys auf, damit der Junge nicht ständig darauf herumtutet. Riß sie also flink vom Küchenhaken, schmiß sie zu Hansen hinaus und rief lauthals, der solle gefälligst kräftig wie anhaltend reintuten. Und Hans blies ganz brav, mit zitternden Händen und dick auf-

geplusterten Backen, schaurigschöne und richtig langgezogene Tonbänder, danach hüpfende, spritzige Kaskaden. Was den ollen Seeviechern ganz ersichtlich bestens gefiel und sie augenblicklich ruhigstellte. Schubberten sich also nicht mehr am Schiffsrumpfe. Wir hatten uns ja schon tüchtig weit übergelegt; seid Ihr denn dabei nicht aus der Dönze gerutscht? Es ist wahr, so wie ich hier vor Euch stehe – um die Musik richtig zu genießen, machten sie ihre Glotzaugen zu, senkten die Langhälse tief aufs Wasser hinunter, schienen bald auch richtig eingenickt zu sein. Etwa so, wie bei uns die Babys durch den Lalala-Singsang ihrer Ammen eingelullt werden. Somit hat unser Trompetenjunge die grauslichen Untiere musikalisch befriedet. Blasehans sollte er künftighin heißen", lachte Willem abschließend. Um fortzufahren: „Übrigens schienen die musikalischen Seeschlangen ihr Hauswesen in der großen, jetzt weitergezogenen Nebelbank zu haben. Denn mit jener sind sie vorhin achtern abgetrieben, wurden nicht mehr gesichtet. Schade eigentlich, daß wir keine solche Seeschlange fangen konnten." Dies klang jedoch eher erleichtert. VAN STRAATEN ging sofort darauf ein. „Na klar, und das nächste Mal Augen auf und nicht gezittert. Tauschlingen um den Langhals, dann hintendran ans Schiff binden. Bis Batavia kriegen wir sie bestimmt noch einigermaßen lebendig hin. Dann lassen wir unseren Blasehans im Hafen kleine Schaukonzerte mit Seeschlangentänzen vorführen. Ihr kassiert Eintritt, Heer Willem, denn solche Vorführungen könnten uns ein gutes Stück Geld einbringen", lachte der Skipper jetzt los. Der Schreiber aber zweifelte ernstlich daran, ob er klar gehört und VAN STRAATEN es auch wirklich damit ernst gemeint hatte. Und lange noch klönten die Männer auf der weiteren Fahrt von jenen Fabelwesen. Die so verstunken waren, daß selbst ihr Dauermiefling Franke nicht dagegen anstinken mochte.

Allein der die Seeschlangen ebenfalls verpaßt habende deutsche Reiseprediger (er hatte während des schaurigen Spektakels in der Kammer sein Reisetagebuch weitergeführt und sich nur flüchtig gewundert, warum das Schiff plötzlich so sehr krängte) war tüchtig vergnatzt. Denn als Luzifers scheußliche Kreaturen und Ausbund des Bösen verdammte er die harmlosen Tierchen. „Solches kann unser Gott, der Herr, mitnichten geplant, gewollt, geschaffen haben. Wozu auch, das Häßliche ist immer unnütz und dient keinesfalls der menschlichen Erbauung. Die Stinkviecher muß ihm der Teufel im Schlafe untergeschoben haben. Weil auch Gott, der Herr, mal ruhen muß." Na ja, wer's glauben wollte. Katherine jedenfalls und natürlich mit ihr der malle Bruder, schienen an Bord die einzigen gewesen zu sein. Die anderen lächelten verstohlen über den hartgesottenen Eiferer und deutschen Krümelkacker. Der aber bekam solches in seiner verbohrten Selbstgerechtigkeit gar nicht mit.

Steuermann Hindeloopen berichtete später einmal dem ihn am Ruder besuchenden Willem im Vertrauen folgendes: Er, Hindeloopen, wäre gerade mit einer Meldung an den Kapitän mitten in ein Streitgespräch geplatzt. Welches der in seiner Kajüte mit dem Prediger führte und das er etwa mit diesen Sätzen beendete, dabei den eifernden Gast rüde hinauskomplimentierend. Grundsätzlich werdend, habe er dabei mit geballter Faust zornig auf den Tisch gehämmert, dem scheu Zurückweichenden an den Kopf geschmissen: „Und was nun die vielgerühmte Allwissenheit Gottes anbelange, ist es wohl doch eher so, daß der Herr ohne Mühen alles und jegliches in der Menschen Welt vorwegwissen oder nachher durchschauen könne. Wenn er dies auch wirklich wolle. Aber mir scheint so, er will ja gar nicht alles wissen. Weil es ihn letztlich nur belaste. Wie sonst sollte man sich erklären, daß tagtäglich so vieles Böse und Üble auf Erden passiere. Welches ganz gewiß nicht im göttlichen Schöpfungsplane gestanden sei. Oder aber – es gibt ihn einfach nicht mehr. Will heißen, Gott schläft einen langen Tiefschlaf – oder auch, Gott ist tot! Es lebt nur noch sein schwerhöriger, uralt und tatterig gewordener Torpförtner Petrus samt Unmassen von wildgewordenen Engeln im Himmel. Von denen ein jeder macht, was er will. Da kann der Heilige Geist noch so zornig sein Gefieder sträuben. Und nur der allzeit rührige Teufel lebt munter dahin. Spielt seine schlimmen Spielchen mit uns Menschen, frei von jeglicher geistlichen Oberaufsicht durch den Alten Herrn. Na ja, auch mit diesem Teufel freilich ist nicht gut auszukommen. Denn wer mit besagtem Teufel speisen will, der braucht schon einen verdammt langen Löffel. Das weiß ganz sicher keiner besser als ich, mein lieber Herr, der ich nämlich schon desöfteren mit ihm zu tun hatte. Bin immerhin stets mit dem Teufel ganz gut hingekommen. Aber mit dem lieben Gott hatte ich noch nichts zu schaffen, reiße mich auch nicht gerade darum, ehrlich gesagt." Hindeloopen fuhr leiser fort, dabei mehr nach innen schmunzelnd:"Apage Satanas!" Mit solchem Schutzruf sei der entnervte, völlig aufgewühlte und sich nur mühsam beherrschenkönnende Magister aus der Kapitänskajüte förmlich hinausgeflüchtet. Dabei einen Psalm wider die Unfrommen vor sich hin murmelnd. Fortan suchte der Prediger, dem gottlosen Kapitän möglichst aus dem Wege zu gehen – soweit dies auf einem Schiff und beschränktem Bordraume überhaupt anging. VAN STRAATEN aber grinste jedesmal teuflisch hinter dem Magister drein; er behandelte ihn jedoch durchaus höflich und kulant. Denn schließlich war der ein zahlender Passagier und damit ein Geschäft. Nüchtern kalkuliert also auch eine Handelsware; es lebe der Kommerz. Und basta!

Samstagabend warfen sie auf der, wie immer vollbelegten, Reede von Batavia Anker; und am späten Sonntagvormittag verabschiedete sich dann ihr vom Kap her mitreisender Passagier von ihnen. Mit einer Predigt auf dem Schiffe. Denn solche hatte sich der eifernde Magister und Reisepriester vom Kapitän ausdrücklich erbeten. Der es ja bekanntlich gar nicht so sehr mit dem lieben Gotte hielt und daher auch nur unwillige Zustimmung brummelte. „Faßt Euch möglichst kurz, Edelachtbarer, die Männer haben nachher noch etwas anderes vor!" Für selbiges hatte der grienende Skipper nämlich bereits ein Halbdutzend Hafenhuren an Bord kommen lassen. Diese chinesischen und malayischen Mädels hockten jetzt schwatzend und kichernd bei Frankes Kabuse, wo der Kok schon aufgeregt umherwuselte. Nunmehr befahl VAN STRAATEN die Mannschaft aufs Vordeck und erklärte lautstark wie ungeniert seiner gespannt lauschenden Crew – deren Gesichter sich allmählich wohlig in die Breite zogen – daß er ihnen nach allen Mühen und Plackereien auf See auch mal wieder etwas wirklich Gutes antun wolle. (Sozusagen pro Nase ein kleines Viertelstündchen Sexualhygiene verordnend, wie sich Van den Valckert dem Schreiber Willem gegenüber recht abfällig äußerte). Daß er dieserhalb für jeden Matrosen einen Bums aus eigener Tasche bereits vorausgezahlt habe. „Aber für jeden weiteren müßt ihr dann schon selber aufkommen", donnerte er gutgelaunt weiter, „und die Herren Offiziere dürfen, so sie auch mal möchten, dafür in die eigene Tasche greifen; sie haben's ja auch bißchen reichlicher als ihr, nöööch?" Tosender Beifall seitens der Mannschaft. Inzwischen ließ Franke den doch einigermaßen verunsicherten Merkwürden rasch auf eine umgedrehte, leere Wassertonne steigen. Während die aufgekratzten Dienerinnen niederer Lüste den sie umdrängenden Matrosen fröhlich ihre sofortige Liegebereitschaft signalisierten – mit dem internationalisierten Sexzeichen, also steifem Daumen zwischen Zeige- und Mittelfinger. Drunten im Matrosenlogis sollte es dann zum löblichen Tun kommen; provisorisch waren schon ein paar Liegestätten auf verschlissenen Matratzen vorgerichtet. Aber zuerst kam der Ernst des Lebens. Indem sich nunmehr der Prediger zu einem donnernden Sermon „wider den steinigen Pfad der Sünde und greulicher Fleischeslust" aufschwang. Er hatte sich schnell gefangen und war wieder ganz der Alte. Seine weitgehend uninteressierten Zwangszuhörer stiegen derweil erwartungsfroh von einem Bein aufs andere, kratzten sich heftig vorne an den Hosen und fixierten ein ums andere Mal die netten Huren. Der sich wie stets abseits haltende Obersteuermann bemerkte zum Schreiber: „Das einschlägige Bibelwort von der vermehrenden Fruchtbarkeit klingt in Merkwürdens Munde eher nach einem ‚Seid furchtbar und wehret euch', wie?" Nachbar Willem lächelte versonnen. Und der feine Heer Cornelius goß weiter Öl ins Feuer: „Als der Kapitän vorhin rasch herumfragen ließ, ob seine Leute erst vögeln und dann beten oder das Ganze doch nicht lieber andersherum wollten, nämlich erst beten und dann vögeln – da entschieden sich alle wie ein Mann fürs Predigen zuerst. Was meint Ihr, warum?" „Ist doch klar", meinte Willem, „seht Ihr nicht, wie die sich schon wollüstig die Lippen beleckten und gierige Blicke zu den Mädels hinüberschießen. Es sucht sich doch schon jetzt ein jeder die passende Lustgefährtin für nachher aus. Und keiner hört mehr auf Merkwürdens frommes Gelaber. Dieser scheint die besondere Munterkeit unserer Männer zu guter Letzt auch noch für einen besonderen Achtungserfolg seiner weltfremden Ermahnungen und Drohungen zu halten. Wird sich am Ende sicherlich mit stolzgeschwellter Brust entfernen. Was ich aber jetzt auch tun muß, um Hansens

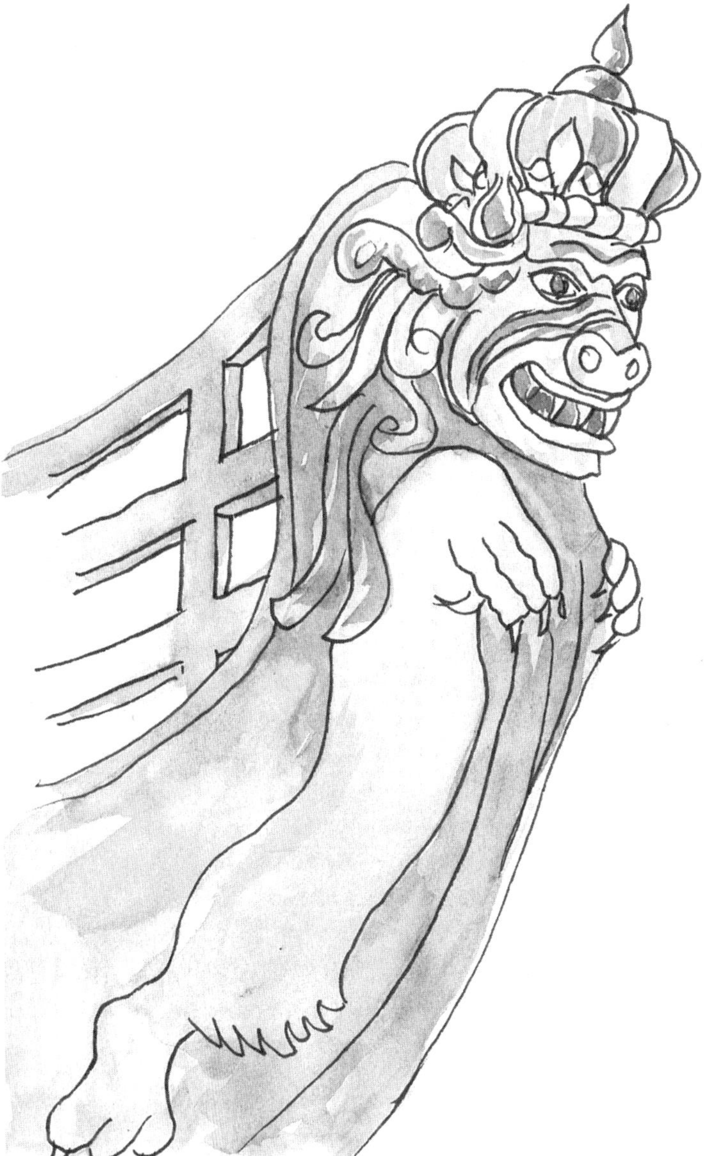

quäkende Trompetentöne und Frankes fistelnden Singsang wenigstens einigermaßen flott zu befiedeln. Empfehle mich also." Damit ging Willem ab und, seine bisher untern Arm geklemmte Geige hervorziehend, nach vorne. Hier stimmten diese drei fidelen Bordmusikanten nach Magisters endlichem Abtritt dann eine altholländische Kirchenliederfolge an. Darunter Kok Frankes Lieblingslied aus Zeiten des Großen Krieges im Reiche; dieses hatte er auf seinen Wanderungen mal in Süddeutschland aufgeschnappt und seither getreulich im Kopfe behalten:

"Der grimme Tod mit seinem Pfeil, tut nach dem Leben zielen. Sein Bogen schießt er ab mit Eil und läßt mit sich nicht spielen. Das Leben schwind wie Rauch im Wind, kein Fleisch mag ihm entrinnen, kein Gut noch Schatz findt bei ihm Platz: du mußt mit ihm von hinnen!

Kein Mensch auf Erd uns sagen kann, wann wir von hinnen müssen; wann kommt der Tod und klopfet an, so muß man ihm aufschließen. Er nimmt mit Gwalt hin Jung und Alt, tut sich vor niemand scheuen. Des Königs Stab bricht er bald ab und führt in an den Reihen.

Vielleicht ist heut der letzte Tag, den du noch hast zu leben. Oh Mensch, veracht nicht, was ich sag: nach Tugend sollt du streben. Wie mancher Mann wird müssen dran, so hofft noch viel der Jahren, und muß doch heint, weil d'Sonne scheint, zur Höll hinunter fahren.

Der dieses Liedle hat gemacht, von neuem hat gesungen, der hat gar oft den Tod betracht und letztlich mit ihm grungen. Liegt jetzt im Hohl, es tut ihm wohl, tief in der Erd verborgen. Sieh auf dein Sach, du mußt hernach, es sei heut oder morgen".

„Ach ja, der olle Smeerlapp", erinnerte sich jetzt auch Van den Valckert mit unfrohem Grienen und hielt nach jenem Ausschau. Mit knappem Kopfnicken schritt inzwischen der sichtlich aufgelebte und frei durchatmende Prediger an ihm vorbei. Begleitet nur von der ihn ehrerbietig hofierenden Katherine, die ihm sein umfängliches Reisegepäck nachschleppte. „Ja, ja, die Weiber", grunzte der Skipper, „waren zu allen Zeiten die treueste Gemeinde selbst des allerdümmsten Priesters." Auch malle Hans war mit des Deutschen Sachen schwer beladen, trottete schwerfällig nach. Er wäre wohl viel lieber mit den anderen jetzt ins Logis hinuntergestiegen, wo die vorhin angekündigte große Massenvögelei losging. Da aber hatte der suchende Obersteuermann den Kok endlich gefunden, winkte ihn zu sich heran. Machte dem leise Maulenden energisch klar, daß dieser – weil er eben Dreckfranke war und blieb – erst als Allerletzter drankommen würde. Weil „wenn du vorher da unten über die Mädels rutschen wolltest – also nein, das kann ich den Männern wirklich nicht zumuten, du verstehst mich doch? Dafür darfst du dann auch noch ein zweites Mal umsonst, bezahle ich für dich, capito?" Und ein schnell besänftigter Schiffskoch strebte jetzt, gutgelaunt und schmuddelig sowie laut vor sich hinsingend (ganz sicher kein Kirchenlied), Richtung Niedergang zum Logis. Dort stellte er sich folgsam ganz hinten an die sich rasch verkürzende Warteschlange, ungebetene Ratschläge freigiebig verteilend wie auch Herauskommende nach ihren Erlebnissen befragend.

Heutzutage würde man obige Handlungsweise des intelligenten Schiffsoffiziers gewiß unter der Rubrik „Besondere Qualitäten in Sachen Arbeitspsychologie und Menschenführung" seiner Personalakte zuordnen.

„Leute, wir sind von einem hierherum ansässigen, großen Orang kaja zum feudalen Gastmahl geladen." So rief es ein sichtlich erfreuter Kapitän am nächsten Tag seinen Schiffschargen zu. „Ich muß hier zwar leider mit dem Obersteuermann und dem Kabouter auf den Lademeister vom Hafenkontor warten. Auch benötige ich noch den Segelmacher sowie unseren Bootsführer. Aber die anderen sollten ruhig hingehen; und Ihr, Heer Hindeloopen, führt die Truppe an. Eßt möglichst keinen dickgekochten Reis oder diverse Gemüsesuppen. Ich habe schon erlebt, daß jemand hinterher an Darmbluten und Magendurchbruch elendiglich krepierte. Die hinterlistigen Landeseinwohner haben so ein probates Rezept, ungebetene Gäste langsam, aber schmerzvoll zu töten. Indem sie in die Speisen viele winzige Bambussplitterchen reinpappen und man das Teufelszeug unbemerkt mit hinunterschluckt. Mit katastrophalen Folgen allerdings, die sich erst Wochen später bemerkbar machen. Haltet euch also an klare Suppen, Obst und Fisch oder gebratenes Fleisch. Gleich draußen vor der Stadt, an der Waldgrenze, da liegt das Dorf des reichen Mannes (der wie alle seinesgleichen von den Eingeborenen kurz als Orang kaja bezeichnet ist)." Etwas zögerlich ob des Skippers durchaus ernstzunehmender Warnung, aber doch hinlänglich hungrig und erwartungsfroh, passierten die freigegebenen Seeleute also ins Dorf ein. Hans Blank hatte sich Willem gewohnheitsmäßig wieder angeschlossen und folgte ihm auf dem Fuße. Kaum hatten sich alle bequem auf Matten hingehockt, wurden sie in der stattlichen Versammlungshütte freundlich vom Großhäuptling begrüßt. Ein stetig lächelnder Verwandter von diesem dolmetschte einigermaßen geläufig. Und schon kamen mehrere Leute vom Hüttenvorplatz herein, die jeder einen kleinen, quicklebendigen Affen vor sich her trugen. Diese Äffchen waren mittels Halsband in ein geschlossenes Holzgitter so eingehängt, daß sie aufrecht angebunden waren, aber ihre Köpfchen nicht bewegen konnten. Mit allen übrigen Körperteilen zappelten sie aufgeregt und unruhig kreischend. Jeder der verdutzten Holländer bekam nunmehr, wie auch der Hausherr selbst, einen Affen vorgesetzt. Und ihnen wurde folgendes gedolmetscht: „Orang kaja sich freuen, Euch Herren ganz tüchtig Gutes vorzusetzen – Affenhirn! Müssen mit Wollust essen. Denn bei uns ist allergrößte Ehre, wo Gästen erwiesen wird. Weit über See haben Chinesen aus Heimat die Eßsitte mitgebracht. Ist es dort fürstliches Mahl. Glauben mir, Herren Holländer, Affenhirn schmecken gut. Köstlich, wenn man mit Zitronensaft anrührt. Nicht kochen – so gleich essen, werden sehen." Waaas? Entsetzte Gesichter bei den Weißen, aber lustvolles Lippenlecken der Eingeborenen. Auch Willem wurde um die Nase herum jetzt einigermaßen blaß. Inzwischen hatte der freundliche Dolmetsch mit seinem scharfgeschliffenen Kris (alle trugen sie hier diese Krummdolche im Gürtel) und präziser Handbewegung den armen Tierchen ihren oberen Teil der Schädeldecke vom festgekeilten Kopfe abgehackt. Was ihm ratzbatz von der Hand ging, vermutlich infolge langer Gewöhnung. Und mit Schaudern konnten die Europäer jetzt im Schädelinneren die Affengehirne zittern und zuckend pulsieren sehen.

Wobei die possierlichen Tiere ihre Skalpnahme vorderhand noch gar nicht so recht mitkriegten. Sie lärmten und bewegten sich nämlich weiter wie vordem, zeigten auch keinerlei größere

Schmerzreaktionen. Erwartungsfroh schaute der Obermalaye jetzt seine Gäste an, ergriff einen speziell gefertigten, langen Löffel – dünn und extrageschärft. Er tauchte damit in den offenen Affenschädel, holte sich mit flink drehender, schöpfender Bewegung dort die Gehirnmasse heraus. Führte den Löffel genießerisch zum Munde und ließ in selbigem den offensichtlichen Lekkerbissen verschwinden. Sein Gedeckäffchen war jäh verstummt und in sich zusammengesunken, wurde jetzt von Dienern hinausgeschafft. Draußen enthaupteten, brieten und verzehrten sie den entfellten Affen als sehr geschätzte Delikatesse. Drinnen wies der Dorfgewaltige, wohlig ächzend und die Augen rollend, mit betulicher Geste die sich ekelnden Europäer freundlichst an, es ihm gleich zu tun und aus ihren Äffchen die Gehirne zu lutschen. Da halt nichts anderes auf der Speisekarte stand, wie Jacobzoon mißfällig anmerkte, mußten diese sich nun – um des lieben Friedens willen und auch, um nicht das Gesicht zu verlieren – ans schaurige Mahl machen. Mühsam lächelnd und mit zugekniffenen Augen schluckten sie das Zeugs hinunter. Nur gut, daß es extra für sie genügend Arrak gab. Nur für die Gäste, versteht sich! Denn die hiesigen Malayen waren ja Moslems, und die trinken keinen Alkohol. Ist ihnen strikt verboten worden, von ihrem großen Propheten Mohammed. Der aber kannte seine Pappenheimer gut. Und erlaubte ihnen auch schon mal Alkoholgenuß in genau vorgeschriebenen Ausnahmefällen, bei Verdauungsstörungen etwa oder als Medizin bei diversen Gesundheitsbeschwerden.
Also konnten die arg belämmerten Europäer das dammliche Affenhirn mit genügend Schnaps herunterspülen. Dem Gastgeber zuliebe auch noch so tun, als ob es ihnen allen ausgezeichnet mundete. Na ja, lieber einen Kloß im Halse, als gar nichts zu kauen. Nur der biedere Suput muffelte verstört vor sich hin: „Also, Auster in der Schale habe ich schon geschlürft, hat auch schleimig genug geschmeckt, das Gelump. Aber Affen das Gehirn auslöffeln, ist mir wirklich neu. Worauf die Leute doch nicht alles kommen. Tja, es gibt halt immer ein erstes Mal. Andere Länder – andere Sitten." Daraufhin besoff er sich sinnlos am freigiebig dargereichten Arrak, der einer aus Java und daher von besonders feiner Qualität war. Neidisch schaute der Orang kaja ihm zu. Willem schien es, daß er seinem Dolmet-

scher winkte, und die am Schluß noch viertelgefüllte Flasche heimlich wegstellen ließ. Vielleicht hatte er plötzlich Magendrücken bekommen und wollte das Leiden nachher, alleine mit sich und der Pulle, auskurieren? Nach herzlichem Abschied, beim Abmarsch im Kriechgang schwankender Gestalten, kicherte Willem ständig vor sich hin. Denn er war ja, wie sie alle, reichlich alkoholisiert. Am Schiffsliegeplatz meinte er dann lallend zum ihn staunend betrachtenden Schiffsjungen, der ja Trinkverbot hatte: „Wenn mal jemand dem ollen Suput sein Gehirn solcherart auslöffeln wolle, bräuchte es keine Zitronenwürze. Denn die lebenslange Aufsaugung von Spirituosen aller Art und in großen Mengen würde sicherlich Geschmacksrichtungen vorgeben, welche an eine total verrußte Schnapsdestille erinnern, hahaha!" Jedoch malle Hans verstand ihn nicht; und von den anderen wollte keiner so recht von Herzen mitlachen. Suput selber kotzte, für alle hörbar, an einem Hafenpoller dröhnend ab.

Nur der Skipper wollte sich später halbtot lachen, als sie ihm, wieder einigermaßen ausgenüchtert, ihr abscheuliches Essenserlebnis verklarten. „Daß ich auch immer das Beste verpassen muß!" Zum größten Entsetzen Katherinens wie auch seines vornehmen Obersteuermannes, schrie er alsbald laut zum Kok in die Kombys hinüber, daß Schmuddelfranke demnächst hier an Bord einmal solche Delikatesse zubereiten müsse – und zwar Affenhirn gebacken und paniert. Was nicht nur diesem, sondern auch allen Umstehenden sogleich wieder tüchtig auf die Mägen schlug. Nur dem robusten Skipper nicht. „Und nicht vergessen, Franke, mir eine Doppelportion, in schöner fetter Butter schwimmend, auf Buchweizengrütze serviert. Hajaß, das wird mal wieder ein schönes Freßchen, was mein Schatz?" Doch als er sich ausgemistet und zu Katherine umgedreht hatte, war die schon kreidebleich an die Reeling getaumelt, wo sie herzzerbrechend würgte und spie. „Nicht gegen den Wind spucken, sonst kriegst du alles zurück," riet er ihr gutgelaunt. „Dann mußt du nämlich alles nochmal runterschlucken – kriegst es dafür schön vorgekaut und gewärmt", feixte er noch und ging ab. Katherine stolperte ihm mundabwischend hinterdrein. Seine Männer aber wurden späterhin zumeist fuchtig, wenn einer sie an das große Affenhirnessen erinnerte. VAN STRAATEN jedenfalls tat es gemütsroh des öfteren und gerne.

Mit dem Einlaufen seines Schiffes DE EENHOOREN brachen ansonsten für Schreiber Willem turbulente Zeiten an. Über Mangel an Arbeit konnte er sich wahrlich nicht beklagen. Vom Obersteuermann bekam er den fixen Franzosen Jehan als Hilfskraft fürs Grobe zugewiesen. Der Skipper aber ging, wie gewöhnlich in Häfen, seine eigenen und manchmal recht verschlungenen Wege. Bemühte sich auch sehr, die Hafenliegezeit so kurz wie möglich zu halten und die Beladung seines Schiffes beschleunigt voranzutreiben. Doch waren immerhin zuvor eine Menge an Formalitäten sowie umfangreicher Papierkrieg jeder Art zu bewerkstelligen. Was er nämlich gar nicht liebte. Als erster kam der Fiskal von der hier unten schier allmächtigen Handelsgesellschaft an Bord, vereinnahmte das Schiffsjournal sowie alle Briefschaften, Geschäftspapiere und dergleichen. Zur Kontrolle und Einsicht! Da war dem stöhnenden Schreiber der feine Heer Cornelius eine wirkliche Hilfe. Zumal er ihm im Verlauf der regen Geschäftstätigkeiten vieles erklären konnte, auch gewisse politisch historische Zusammenhänge weisen. Dabei manches Wissenswerte zu Land und Leuten Ostindiens beisteuernd. Unterstützt wurde er dabei von einem alten Geschäftsfreund seines Vaters, dem hiesigen Oberkaufmann und Vertreter des Compagnieresidenten, Mynheer Jodokus Bei den Söderstrant. Der rückte mit einem ganzen Stab von Unterkaufleuten, Handelsassistenten und Volontären, Schreibern sowie eingeborenen Tagelöhnern an. Um die Warenmenge und Verladung kritisch prüfend zu begutachten, wie auch penibelst protokollieren zu lassen und alles zu beaufsichtigen. Schlitzohr Jehan hatte sich in einer günstigen Stunde vom Skipper – dem alles solches ein Greuel war – frechfröhlich dem geplagten Schiffsschreiber als freiwilliger Helfer zuteilen lassen „um etwas vernüftiges fürs Leben zu lernen". Worüber der ansonsten recht mißtrauische Schiffsführer sich freute und seinen eher muffligen Leuten den rührigen Mann als Vorbild hinstellte. Dabei aber gar nicht mitbekam, daß dieser sich nur vor der anfallenden Schwerarbeit im Hafen drücken wollte.

Zwar ist VAN STRAATEN als alleiniger Eigner seines Schiffes einer der wenigen freien Kapitäne und Händler gewesen, welche bis zu einer, von den scharf rechnenden Amsterdamer Compagnieoberen genau festgesetzten Obergrenze, ihre persönlichen Unternehmungen durchführen durften. Aber da er als Frachtschiffer letztlich doch auf Cargo für die Handelsgesellschaft fuhr, war er dieser dann hauptsächlich verpflichtet. So mußte er also auch stets einen Teil seiner Besatzung auf Liegedauer ans Handelskontor der Hafenmeisterei abtreten. Wo die murrenden Leute mit Ladearbeiten auf anderen Schiffen oder in Hafenspeichern andauernd beschäftigt wurden. Sie führten dabei zwar meistens nur die Oberaufsicht über das Heer der eingeborenen Schauerleute. Ihre ersehnte Freizeit mit käuflicher Liebe und billigem Suff in den lockeren Hafenschänken war jedoch dadurch sehr eingeschränkt. Die schwersten Be-und Entladungsarbeiten (eine in dem feuchtheißen Klima äußerst üble Schufterei) führten allerdings tagelöhnernde Chinesen aus. Immer fröhlich und dienstbereit, wild durcheinanderschnatternd und laufend in Trab, nur mit zerschlissenen Leinenhosen und Kopfschutz versehen, schleppten sie die schwersten Lasten ohne Murren. Tagelang am Laufseil ziehend oder über wackelige Bootsstege trabend, taktmäßig rufend oder eintönig singend – und für alles nur einen wahren Hundelohn kassierend. Doch waren sie offenkundig stolz auf ihr hartes Gewerbe. So wenig einträglich dieses auch ist, vererbte es sich in den Familien dieser im Holländerdienst stehenden Chinesen vom Vater auf den Sohn fort. In ihren verzweigten Sippen und Großfamilien herrschte strenge Zucht und Ordnung; das alleinige Sagen hatten die Alten, und die Jungen kuschten. Nach außen hin waren sie mit ihrem bescheidenen Leben zufrieden, und sie bezeichneten sich selbst hochmütig als die Orang lamma, als die alten, erfahrenen Menschen und Hafenleute. Motto: „Alte Leute wissen schon!" Die flinken Chinesen waren also eine gewisse Macht im Hafen. Und sie blickten denn auch verächtlich auf alle Berufsneulinge, eingeschlossen die wenigen Europäer unter diesen (welche meistens verschnapste Asoziale oder kriminelle Elemente waren). Abschätzig betitelten sie jene als die „Orang baro, tita tau." Was soviel hieß wie „der neue Mensch, weiß nichts und kann nichts". Somit existierte selbst unter diesen Ärmsten der Armen eine straffe, und zwar von ihnen selbst eingeführte wie streng eingehaltene, Hierarchie. Als eine ungeschriebene, aber genauestens eingehaltene Rangordnung, was Europäerneulinge dort unten sehr verwundert zur Kenntnis nehmen mußten.

Und schwer aufliefen, wenn sie diese, wohl meistens unbewußt oder manchmal auch mitleidig tröstenwollend, unterliefen...

Ein bis heute geheimnisumwitterter deutscher Buchautor und Anarchist des frühen 20. Jahrhunderts, hat dieses Phänomen des herben Proletarierstolzes dann einmal sehr treffend formuliert. Und zwar in seinem vielgelesenen, vieldiskutierten Seefahrtsbuch vom Totenschiff: „Keiner wohl äußere sich abfälliger, mißgünstiger, neidischer seinem Mitproleten gegenüber und ist überhaupt dessen größter Feind, als der hart geschundene Prolet selbst." Soweit sinngemäß hier nacherzählt. Der Mann hatte recht!

Neben vielen anderen, teils exotischen Details, erfuhr der wißbegierige Schiffsschreiber von den zahlreichen und gerne erzählenden (weil sich so endlich einmal wichtig fühlen dürfenden) Compagnieangestellten auch dies:

Im Jahre 1610 transportierte eines der dickbäuchigen Handelsschiffe von Batavia aus die allerersten Teeblätter in eingenähten Stoffsäcken nach den heimischen Niederlanden. Die neue, exotische Handelsware wurde auf Java von aus Japan kommenden Chinesendschunken umgeladen. Nach einigen Jahrzehnten sogar zum Exportschlager sowie bis Mitte 18.Jahrhunderts zum wichtigsten Transportgut der Compagnie. 1636 brachten die Holländer ihren Tee nach Frankreich, ein Jahr später ins weitere Europa und 1638 machte dann auch Rußland erste Bekanntschaft mit seinem später so unentbehrlichen Tschai. Angeliefert wurde dieser allerdings zunächst auf dem beschwerlichen Landweg über Indien und Afghanistan, mittels ganzer Teekarawanen. Das aromatisch belebende Gebräu von den Blättern des fernöstlichen Teestrauches fand bezeichnenderweise aber im stets konservativen England nur sehr zögernden Anklang. Erst 1650 kamen die ersten Teeballen hierher. Sie wurden zu Höchstpreisen in vornehmen Gesellschaftskreisen angepriesen; vorzüglich jedoch als Arzneimittel verwertet. Mit schikanös hohen Steuern und massiven Importzöllen belegt, wurde Tee dann zumeist ins Land hineingeschmuggelt. Langsam verdrängte er den bis dato auch hier beliebten Kaffee und wurde endlich auch von den Briten landesweit akzeptiert. Zu dem allgemeinen wie aus dem Alltagsleben bis heute

"Weiber an Bord, bringen Ärger und Mord!" Dieses mußten dann Skipperliebchen Katherine sowie ihr etwas maller Bruder Hans Blank leidvoll erfahren. Denn daran, daß mitreisende Frauen oder Mädchen (übrigens auch Priester) nichts, aber wirklich nichts, Gutes für Schiff und Besatzung bedeuten, glaubten alle Segelschiffsmatrosen früherer Zeiten ganz fest. Genauso wie an den wohl unvermeidlichen Bordkobold zur See, einen zwergenhaft gespenstischen Klabautermann. Und auch, daß die Ratten ein sinkendes Schiff kurz vorher fluchtartig verlassen würden. Wonach bitte zu richten...

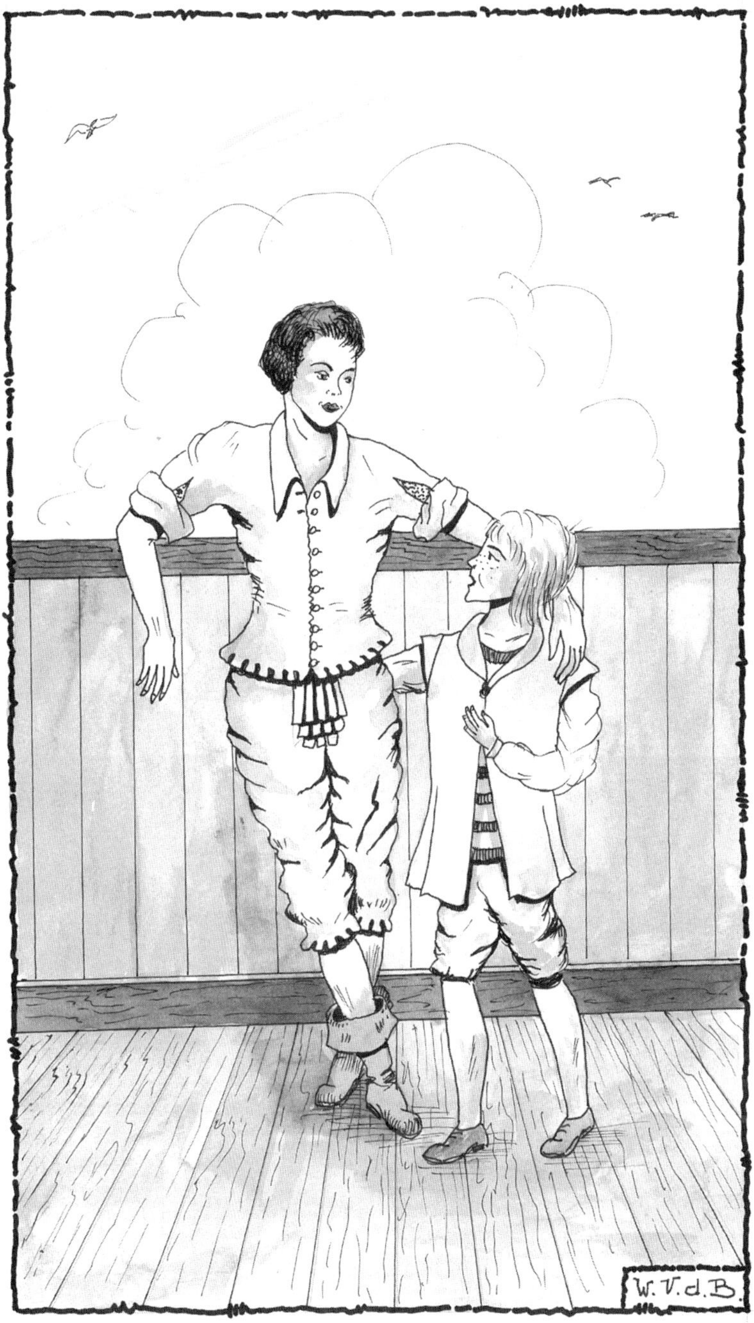
W. V. d. B.

nicht wegzudenkenden, britischen Nationalgetränk avancierte der Tee dann in der ersten Hälfte des 19.Jahrhunderts. Londons renommierte Kaffeehäuser machten reihenweise pleite oder stellten um – und sich der bisherigen Stammkundschaft als neuinstallierte Teestuben oder, vornehmer, Teehäuser vor. Es entwickelte sich schnell eine ganze Industrie um den Teegenuß sowie dessen Zubehör usw. Teetrinken und Teegebräuche institutionalisierten und ritualisierten sich unlösbar fest durch alle Gesellschaftsschichten des British Empire. Und so ist es auch im Wesentlichen bis heute geblieben.

(Aber dieses hier nur so ganz nebenher gesagt. Weil es seinerzeit ja weder vom höchst ehrenwerten Mynheer Bei den Söderstrant und seinen Koofmichs, noch von Willem oder von Jehan vorherzusehen war.) „Weshalb hier so viele Menschen zwar rote Lippen, aber total verschwärzte Zähne haben?" Auf diese berechtigte Frage Jehans antwortete einer von den servil um ihren hohen Chef herumschwänzelnden Handlungsgehilfen: „Ja, das kommt vom lebenslangen Betelnußkauen der Eingeborenen." Besagte Betelnüsse wären ein begehrter Handelsartikel, weil für die Malayen geradezu lebenswichtig. Betelnüsse wachsen büschelartig in den Wipfeln ihrer Betelbäume, sind etwas größer und runder als Muskatnüsse. Diese Betelnüsse werden aufgeschnitten, mit Kalk bestrichen und geweicht (deshalb auch die stets am Leibe mitgeführten Kalkschachteln oder -taschen), in frische Betelblätter gewickelt in den Mund geschoben und dann ebenso genußvoll wie speichelanregend gekaut. Schmekken zwar etwas säuerlich und erzeugen bei noch ungeübten Kauern leichte Schwindelgefühle. Halten aber die Zähne ohne weiteres Putzen (hierzulande unbekannt) schön sauber und pflegen auch das angegriffene Zahnfleisch. Willem wollte jetzt noch wissen, wo einige der gehandelten Gewürze herkämen. Bereitwilligst wurde ihm geantwortet: Daß auf den fernen Gewürzinseln der Molukken, auf Banda und dem noch weiter entfernten Mindanao die reichhaltig bestückten Muskatnußbäume wachsen.
Wie auch solche „ob Ihr's nun glauben wollt oder nicht" mit Gewürznelken. Sie würden dort gepflückt und gesammelt, denn „unsere Compagnie hat darüber das Monopol". „Und sie wacht

streng darüber, daß ja kein anderer Handelsmann sich dieser begehrten Waren etwa bemächtigt – es sei denn, er ist von uns dazu befugt worden." Wo sie aber nicht ganz sicher wären, daß an etlichen Orten auch andere Sammler tätig sind, ließen die Holländer von Matrosen und Soldaten lieber ganze Waldungen solcher Gewürzbäume einfach umhauen, die Früchte dann am Boden verrotten. „Solcherart halten wir uns die Schmutzkonkurrenz vom Leibe", grinste der windige Kommis und alle übrigen Ladenschwengel lachten laut. Die hart schuftenden Matrosen der Schiffe wie auch die Compagniesoldaten durften sich als Lohn für ihre Mühen – und natürlich in erster Linie, um den befürchteten Schmuggel zu unterbinden – so einige Pfunde von all den guten Sachen privat abpflücken oder auflesen, „denn zur Erntezeit liegen sie in dicken Haufen auf der Erde, daß einer nur zugreifen bräuchte." Durften sie sich also in die eigenen Taschen stecken. Welche dann auch immer groß genug ausfielen. Die Männer mußten ihre gehäufelten Spezereien aber in Batavia zu einem von der Compagnie festgesetzten Mindestpreis wieder verkaufen. So mancher gewitzte Seemann suchte deshalb seine Gewürzschätze auf heimfahrende Retourschiffe zu schmuggeln, um sie dann in Holland zu Höchstpreisen zu verscherbeln. Wenigen gelänge dieses auch; viele weitere aber resignierten wegen der gefürchteten Strafandrohungen für solches handelsschädigende Tun.

"Nur sind leider", griff jetzt der edelachtbare Mynheer Oberkaufmann in den Disput ein, „nicht wenige unserer Schiffskapitäne ebenfalls sehr raffgierig geworden. Weil sie nämlich unterwegs, auf See oder in Zwischenhäfen, aus der ihnen reichlich gewährten Kajütenfracht auf eigene Rechnung Geschäfte tätigen. Und dabei meistens die unwissenden Gewürzkäufer tüchtig übers Ohr balbieren. Indem sie beispielsweise durch eingeweihte Matrosen (die dann auch ihr Scherflein davon abkriegen) die Ware sorgsam abwiegen lassen und vom Handelspartner begutachten. Danach aber im Laderaum, oder sonstwie in Abwesenheit des Käufers, die gute Hälfte der Gewürznelken aus den Tonkrügen, wo sie eingefüllt waren, wieder entnehmen lassen, die Krüge mit Wasser auffüllen. Sodaß die Nelken schnell mächtig aufquellen und die Gefäße wieder bis über den Rand hinaus füllen. Hernach schaut es also stets so aus, daß der Käufer für sein gutes Geld auch reichliche Ware erhielte. Und er gut bedient worden sei, obschon man ihn schändlich betrog. Was sich inzwischen überall herumgesprochen hat. Und deshalb die eingeborenen Geschäftsleute wie auch die fremden Schiffskapitäne viel lieber mit Arabern, Engländern, Spaniern und Portugiesen handeln wollten. Weshalb wir Holländer leider arg in Verruf geraten sind." „Und Euer geschätzter Kapitän", flüsterte ein geschmeidiger Handelsassistent Willem schnell noch abschiednehmend ins geneigte Ohr, „der ist auch kein Guter, überall bekannt als einer von genau dieser üblen Sorte Geschäftemacher wie Geschäfteverderber. Nur nachweisen konnten es ihm die Compagnieoberen bisher nicht. Aber auch der halbgefüllte Nelkenkrug geht nur solange zu Wasser, bis er bricht." Willem schaute sehr betreten zu Boden, während der hohe Dienstvorgesetzte des petzenden Gehilfen zwar beflissen weghörte, aber sehr bestätigend mit dem Kopfe nickte. VAN STRAATEN müssen die Ohren geklungen haben!

„Geh dorthin, wo der Pfeffer wächst, Taugenichts." Solch zornige Ermahnungen hatte sich Willem viele in jüngeren Jahren von seinen geplagten Eltern anhören müssen. Und nie geglaubt, daß er einmal wirklich dahin gelangen würde. Jetzt aber stand er staunend und niesend vor riesigen Haufen von reifenden Pfefferschoten, vor Fässern und Säcken voll gemahlenen Pfeffers, inmitten fremdartiger, dunkelbrauner Menschen, in einem feuchtheißen fernen Tropenland am Ende der Welt. Im geräumigen Warenspeicher der „Vereenigde Oost-Indische Compagnie", in deren fernöstlicher Residenz- und Hafenstadt Batavia auf der Insel Java; und er konnte sich nur noch staunend um sich selber drehen. Besagter Pfeffer wuchs hier unten also in Massen. Wobei der beste Pfeffer – so hatten es ihm die begleitenden Kaufleute von der Compagnie eben erklärt – jener war, der von der fernen Malabarküste hereinkam. Wo aber leider derzeit die konkurrenzneidischen Engländer residierten und auch das Handelsmonopol hatten. Dafür holten sich die Holländer eben ihren Pfeffer in Größenordnungen von Bencouli an der Westküste der Nachbarinsel Sumatra. Denn auf dessen Ostseite, in Jamby (über See so etwa 80 Meilen von Batavia entfernt) und nahe des dortigen Königspalastes, befindet sich das alte Holländerkontor – fest und sicher an die Hochufer eines

Flusses hingebaut. Von dorther brächten Schiffe dann den zwischengelagerten Pfeffer hierher. Ebenfalls den dort angebauten Reis sowie indianische Baumfrüchte und einigen Zimt. An Haustieren hat man dort, ähnlich wie hier auf Java, größere Herden Rindvieh, jedoch weniger Schafe und Ziegen. An Geflügel gackern hier wie dort Enten und Hühner herum (Gänse hielten sich erstaunlicherweise nicht). Pferdezucht existiere aber wegen des höllischen Klimas nicht. Und Schweinehaltung betrieben, neben europäischen Farmern, nur noch die zahlreichen Chinesen, weil Schweinefleischgenuß den gläubigen Moslems streng verboten war. Daneben wurde natürlich an den Küsten und in allen Flüssen ein reger Fischfang betrieben, wovon viele der Eingeborenen lebten.

An wilden Tieren aber kämen vor: „der schreckliche, unglaublich starke und wütige Rhinozeros" (dem die abergläubischen Malayen Zauberkräfte zuschrieben), gefährliche und reißende Tiger, furchbare Crocodile, auch Caimans genannt (welche selbst für Musketenkugeln undurchdringliche Lederhäute haben), kleinere Makaken-Affen, die ganz lieb und zutraulich seien. Und viele Arten kleiner, giftiger Vipern wie auch scheußlich großer Würgeschlangen. Überall im dichten Dschungel schrillen die emsigen Nashornvögel. „Den großen Olifantus, auch Elephant benamt, gibt's hier auch." Doch sei dieser kein heimisches Tier, sondern würde über See aus Indien herangeführt, für schwere Arbeiten als Transportmittel genutzt. Mit seinem mächtigen Rüssel schleppte er riesige Baumstämme mit Leichtigkeit und sei bei guter Pflege auch sehr langlebig. Schließlich sollten noch die legendären „Orang hutan" erwähnt werden, von denen man nicht genau weiß, ob es (wie die Europäer meinten) sich dabei um große Affen handele. Oder ob es wirklich die Nachfahren in die Urwälder geflüchteter früherer Plantagensklaven seien, welche dort dann das Sprechen verlernten und sich nur noch laut brüllend oder leiser grunzend verständigen könnten. Die aber Menschen wütend anfallen, wenn sich selbige ihren Nestern auf den Bäumen Borneos oder Sumatras näherten. Solches jedenfalls sagten die Malayen; und sie sprechen von den rotbraun beharrten, bis zu zwei Meter großen Riesenwesen sehr ehrerbietig als von den Waldmenschen oder auch Wilden Menschen. Von diesen sollen viele in größeren

Sippen auf der ansonsten unbewohnten Insel Engeno hausen, so an die vierzig Meilen von der Sundastraße gelegen. Bisweilen sei auch schon versucht worden, dort welche einzufangen und heranzuschaffen, jedoch leider erfolglos. Schließlich trieben in den unermeßlichen Dschungelwäldern noch große, vergiftete Salamander ihr Unwesen. Diese infizieren sogar Bäume, Gesträuche und Gräser dergestalt mit ihrem Körpergift, daß sich schon so mancher arme Matrose oder Soldat beim Holzhauen daran ansteckte und schmerzhafte wie langwierige, manchmal unheilbare, Hautkrankheiten davontrüge. Aber auch von feuerspeienden, kriechenden Drachen flüsterten die Eingeborenen scheu. Doch scheine dies wohl mehr in das nicht nachvollziehbare, geheime Märchen- und Mythenwesen dieses an sich schon unheimlichen Landstriches zu gehören. Europäern bliebe das jedenfalls verschlossen.

Zum Trinken nutzen die hiesigen Muslime nur sauberes Wasser, wurde Willem und seinen Begleitern berichtet. Von den Chinesen wüßte man es nicht so genau. Doch hätten diese trinkbare Reisweine und auch einen hochprozentigen Reisschnaps, welcher warm genossen würde. Jehan schüttelte sich „Igitt". Auf derlei flüssige Rauschmittel die Sprache bringend, erfuhren die Neulinge, daß von den Holländern ein gewisser Saft aus Palmblättern destilliert und als leicht vergorenes Rauschgetränk für Europäer hergestellt würde. In der Malayensprache „ajar putih" geheißen, von den Matrosen als Hauptabnehmer vereinfacht dann Aireputi benannt. Was wohl nichts anderes heißt als „Weißes Wasser". „Ein schönes Wässerchen", griente einer der Handlungsgehilfen: „diesen Palmsaft tropfenweise vom Baume abzapfen, dann noch etwas stehenlassen, bis sich die Flüssigkeit trüblich verdickt, und dann kann sich einer schön langsam damit betrinken." Quermäulig und verlangend fletschten alle die Zähne, als spürten sie das Zeugs schon hinterrinnen. Schneller geht es mit dem Besäufnis allerdings über den vielerorts gebräuchlichen, aber ganz unterschiedlich hergestellten Arrak (auch Arack, Rak, Raki). Der Sprache nach arabischer Herkunft. Ein hochprozentiges Branntweindestillat von bis zu sechzig Umdrehungen. Hergestellt entweder aus Rohrzuckermelasse (also den Rückständen aus der Zuckergewinnung), aus vergorenem Reissirup mit Beimengung von Anis, oder aus dem vielge-

rühmten Toddy, einem Kokospalmensaft. Nämlich ein, zwei, gar dreimal abgezogen und feurig destilliert, wird er so zum scharfen „aqua vitae", Wasser des Lebens! Was der Rum für Westindien und die Karibik, das ist der Arrak für Vorder- und Hinterindien, Ceylon und das heutige Indonesien gewesen. Wobei der berühmte Batavia-Arrak – matrosenumgangssprachlich auch als Java-Rum bekannt – die allerbeliebteste und wohl auch weitverbreitetste Brennung war. Bei den Europäern besonders durch sein feines, nachhaltiges Aroma wie seinen langdauernden Nachgeschmack sehr begehrt, färbte er sich aber durch die Lagerung in Eichenholzfässern von einer weißlichklaren Spirituose allmählich mehr ins gelbliche hinüber. Was dem guten Geschmack an sich keinen Abbruch tat. Die Erzeugung von Arrak hatten zwar seit altersher die rührigen Chinesen übernommen. Auf den Vertrieb jedoch beanspruchten die herrschenden Holländer das Zwangsmonopol. Was nun wiederum den Trinkern völlig egal war. In Fässer abgefüllt, ist der Arrak schließlich ein weithin bevorzugtes sowie breitgestreut ausgeliefertes Handelsgut, wird in größeren Mengen aus Ostindien herausgebracht – ist aber wegen des etwas komplizierten Herstellungsprozesses nicht so ganz billig. Daß eben die Matrosen auf den Schiffen der Compagnie wie auch die Soldaten auf den Inseln davon nichts bekamen. Sondern zu ihren täglichen Schnapsrationen der ordinäre Oude Genever diente, also der beißende Klare von der holländischen Küste. Den Leuten war's schnurzpiepe; Hauptsache es rollte ein scharf nachbrennender Schnaps durch ihre allzeit durstigen Kehlen!
Zwischen seinen schweißtreibenden Schreibarbeiten auf dem Schiffe und auf seinen häufigen Geschäftsgängen durch Hafen und Stadt Batavia, erfuhr Willem (dem bekanntlich Jehan und meist auch noch Hans Blank nachtrabten) so allerhand für ihn Neues und Wissenswertes über Land, Leute und Leben hierherum. Auf des Kapitäns Seekarte hatte er eingetragen gefunden, daß sich die große Hauptinsel Java auf dem 6. und 7. Grad latitudo merid. (Breitengrad) sowie vom 147. bis 157. Grad longitudo (Längengrad) befindet, ca. 150 Meilen in der Länge, aber teilweise nur 20 bis 30 Meilen breit ist. Von der großen Nachbarinsel Sumatra nur durch die schmale und gefährlich zu segelnde Sundastraße getrennt, umgeben von noch anderen

großen ostindischen Inseln. Wie dem massiven Eiland Borneo, von Celebes, den Molukken, Timor und vielen,vielen weiteren kleineren Inseln. Die weltläufigen Fernhandel betreibenden Portugiesen herrschten früher nur über einige Stützpunkte hier. Hingegen die zielbewußten Holländer sich dann mit gewohnt harter Faust über viele Inseln hin ausbreiteten – und ein wahres tropisches Inselparadies im Laufe der Jahrhunderte „verholländerten". Mynheer Obersteuermann berichtete dem Schiffsschreiber, daß Java zwar eine holländische Kolonie wäre, sich deren Gouverneure und General-Residenten aber schriftgültig mit dem einheimischen Fürstengeschlecht der Könige von Bantam fest verbündet hätten. „Na ja, was bei denen alles so König heißt!" Und deren Königsstadt Bantam liege etwa zwölf Meilen westlich des von den umsichtigen Holländern zum festen Bollwerk uneinnehmbar ausgebauten Batavia. Sicher ist eben sicher! Es gäbe auch noch ein zweites, fast ebenso mächtiges, Königreich in der Nachbarschaft. Mit welchem ebenfalls bindende Freundschaftsverträge abgeschlossen seien – das ca. sechzig Meilen entfernte Japara. Dort regiere ein Mantaram, oder aber Kaiser „ist zwar idiotisch, doch den nennen sie eben so." Jener herrsche dazu noch über weitere Inselreiche, wie Madura u.a. Batavia aber liege, strategisch gesehen, sehr günstig zwischen diesen beiden, traditionell heftig verfeindeten und sich desöfteren auch bekriegenden, Eingeborenenreichen. „Unsere klugen, weit vorausschauenden Residenten nutzen das weidlich aus", denn sie hetzten immer wieder die feindlichen Fürsten aufeinander. Nach der altrömischen Devise verfahrend „Teile und herrsche", zogen sie in ihren Handelsbeziehungen allergrößten Nutzen daraus. Der hiesige Menschenschlag – das konnte der Schreiber deutlich sehen – war von recht stabilem Körperbau. Nicht groß, doch stämmig untersetzt die Männer, graziler und häufig auch zierlich (soweit sie noch sehr jung waren, denn sie alterten doch erschreckend bald, wurden häßlichfettig) die Frauen. Alle von schwarzbräunlicher Färbung. Sie sind überwiegend Muslime, essen kein Schweinefleisch, meiden den Alkohol und sprechen, zumindest im holländischen Einflußbereich, eine malayische Umgangssprache. Obwohl sie ja eigentlich keine echten Malayen sind, wie der beschlagene Mynheer Bei den Söderstrant zu Willem sagte.

Welcher diesem und Jehan noch folgendes erläuterte: Das Holländerkastell, die Stadt nebst ihren Vororten (von Einheimischen, in zunehmender Zahl auch von einwandernden Chinesen bewohnt) sowie die umfänglichen Hafenanlagen – alles das ist hoch am Fluß und diesen entlang errichtet. Ursprünglich war sie Hauptort des gleichnamigen Eingeborenenkönigreiches Jacatra. Und hierher hatten, nach flüchtiger portugiesischer Stippvisite, die zuerst und andauernd im gesamten indischen Raum präsenten, fortwährend kräftig expandierenden, Engländer gefunden. Da sich diese westwärts des großen Flusses ansiedelten, bauten die wenig später hier eintreffenden Holländer ihre Handelsniederlassung eben auf dem Ostufer. Von den sich bereits als Hausherren fühlenden Briten wurden sie argwöhnisch beäugt und ob ihres schon ziemlich starken Handelsvolumens auch beneidet. Deshalb begannen die keineswegs zimperlichen Vettern von jenseits des Kanals (unter der Devise „Right or wrong – my country" schufen sie sich bekanntlich ihr seebeherrschendes, weltumspannendes Imperium), mit Hilfe des von ihnen aufgestachelten Bantamkönigs, die Holländer mit Krieg zu überziehen und ihre Flußseite zu belagern. Diese aber kleckerten nicht, sondern klotzten sofort zurück, schickten eines ihrer großen Kriegsschiffe und danach gleich eine ganze Kriegsflotte, nebst vielen Soldaten und Kanonen, zum Entsatz hierherunter. Nachdem diese in mehreren harten Gefechten siegreich waren, vertrieben sie die ungeliebten Engländer und unterwarfen die einheimischen Völkerschaften. Wobei aber leider die schöne Stadt Jacatra ruinös abfackelte („waren eben rauhe Zeiten, dazumal"). Sodaß die Holländer später eine neue Stadt und mächtige Festung sowie erweiterte Hafenanlagen an beiden Flußseiten hinbauten, als praktische Leute vorzüglich absicherten.

Seither herrschten ihre Residenten unangefochten, betrachten Stadt, Umland und gesamte Inselwelt dort als ihre Kolonie. Über welche dann die Vereenigde Oost-Indische Compagnie eine allgegenwärtige, strenge Schutzaufsicht führte. Ohne ihr Votum ging hier gar nichts. Im Schutze der Festung siedelten sich neben Holländern, Deutschen und anderen europäischen Handelspartnern (wie Franzosen, Spaniern, Portugiesen) aber auch massenhaft Eingeborene an: Malayen und Leute von Banda, Mindanao,

aus Indien und auch viele Araber, dazu einige Japaner. Und natürlich die in Mengen hereinströmenden Chinesen, welche mit ihren wimmelnden Großfamilien schon sehr bald das Stadt- und Landschaftsbild nachhaltig prägten.dieses bunte Menschengewusel mit seiner ganzen durcheinanderschwirrenden Sprachvielfalt, beeindruckte Schreiber Willem und Gefährten sehr. Bei ihren gelegentlichen Erkundungen des Stadtgebietes kamen sie auch zur Festung hoch. Und konnten deren strategisch gut gewählte Lage bewundern. An der Flußmündung gelegen, mit vier starken Bastionen nach allen Himmelsrichtungen hin geschützt, kanonenbewehrt und mit Kasernements für eine starke Besatzung. Die etwa 500 ständig hier oben diensttuenden Soldaten wohnten in neuerbauten Blocks. Sie bewachten die festen Lagerhäuser, Packspeicher, Warenlager, das Hafengebiet wie auch die Verwaltungsgebäude des General-Residenten und seiner obersten Indien-Räte, sowie die privaten Wohnhäuser der Offiziere und Verwaltungsbeamten in der Kolonie. Sehr nachdenklich jedoch wurde Willem, als er hinter quasi vorgehaltener Hand vernahm, daß der Resident wie alle Oberbeamten stets nur für eine Dauer von jeweils drei Jahren hier eingesetzt wurden. Damit sie sich nicht so schamlos bereicherten! Denn innerhalb dieser Frist, so meinten es die scharf rechnenden wie knapp kalkulierenden Amsterdamer Herren Siebzehn, müßten alle örtlichen Befehlshaber und obersten Chargen entweder genug für sich persönlich in die tiefen Taschen gewirtschaftet haben. Wenn aber nicht (und drei Jahre sind eine lange Zeit, so man sie gut nutzt), dann wären sie für ihre Posten ohnehin ungeeignet gewesen und müßten schnellstens ausgewechselt werden...
Ein tiefer Festungsgraben trennte Stadt und Festung Batavia. Die auf deren Werken ständig patrouillierenden Söldner waren zumeist auf Fünfjahresdauer angeworbene und mit Schiffen der Compagnie hier herunter gebrachte Europäer; ihre Offiziere aber ausschließlich Holländer. Die schnell wachsende Stadt wird von einem, dem Festungsresidenten unterstellten, Magistrat aus den reichsten (damit auch vornehmsten und klügsten; als letzteres gilt einer sowieso, wenn er reich und mächtig ist) Bürgern der Kommune regiert. Viele ausgediente Compagnieangestellte und Soldaten bleiben nach Ablauf ihrer regulären Verpflich-

tungszeit als sogenannte Freibürger in der Kolonie, suchten sich hier nützlich zu machen und ihren Lebensunterhalt leichter zu verdienen als in der Heimat. Begehrt waren stets alle gängigen Handwerksberufe, denn die wurden nötig gebraucht. Der Schiffsschreiber erinnerte sich jetzt wieder an seinen vorherigen Besuch in der Kapkolonie und wie er dort den Leuten aus dem interessanten Merkleinschen Reisebüchlein vorgelesen hatte. Schlug also am Abend in seiner, nur durch dicke Umschlittkerzen notdürftig erhellten Kammer nach und stieß auch auf die von ihm gesuchte informative Fußnote. Welche einen gewissen Joh. P. Rauser zitierte und Bedienstete, Freibürger, Handwerker, Soldaten der Compagnie betraf:

„Ob wir schon allhie den Nahmen haben, dasz wir Soldaten sind; so steht uns gleichwol frey, allerlei Handtirung zu treiben, was wir können. Der ein Handwerk kan, das hier giltig ist, mag es frey thun. Die besten Handwerker sind hie: Zimmerleute, Steinmetzen, Tüncher, Schreiner, Kupferschmidte, Rothschmidte, Mahler, Satler, Drechsler, Schmidte, Schlosser, Büchsenmacher, Schwertfeger, Birtner. Welche alle, so sie arbeiten wollen, bey der Ost-Indianischen Compagnie Arbeit bekommen; und alle Tage über ihre Besoldung, einen Orthsthaler haben können. Ohne daß sie, zwischen ihrem Feyerabend, bey anderen Leuten auch verdienen, welches bisweilen mehr belauft, dann ihr Lohn selbst. Dannenhero die Arbeitsleute hier theurer und köstlich sind. Aber die anderen, als Schuster, Schneider, Goldschmidte, Becken, Zucker-und Pastetenbacker, werden gemeiniglich frey. Das ist, sie gehen aus der Holländer Dienst, und arbeiten, wo sie wollen. Die dann, so sie arbeiten mögen und nicht allezeit in den Wirthshäusern sässen, wol gute Nahrung haben, und viel Gelds samlen könten. Aber da sind viel, die es nicht in acht nehmen, und wieder, unter ihrer gewöhnlichen Zeit, so drey Jahre ist, daß sie Freyleute sind, in der Compagnie Dienste zu kommen trachten. Das sind auch Freyleute, die um einiger Missethat, von den Holländern abgedanket werden; die man dann nicht leichtlich wieder annimt. Und so dieselbigen Freyleute wieder in Holland wollen, müssen sie grosses Fuhrlohn und Zehrgeld geben. Welches sich so viel belauft, daß unter hunderten kaum zehen sind. Dadurch sie gezwungen werden, im Land zu bleiben."

Sehr erstaunt war der fleißige Histörchensammler, als ihm anderntags einer der faktoreiverwaltenden Unterkaufleute noch sagte, daß die sehr religiösen Holländer zwei Kirchen in der Stadt hätten. Eine schöne, steinerne für glaubenstreue Calvinisten und andere Protestanten; sowie eine schlichte, hölzerne für alle anderen Europäerchristen. Also müßten die Katholen,wie sich der Brave etwas abschätzig ausdrückte, hübsch unter sich bleiben. Und bitte schön, ja nicht zu vergessen oder gar zu unterschätzen: ein Hohes Konsistorium für Religion und Sittlichkeit! Der abgebrochene Theologe stellte die Lauscher senkrecht. Denn die dem Konsistorium angehörenden, gestrengen Edelachtbaren Mynheers waren sehr gefürchtet in der Stadt; mit ihnen legte man sich am besten gar nicht erst an. Bei aller von ihnen großzügig nachgesehenen Sauferei, Hurerei und den alltäglichen, oftmals blutigen Raufhändeln im Hafenbereich („Wat mut, dat mut" oder eben „Der Geist ist willig, aber das Fleisch ist schwach"), hieß es letztenendes doch für die Regierenden, die große Masse der so buntgemischten Bevölkerung möglichst straff im Zaume zu halten. Zu Nutz und Frommen der Compagnie und ihres Magistrates. Auch deshalb wohl wollte ein eifriger Prediger den Willem gleich mal als sonntäglichen Vorsänger für die Kirchenkapelle engagieren – so nach der Devise: „In der Fremde lernt man es wieder, das Beten." Nachdem der erschrockene Schreiber höflich dankend abgewehrt hatte, stürzte sich der wildgewordene Gottesmann gleich auf den verschreckten Hans Blank. Weil er dessen unvermeidliche Trompete im Hosenbund erspähte. Ließ sich also von malle Hans wunschgemäß ein kleines Stückchen blasen. Dieser schien aber wohl nicht den rechten Ton gefunden zu haben, alldieweil der Mann enttäuscht abwinkte.
Berichtete aber noch im Weggehen über eine frühere Trompeterlegende im Koloniebereich. Meinte damit den in ganz Ostindien bekannt gewordenen Eberhard Heinrich Bach. „Aus einer weit verzweigten mitteldeutschen Handwerker- und Musikantenfamilie stammend", wie er nicht vergaß, zu erwähnen. Jener Trompeter Bach war vor über einem Menschenalter per Kauffahrteischiff hier herunter gekommen (aus dem Reich schuldenhalber geflüchtet, wie es hieß), und als Musikus in Compagniedienste getreten. Trompetete stets sehr schön, war ansonsten

auch „ein Kerl wie Samt und Seide – nur schade, daß er suff."
Aber wie, und daneben hurte er noch ganz greulich herum, war ständig blank und pumpte wirklich jedermann um Geldes an. Welches er nie zurückzahlte; als er wieder einmal gepfändet werden mußte, gab er anschließend ein fröhliches Zechgelage für seine Freunde – für dessen nicht geringe Kosten er wiederum in Schuldhaft mußte. Trotzdem war er überall gerne gesehen und eingeladen. Obwohl halt ein richtiger Tunichtgut. Als ihm dann die Zähne wackelten und er seine Meistertrompete nicht mehr so recht blasen konnte, war's aus mit dem Musikantenruhm. Er soll dann, irgendwo tief drinnen im Busch, abgängig geworden sein. Vergessen war er jedenfalls in Batavia nicht. Oben in der Festung bewahrten sie, so sagte der Prediger zuletzt noch, seine dicke Hausbibel auf. In die er eingangs mit krakeliger Handschrift den Spruch gesetzt habe: „Daz Mensche Volck ißt ain Höllenprut, die von main eigen Fleisch und Bluth seinds nit minder." Darunter stand noch, offenbar viel später und mit fremder Hand verzeichnet, ein lateinisches „Ergo te absolvo a peccatis je tuis – Amen!"

„Vielleicht lebt dieser Bachtrompeter heute gar noch lustig, als ein Orang hutan nämlich, und hat mit deren strammen Weibern eine Menge von musikalisch grunzenden, rotbraunweiß gestreiften Nachkommen gezeugt?" Laut lachend sprach Willem solches auf dem Heimweg Richtung Hafen zum Schiffsjungen. Während Jehan griente, blickte malle Hans scheu und verunsichert um sich. Immer gewärtig, vom haarigen Arm eines dieser rotbehaarten Ungetüme gepackt und in den nahen Dschungel verschleppt zu werden. Er wollte daraufhin auch nicht mehr an den eher seltenen Ausflügen der Männer in die fremdartige Wildnis teilnehmen. Seinem äußerst schlichten Gemüt war dieses alles sehr unheimlich, ja bösartig und zauberisch. Jehan und andere aber genossen die Exotik des giftbrütende Dämpfe speienden Urwaldes, die tropisch schwülen Regenwälder mit ihrer flimmernden Hitze über wedelnden Riesenfarnen und den langsam fließenden, faulig riechenden Gewässern. In welche auf morsche Holzpfähle die luftigen Hütten der Eingeborenen gebaut waren. Jene Siedlungen hießen Kampongs; und in den Langhäusern der Sippen wurden die Europäer in der Regel als willkommene Gäste bewirtet. Willem staunte besonders über die vielen bunten Schmetterlinge und Vögel in der Luft, die springenden Fische in den Gewässern, die Heerzüge riesiger, rotbrauner Wanderameisen auf den Dschungelpfaden. Dieses alles war für die Neulinge aus nordischen Landen schon aufregend, und sie wußten dann auch an Bord immer wieder farbig darüber zu berichten. Schiffe lagen übrigens massenhaft im Hafen und auf Reede; ständig fuhren welche ein und aus. Der malle Hans konnte sich gar nicht sattsehen an dem fremdländischen Gewimmel im Hafengebiet. Erstaunlicherweise waren die allerorten anzutreffenden, bauchig-auffälligen und ohne jeden Kiel gebauten Chinesenschiffe durchaus hochseetüchtig. Diese Dschunken, so wurden sie genannt, waren kleine bis mittelgroße zweimastige Barken, mit einem Groß- und einem Fockmast. Letzterer stets mit einem Vierecksegel bestückt. Das Vorderschiff schmaler als der hintere Rumpf und der achtere Aufbau relativ flach gehalten. Kleine, palmblattbedeckte Hütten auf Deck dienten den Schiffsbesatzungen als Unterkünfte. Die Laderäume im Innern der Schiffe hatten die tüchtigen chinesischen Bootsbauer in viele kleinere Kammern aufgeteilt. Welche mittels stabiler, hölzerner Trennwände dicht voneinander abgeschottet waren. Sodaß bei eventuellem Wassereinbruch dann schnell die jeweilige Kammer blockiert werden konnte. (Solche Schottenabdichtung führten europäische Schiffe erst im späten 19.Jahrhundert ein). Hier unten, in von ihnen gemieteten Kammern, wohnten die mitreisenden Chinesenhändler. Also dicht bei und auf ihren Waren, die sie so bestens bewachen konnten. Geschütze führte dieser Typ von Handelsschiff zwar zumeist nicht – dafür aber die weithin berüchtigten wie gefürchteten Stinktöpfe. Welche die Bootsknechte der Dschunken im Bedarfsfalle an langen Stangen unter lautem Zetergeschrei, um sich selber Mut zu machen und die Feinde zu erschrecken, auf selbige schleuderten. In Bordan-Bordgefechten eine äußerst wirkungsvolle Waffe, diese mit brennendem Schwefel gefüllten, leichtzerbrechlichen Gefäße. Und sie verbreiteten ätzende, giftigbetäubende Dämpfe. Also ein wirklich probates Kriegsgas, mit bewährter jahrhundertealter Tradition und garantierter Wirkungssicherheit. Was olle Suput gleichmütig bestätigen konnte, dem solches in Macao drüben schon mal unter die Nase kam: „Stinkt fürchterlich, wie Zimt,

Pfeffer und Scheiße zusammen, macht einen ganz konfus und schwindelig, die Augen tränen, und man hustet oder kotzt sich die Seele aus dem Leibe. Vorzüglich die flinken chinesischen Seeräuber führen das Giftzeugs mit, pfui Teufel, nochmal mag ich's nicht erschnuppern!"

Sehr gerne ging Schiffsjunge Hans Blank mit Willem und Jehan, wenn diese in den eingestaubten Hafenspeichern, Lagerhäusern, Packstuben und Handelskontoren zu tun hatten. Dann schnüffelte er selig auf und sog sich die gekrauste Nase voll mit den unterschiedlichsten fremdartigen Düften und Dünsten, die dort unvermittelt auf die Europäer einströmten. Was gab es aber auch alles zu sehen, zu beriechen, zu betasten: Denn hier warteten sie auf ihren Abtransport über See, die großen Ballen Seide, Tuche, Felle. Daneben standen Säcke und Kisten mit Gewürzen, wie Nelken, Muskatnüssen, Pfeffer, Zimtstangen, Indigo. Weiterhin lagerten hier Rohrzucker, Reis, Mandeln und Datteln. Hinten stapelten sich tropische Edelhölzer, Kupferbarren, chinesisches Porzellan, japanische Lackwaren, Gummi und vieles andere mehr. Kruken mit Rosenwasser und mit Süßwein, Fässer voller Arrak, Haufen von Tabak- und Teeblättern sowie Sisalhanf. Geheimnisvoll und in einem extra Gelaß streng bewacht auch das berühmte Amphion der Antike. (Welches nicht nur in China, sondern auch in Europa, Asien und in der Neuen Welt beider Amerika späterhin als Opium bekannt wie berüchtigt werden sollte). Das ebenfalls in Ostindien geförderte Gold, wie dessen vielgerühmte Diamanten, freilich waren hier nicht zu finden. Diese wertvollen Edelgüter sind in den sicheren Schatzkammern und Tresoren der garnisonsbewachten Festung eingeschlossen. Lange noch nach seinen Hafenbesuchen leuchteten Hansens Augen sehnsüchtig auf, wenn er seiner ihn neugierig ausforschenden Schwester Katherine berichten mußte. Da den beiden blaßgesichtigen, hautempfindlichen Nordlichtern jedoch das hiesige, feuchtheiße Klima schwer zu schaffen machte (sie waren beide ständig wundgeschwitzt, hatten ebenso lästigen wie schmerzenden „Roten Hund" unter den Achseln und zwischen den Schenkeln), entschloß sich Katherine endlich, nicht – wie eigentlich geplant gewesen – hierzubleiben und hier leben zu wollen. Sondern wieder mit VAN STRAATEN zurückzufahren. Um vielleicht in der gesünderen und den

Holländern weit bekömmlicheren Luft der Kapkolonie Dienst zu suchen. Und sicherlich würde sich dann, bei dem dortigen andauernden Frauenmangel, ein guter Mann für sie finden. Hoffte das Mädchen jedenfalls inständig, und darum betete sie, wobei sie Hans immer mit einschloß. Denn der mußte ja mitgehen. Dem Skipper war es wohl ganz recht, hatte er sich doch inzwischen an die Katherine gewöhnt und war sie ihm auch ganz lieb geworden, was er aber nicht offen zugab. Man war schließlich Mann und hatte seinen Stolz! Na, und malle Hans freute sich wohl am meisten, bald hier wieder wegfahren zu dürfen. Ist in Ostindien doch alles fremd und anders als in Holland. „Wat de Buer nich kennt, dat fret he nich un dat will he nich."

Schreiber Willem, der insgeheim mit dem Gedanken spielte, hier in Batavia abzumustern, hatte sich vom Kapitän doch wieder breitschlagen lassen. Er würde also mit nach Holland zurücksegeln. Dort könne er ja immer noch in Compagniedienste treten, lockte VAN STRAATEN, gelte er dann doch als einigermaßen befahrener Mann. Was ihn für höhere Posten durchaus befähige. Also lümmelten er, Franke und malle Hans bei der Kombys herum, die der Kok so hartnäckig seine Kabuse nannte. Sollte er doch; schließlich war's egal, woher ihr Bordfraß kam. „Was für eine dreimal belämmerte Karwoche", fluchte Willem und Franke sekundierte ihm. „Ja, heute ist Karfreitag, und dazu noch ein Freitag, der Dreizehnte. An solchem Tage auszulaufen – das heißt wohl Gott versuchen!" Hans Blank konnte sich zwar, wie stets und überall, nur aufs Naheliegendste konzentrieren, hörte aber trotzdem gut zu. Dann spießte er den Zeigefinger der Rechten gen Land, hin zum allmählich im Tropendunst entschwindenden Batavia, woher schwaches Glockengeläut bis an ihre Ohren herüberdrang. „Hört ihr das auch – Kirchenglocken – Prost Ostern, Männer!" Was die beiden anderen allerdings wenig aufheiterte; zu turbulent waren die verflossenen 24 Stunden gewesen. Und zu gewaltig die Kräche nebst Streitereien zwischen Kapitän und Hafenmeisterei. Natürlich hatte sich ihr Alter wieder mal durchgesetzt, den von ihm favorisierten Auslauftermin am Karfreitagmorgen ertrotzt. Gegen alle abergläubisch frömmelnden Vorstellungen der Bürokraten."Und mit roten Segeln unter vollem Tuch – jawoll, ihr blödscheißerigen

Pfeifenköppe!" Ebenso bedrückte sie das Zerwürfnis zwischen dem gewalttätigen Kapitän und seinem ungeliebten Obersteuermann. Dieser feine Heer Cornelius nämlich hatte noch am Gründonnerstag abends, mit Sack und Pack den EENHOOREN verlassen. Ohne sich von jemandem zu verabschieden, war er dann zur Festung hoch gestiegen, sich dort irgendwo einzulogieren. Um späterhin mit einem der zahlreichen Retourschiffe heimwärts zu reisen. Wo er dann gewiß ausführlich seinem Heern Vater Bericht abstatten würde. Dies hatte der draußen vor der Tür ängstlich lauschende Kajütswächter noch vernehmen, können, ehe ein grimmig polternder Skipper hinter dem mit hochrotem Kopfe Davonhastenden die Türe zumachte. Ein glatter Rausschmiß also! Gehört hatte malle Hans aber noch einiges mehr. Und das konnten seine neugierigen Schiffsgenossen dem verstörten Jungen erst langsam, stückchenweise und in unvollkommenen Zusammenhängen entlocken.

Denn drinnen sei es hoch hergegangen und der ansonsten vornehmleise Mynheer Obersteuermann habe dem grote Baas schwerste Vorhaltungen gemacht. In seiner langsamschweren Sprechweise, das arme Hirn quälend, stocherte Hans Blank dann solcherart einiges noch zusammen – und die Männer machten sich ihren eigenen Reim darauf: Wegen maßloser Überladung des Schiffes habe es gekracht, und auch wegen des unchristlichen Auslauftermins, denn „sowas tut kein rechter Seemann, und das kann ja wohl auch nicht gut enden!" Der grote Baas habe erst nur geknurrt „Quatsch mit Soße", um danach laut aufzubrüllen: „Godsverdomme, ist ganz allein meine Sache, Mynheer Ruderknecht. Schert Euch vom Schiffe!" Weiter leierte der gestreßte Schiffsjunge, mit den Fingern nasepopelnd, wie auswendig gelernt, folgenden Speech des Kapitäns herunter: „Nun quasselt hier gefälligst keine Strippe, Van den Valckert. Zeit ist knapp, Zeit ist Geld, meines nämlich, das ich für Euren Heern Vater und edelachtbaren Großreeder in stattlicher Summe aufzubringen habe. Dieser kennt darin keinen Spaß. Dieweil er mir ansonsten keine Frachten mehr anvertraut und ich sehen müßte, wo ich dann bliebe. Was heißt hier also Verantwortung; von wem und wofür zu tragen? Was wißt Ihr gutbetuchtes Muttersöhnchen, der Ihr mit dem Silberlöffel im Munde geboren seid, überhaupt vom harten Seefahrtsgeschäft eines Schiffskapitäns? Klar, mache ich mit der mir zukommenden Kajütenfracht viel Geld. Spare ich auch an der Mannschaftsverpflegung, wo es nur angeht, knüppele ich das Schiff und treibe die Besatzung in Rekordzeit über die Meere. Um eben den von den Compagnie-Oberen ausgesetzten Fahrtpreis für jedesmalige Unterschreitung der Halbjahreszeitgrenze einzustreichen. Ist für mich nämlich allerhand Geld. Und wißt Ihr auch, was es für einen wie mich heißt, viel Geld verdienen zu können, um nur einigermaßen angesehen zu sein in Euren Kreisen, um gesellschaftsfähig zu werden und so mithalten zu dürfen im Reigen der Hochachtbaren, Wohlgeborenen. Nichts davon wißt Ihr. Wenn ich das schon höre: Verantwortung tragen! Alles nur wohlklingende Füllworte. Mut muß man haben – oder man hat ihn eben nicht. Und sein Glück muß man zwingen können, oder man geht halt unter. Dann aber, bitte sehr, alle Segel gesetzt und kein Fetzchen von den Rahen geborgen. Wer refft, ist feige. Hosta madosta und Ende der Fahnenstange!"

Zuallerletzt habe der grote Baas mit ruhigerer Stimme noch gemeint, was seine Skipperqualitäten angehe, „da Ihr mich eben einen verrückten Draufgänger schimpftet, so kann ich Euch durchaus verstehen und werte auch Euren plötzlichen Abgang in diesem Sinne. Denn es gibt zwar alte Kapitäne in Menge, die einen friedlichen Lebensabend an Land hinbringen. Daneben gibts auch noch paar wildverwegene Draufgänger hinterm Deich und in den Küstenkneipen. Doch gibt es meines Wissens keine erfolgreichen, draufgängerischen Schiffsführer, die auf See und als Kapitäne alt geworden wären. Kalkuliere, Ihr hingegen werdet als künftiger Kapitän auf anderen Schiffen sicherlich steinalt werden wollen, was Euch herzlichst gegönnt sei, Mynheer Bedenkenträger. Auf meinem Schiffe jedenfalls nicht. Gut gehen lassen – und lebet so wohl, wie es nur irgend geht!" Dieses sei dann alles, was er mitangehört habe; doch verstanden habe er das alles nicht so recht. Dafür aber die beiden anderen. Franke stöhnte nur tief auf „na, das kann ja noch heiter werden", während Willem den Hans mit freundlichem Schulterklopfen verabschiedete. Wonach er sich in seine Kammer zurückzog, dort das stattgehabte Gespräch im eigens für derlei Anlässe von ihm, verbotenerweise, geführten Anhang zum Schiffsjournal festhielt. Im gesamten Fahrtverlaufe hatte er dort schon so manches insgeheim niedergeschrieben, was dem Skipper um Himmelswillen nicht unter die Augen kommen durfte. Dieweil der ihm dann die Hölle an Bord bereiten würde ...

Zunächst aber mußte der rührige Schiffsschreiber erst einmal das nach Obersteuermanns schnellem Abgang in den Reihen der Bordchargen eingetretene Revirement in der Musterrolle nachtragen: Zum neuen Obersteuermann rückte jetzt endlich, auf des Skippers nachdrückliche Weisung, der bisherige langjährige Untersteuermann Hindeloopen auf. Der dann seine neue Würde mit sichtlichem Stolz auf den Schiffsplanken spazierentrug. Was ihm Willem herzlich gönnte. Untersteuermann wurde nun der wackere Hauptbootsmann Hayes. Und dessen Charge füllte künftighin der Bootsführer Schoolmeister aus, welcher dem wichtigen Amte durchaus gewachsen war. Ihn ersetzte der tüchtige Franzose Jehan. Der nicht nur äußerst wendig und allseits beliebt war, sondern sich inzwischen auch zu einem passablen Rudergänger herangebildet hatte. In Batavia war dann

endlich auch ein richtiger Schiffsfeldscher als Unterbarbierer zugestiegen. Mit jenem teilte Willem gar nicht ungern seine Kammer. Stammte Heer Valentijn van Zwarten doch aus seiner früheren Universitätsstadt Leyden; und erhoffte sich der Exstudent von diesem auch einiges von da und dort erfahren zu können. So zeigte er also eine übrigens verzeihliche wie verständliche Neugierde, wenn er den Feldscher mit Fragen löcherte. Aber bereits wenige Tage nach ihrem überstürzten Auslaufen, sie hatten kaum die gefährliche Sundastraße passiert, begann die rabenschwarze Pechsträhne, welche Schiff und Besatzung seither begleitete, ja regelrecht gnadenlos verfolgte.
„Natürlich, was denn sonst?", ist man gewillt zu sagen, denn „wer an solchem mißlichen wie gefährlichen Datum, in so einer Woche und an solch einem Tage in See sticht – bei dem mietet sich nicht nur das Pech ein. Der zieht auch gebündeltes Unheil frevlerisch auf sich, sein Schiff und seine Mannschaft. Und darf sich denn auch nicht wundern, daß und wie es ihm so schlecht ergeht. Glücklich immerhin der, der sich später überhaupt noch darüber wundern kann!"
Wie auch immer; jedenfalls erwischte es als ersten den braven Jehan. Der verschwand in einer unguten Nacht spurlos; und ging damit ebenso geheimnisvoll wieder fort, wie er seinerzeit im Englischen Kanal ganz überraschend zu ihnen an Bord gekommen war. Ausgerechnet malle Hans blieb es vorbehalten, sein Verschwinden anzuzeigen. Denn in der Zeit der unbeliebten nächtlichen Hundewache wurde er munter in seiner Hängematte. Weil nämlich sein aufgestörtes Unterbewußtsein etwas ganz entscheidendes vermißte. Was war das nur? Jetzt hatte er's: der alle Halbstunden ertönende Schlag des Rudergängers an die beim Steuerrad befindliche große Schiffsglocke! Dies tönende Anschlagen der verflossenen Zeitspanne, das regelmäßige Glasen also, das fehlte! Und nach einigem verschlafenen Zögern schwang sich der Junge auf, stieg dämmerig trapsend nach oben, wo er zu seiner größten Verwunderung weder am Ruder noch auf dem Achterdeck jemanden antraf. Wirklich keine Menschenseele; auch am Oberdeck und vorschiffs nicht. Das durfte doch nicht wahr sein! Jehan, der eigentlich die Ruderwache hatte, war verschwunden. Blieb es auch, trotz Hansens dringlicher Rufe. Den ergriff nunmehr Panik und er stürzte zum Vor-

schiff, ins Matrosenlogis hinunter, wo er die ob der nächtlichen Ruhestörung schimpfenden Leute alarmierte. Bald erschienen auch Kapitän und Offiziere oben an Deck, beteiligten sich an der Suche nach Jehan. Trotzdem man das ganze Schiff auf den Kopf stellte, der kam nicht wieder zum Vorschein. Und war wie weggezaubert. Das Rad jedoch auf anliegendem Kurs festgebunden. Am Fuß der Steuersäule lag, ordentlich zusammengerollt, der dicke Wachmantel. Ratlosigkeit und Furcht machten sich allmählich breit, nachdem bis zum Morgen auch die unterste Bilge durchstöbert war. Zwar brannten sowohl die Hecklaterne wie auch die kugelige Sturmleuchte am Ruder – ihr Schiffsgenosse Jehan aber war von ihnen gegangen, und keiner wußte wie oder warum.

Der Zandlooper vor'm Steuerrad hätte inzwischen schon zweimal umgedreht sein müssen, also hatte der abgängige Steuerer seine Pflichten seit mindestens einer Stunde versäumt gehabt. So wie auch das regelmäßige Anglasen, welches malle Hans vorhin so dringlich vermißte. Am nächsten Mittag einigte sich der Schiffsrat dann auf folgende, wahrscheinliche Version: Der Franzose hatte sich beim eiligen Pinkelmüssen, auf der Schanz stehend, wahrscheinlich verträumt und dem Silbergefunkel seines Wasserstrahls im Mondlicht nachgeblickt. Dabei den üblichen Sicherungsgriff mit einer Hand in die Wanten vergessen. Bei einer überraschenden Schiffsschwankung in der groben Dünung hatte er sein Übergewicht verloren und war ins Meer gefallen. Dabei vermutlich hart mit dem Kopf an den Rumpf geschlagen, benommen untergetaucht und ertrunken. Außerdem, wer von ihnen allen konnte damals schon schwimmen? Ja, so müßte es wohl gewesen sein – und Willem hatte den ganzen Vorgang dann ins Schiffsjournal einzutragen. Obwohl – Ängste und Mißtrauen blieben seither in der Besatzung lebendig. War es wirklich so – oder doch nicht etwa ganz anders? „Schade um den Mann, war ein tüchtiger Rudergänger geworden. Wo kriege ich jetzt so schnell einen neuen her?" So VAN STRAATENs kurzer Nekrolog, das Kapitel Jehan abschließend. Die Matrosen vermißten ihn jedoch sehr, den immer lustigen, quirlenden Optimisten mit der üppigen, zum Schwänzchen gebundenen, Haartolle. Am allermeisten aber grämte sich Hans Blank und magerte sichtlich ab. Der arme Bursche hatte sich in letzter Zeit eng an den ihm gewogenen Rudersmann angeschlossen. Wenn er auch dessen schafsgeduldige, langstielige Erklärungen der Striche und Pfeile auf der Kompaßrose nicht kapierte, so bewunderte er doch stets von Neuem die zitternde Kompaßnadel als geheimnisvolles Zauberwesen. Und vor allem prägte sich ihm eines ein: die Wichtigkeit des andauernden, halbstündig durchzuführenden Glasens. Die Schiffsglocke wurde also von ihm immer schön blank gewienert.

Da das tüchtige, schnittige Schiff luvgierig war, wie die Seemänner zu sagen pflegten, sich also am Winde gut und leicht steuern ließ (aufs Steuer lüsterte, wie der hoffentlich selige Jehan immer meinte und glücklicherweise keines von den nur äußerst schwer steuerbaren Hartruderschiffen war, die leewärts gierten), blieb dem Rudergänger immer Zeit für ein kleines Schwätzchen mit malle Hans. Auch durfte dieser das alltägliche Mittagsschießen der Sonne vermittels ihrer Jacobsstäbe durch Kapitän, Steuerleute und Hauptbootsmann in aller Nähe miterleben. Natürlich fand dieses nur statt, wenn Wetterlage und Sonnenstand es zuließen. Dann folgte er wie ein treuer Hund seinem grote Baas, stolz die kleine Sanduhr aus der Kajüte beidhändig vor sich her tragend. Schlag 12 Uhr Bordzeit, die Glocke am Steuerrad vermeldete es weithin, wurde dann vom erhöhten Achterdeck aus der Horizontwinkel zur Meridianhöhe des Tagesgestirns gemessen. Was für die Schiffsführung wichtig war zwecks Bestimmung des eben befahrenen geografischen Breitengrades. Und auf obiges Mittagsglockenläuten hin, durfte der Schiffsjunge dann auch beide, restlos durchgelaufenen, Sanduhren feierlich umdrehen – die kleinere aus der Kapitänskajüte wie auch die große vom Steuerrad. Andere Uhren gab es bei ihnen an Bord nicht! Und ab sofort begann auf dem Schiffe ein neuer Seetag. In regelmäßiger Folge mußten dann beide Sanduhren halbstundenweise andauernd umgedreht werden; solange nämlich dauerte es, bis die genau abgemessene Sandmenge aus dem oberen Teil des Glasbehälters durch die enge Öffnung langsam, aber stetig, in den Unterteil hinabgerieselt war. Und bei jeglicher Umdrehung der „Sandläufer" wurde dann laut geglast – die Schiffsglocke geläutet mit dem anhängenden Klöppel (oder auch schon mal mit festgeknotetem Tampen angeschlagen). Und am nächsten Mittag passierte dann genau das Gleiche; nach diesem unverzichtbaren Ritual lebten die Schiffsbesatzungen ihre Bordtage herunter. Womit auch ihre tägliche Zeiteinteilung auf See durch die dauernd rinnende Sanduhr bestimmt war. Wie gesagt – malle Hans vermißte künftighin seinen großen Freund Jehan, den einzigen an Bord, der sich seiner ein bissel angenommen hatte. Willem, der Schreiber, war ihm zu gelehrt; auch hatte dieser oftmals keine rechte Zeit für ihn. Natürlich war da noch die Schwester Katherine, die er liebte und auch respektierte. Aber diese war doch mehr um seinen grote Baas und Kapitän, den er jetzt zu fürchten begann. Entfernte dieser sich doch zunehmend, auch äußerlich sichtbar, von ihnen allen an Bord und lebte er sein dynamisches Eigenleben aus.

Mit dem Trinkwasser hatten sie eigentlich immer so ihre Schwierigkeiten, diesmal aber war es ganz besonders schlimm damit. Das Wasser stank schon nach kurzer Fahrenszeit aus modernden Holzfässern, denn es war offenbar verdorben in Batavia an Bord gelangt. Da half auch der tüchtige Schuß Essig nichts, mit welchem der entsetzte Willem das Wasser tränkte. So riet es ihm jedenfalls der nunmehrige Proviantmeister Heer van Zwarten, dem Willem assistierte. Auch nützte der Essig garnichts gegen die im Wasser so grünlichschlierig wimmelnden Kleinstlebewesen. Nur durch Segeltuch geseiht, konnte man die dickliche Flüssigkeit fortan noch trinken. Einem Rat des vielerfahrenen Kabouters folgend (der, wie die Männer auf dem Schiffe erstaunt zur Kenntnis nahmen, wieder ein Stückchen kleiner geworden war), lagerten sie dann die Fässer um, verstauten also das lebenswichtige Wasser im tiefsten Laderaum. Dort, wo sich die Pfeffersäcke dicht bei dicht stapelten. Aber godverdomme, der mistige Pfeffer erhitzte sich zusehends und das Wasser gleich mit ihm. Sodaß sich malle Hans, schmerzvoll laut aufbrüllend, beim Schöpfen direkt die Hand verbrühte, so heiß war es geworden. Auch färbte es sich allmählich tintig schwarz, wurde fast geleeartig verdickt, daß man es kaum noch genießen konnte. Nur den sich in diesem Brei lustig weiterentwickelnden Tierchen schadete es offenkundig überhaupt nicht. Glücklicherweise (zumindest für solchen Notfall) war ihre Weiterfahrt von andauernden Regenstürmen begleitet. Die Mannschaft konnte so endlich das üble Wasser wegkippen, die geleerten Fässer aufs Deck stellen und mit dem sehr reichlich herniederströmenden Regenwasser frisch auffüllen.

„Man hat Gewalt, so hat man Recht.
Ich müßte keine Schiffahrt kennen;
Krieg, Handel und Piraterie.
Dreieinig sind sie, nicht zu trennen."

Also sprach Mephistopheles in Goethes „Faust",
Der Tragödie zweiter Teil, V. Akt „Der Palast".

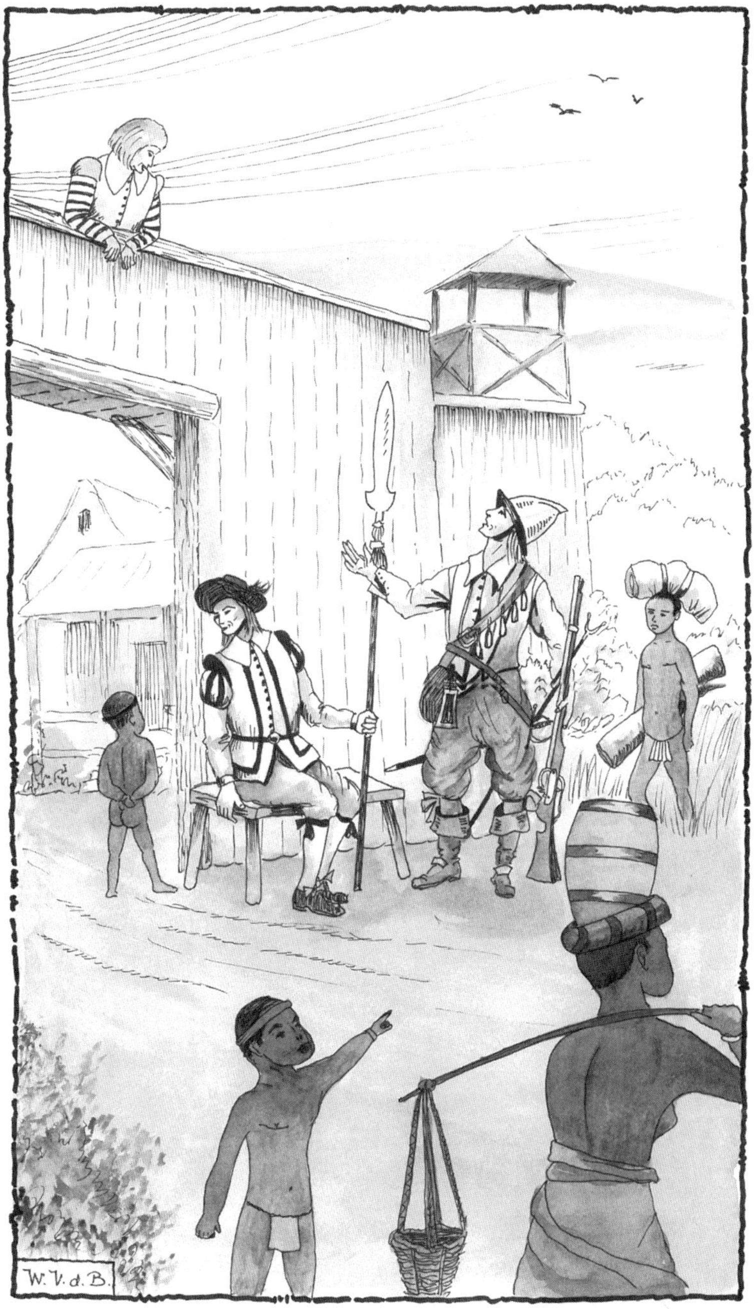
W. V. d. B.

Damit vermieden sie auch die auf allen Schiffen gefürchtete, bei Langreisen zuweilen auftretende wie ansteckende Beulenpest, welche dann nur Wenige überlebten. Es konnten die Männer endlich ihren steinharten Schiffszwieback samt dem stark versalzenen Pökelfleisch (so hielt es sich wesentlich länger, wenngleich es fürchterlich stank und natürlich gar nicht mehr gut schmeckte) wieder anständig wässern und ohne größeren Zähneverlust hinunterwürgen. Durch die reichlich von Ostindien mitgeführten Trockenfrüchte und tägliche Verabreichung mitgeführten Zitrussaftes konnte glücklicherweise auch die allzeit an Bord lauernde Mangelkrankheit Scharbock (späterhin als Skorbut benamt) vermieden werden. Welche mit rapider Gewichtsabnahme, völliger Teilnahmslosigkeit, körperlicher Mattigkeit, Fieberanfällen und blutendem Zahnfleisch, aus welchem oft alle Zähne gruppenweise abmarschierten, dann rasch zum allgemeinen körperlichen Verfall und desöfteren zum Tode führte. Übler war noch die stets tödlich endende Beri-beri (eine Art von schwerster, blutiger Ruhr, mit Blutungen aus sämtlichen Körperöffnungen). Welche Krankheit vermutlich durch andauernde, einseitige Ernährung mit geschältem Reis hervorgerufen wurde; so ganz genau aber wußte man's damals nicht. Und auch die an Bord vieler Ostindienfahrer grassierende Wassersucht ließ die Körper übermäßig aufschwellen, bis sie bewegungsunfähig wurden. Sie war nicht nur äußerst unschön und lästig. Saß das Wasser nur in den Beinen, ging's noch an; stieg es aber rasch höher und bis zur Herzgrube hinauf, dann drückte die Flüssigkeit das Herz ab. Und aus war's mit Seefahrt und Leben.

Daß die andauernde starke Salzaufnahme über das Pökelfleisch diese schlimme Krankheit nur noch mächtig befördern mußte, war dazumal noch nicht bekannt.

Nur wenige Tage, nachdem Heer Hindeloopen ihr treues Schiff mit kundiger Hand durch die schmale Passage der Sundastraße hindurchgesteuert hatte, ließ ein donnerartiges Grollen die im Schiffsbauche alle Laderäume genau inspizierenden Kaboutersmidt und Willem erschreckt aufhorchen und innehalten. „Ein unterseeischer Vulkanausbruch?" vermutete ersterer. „Nee, denn wenn ein solcher unter uns losginge, wären wir allesamt schon Röstbrote", meinte der nun ebenfalls hinzutretende Feldscher und Proviantmeister. Auf Kabouters Drängen stiegen sie immerhin nach oben, wo sich eiligst viele der Männer an der Reeling vom Mittschiff sammelten, unruhig gebannt in die Weite spähend. „Ist etwa schon wieder ein Taifun im Anzug?" wunderte sich Jacobzoon. Doch Freund Suput winkte ab. „Glaub ich nicht, schau auf den Himmel, siehst du auch nur das allerkleinste Haufenwölkchen?" Willem drängte es jetzt, sein in den Seefahrtsbüchern des ihm sehr gewogenen, früheren Obersteuermannes erworbenes Wissen um solche Stürme preiszugeben. „Ja, ihr Leute", meinte er wichtigtuerisch, „schon die alten Chinesen nannten dieses t'sai fun." Aber das interessierte die Allgemeinheit wohl wenig. Weitaus mehr Gedanken schenkten die aufgeregten Matrosen dem Faktum, daß jetzt von der Luvseite eine riesige, doch erstaunlich flache Woge auf sie zurollte, elegant unterm Schiffskiel durchdröhnte, daß sie allesamt ins Schwanken gerieten – und sich rasch leewärts, also in Richtung Land hin, fortbewegte. Dabei meinten alle gesehen zu haben, wie diese zunehmend an Größe und Wucht gewann, wie sie auch schneller wurde in ihrem Laufe. Dazu verstärkte sich jetzt ihr erdbebenartiges Donnern erheblich.

Obwohl rings um ihr Schiff auf der Wasseroberfläche schäumende Kräuselwellen in Windrichtung tanzten, versuchte der herbeieilende Kapitän die Leute ruhigzustellen: „Was soll's, Männer? Sind wir halt wieder mal gut davongekommen. Und das war gewiß einer dieser verfluchten, hierherum aber öfters anrollenden Dingeriche. Heer Hindeloopen soll mal fix im dankenswerterweise zurückgelassenen Schlauen Buche seines Vorgängers nachschauen – also, wie heißen diese Schweinereien doch gleich?" Gelassen antwortete der so Angepflaumte ihm und allen in der Runde: „Tsu Nami heißen die und sind eigentlich nur für Häfen, Küstenstriche, Inseln mit Brandung gefährlich. Dort laufen sie dann in beachtlichen Höhen von bis zu vierzig Metern und alles zermalmender Zerstörungswut auf. Weiter draußen jedoch, in offener See, äußern sie sich weitaus zahmer, und wir haben's ja nun alle miterlebt. Sind nur breitfächernde, flachrollende Wellenschwünge mit lautem Unterwasserdröhnen. Welche sich aber infolge stetiger Winde, Strömungen oder auch

in Brandungswirbeln wie im Flachwasser der Küsten zu tödlichdrohenden Wasserbergen aufbauen können. Darin schon ganze Städte, Küstenlande, Inselchen untergegangen sein sollen." Der wie immer aufgekratzte Franke stieß Willem heftig in die Seite: „Wißt Ihr auch zu vermelden, wie das Teufelsding auf Chineserisch heißt, he?" Dieser muffelte beleidigt zurück, das Unwort käme diesmal aus dem Japanischen „alldieweil solche Todeswellen am stärksten in der Japansee wüteten" und hieße, wortgetreu übersetzt daher soviel wie „Hafenwelle – also das Tsu für Hafen und das Nami für Welle oder Woge. Steht so jedenfalls auch in Mynheer Van den Valckerts schlauem Buche." Was ihm einen schiefen Blick des sich wieder rasch entfernenden Kapitäns einbrachte. Vergrämt sprach der Schreiber jetzt zum erstaunt gaffenden Kok: „Ja, ja, mein Lieber – auf unseres Skippers Weisung mußte ich, damals in der Biskaya, in solchen seemännischen Büchern vieles lesen und lernen. Jedoch mich dünkt, unser Alter schmökert selten oder gar nicht darin herum; das überläßt er zumeist anderen Leuten." Und Jacobzoon wußte noch was zum Thema beizusteuern. Er berichtete, daß die spanischen Seeleute diese Flutwellen auch kannten und wüßten, daß jene nichts mit irgendwelchen Gezeiten oder Meeresströmungen an den Küsten gemein hätten. Obwohl sie doch tief drinnen im Meere entstünden. Weshalb sie von den Romanen als „maremotos" benannt wurden, als Seebeben halt. Hauptbootsmann Schoolmeister hatte ebenfalls schon mal solche Riesenflutberge erlebt. Die etwa hafenspeicherhoch aufgetürmt, bei Windstille und Sonnenschein gänzlich überraschend angerauscht kamen, derbkrachend und rülpsend vorüberschwellten, um gleich darauf wie Kanonenschläge auf Brandungsfelsen zu schlagen. „Das war bei den Nicobaren-Inseln, da oben vor Indien gelegen." Und damals war das Unheil ohne weiteren Schaden für Schiff und Besatzung glimpflich vorübergegangen. „Hoffen wir, daß es auch so bleiben möchte!"
Als der hart arbeitende EENHOOREN eben aus der Javasee hinausstrebte, packte ihn eine schwere, rollende Dünung. Fern über der Kimm trieben regenschwarze Wetterwolken rasch heran, in denen gelbzuckende Blitze waberten. Donnergrollen näherte sich hörbar und es kündigte sich ein schwerer Sturm an. Der sich in allerkürzester Frist zum wahrhaft höllischen Taifun

auswuchs. Schnell ließ VAN STRAATEN noch alles lose Gut an Bord verstauen, Kanonen festzurren und Ladeluken wie Türen verschalen, Strecktaue und Hangleinen über Deck ziehen – dann war die schwärzlich-schwefelige Dunkelheit schon um das angstvoll stöhnende Schiff herum. Mit vollen Segeln, ohne ein einziges Reff abzuschlagen, wie er's gewohnt war, suchte der jetzt persönlich das Steuer übernehmende Skipper, die mächtig heranrasenden Gewitterböen zunächst locker abzureiten. Wobei er den Schiffsbug möglichst schräg gegen den Sturm drehte. Schwerer, tropisch warmer Sturzregen, erschwerte allen an Deck die Sicht. Und schon stürmte es wahrlich aus allen vier Himmelsrichtungen. Blitze zuckten und bildeten mit ihrem Donnerkrachen eine Einheit; auf Marsen und Rahnocken tanzte drohendes Elmsfeuer. Die Stengen vom Besanmast brachen wie Zunderschwamm, sein rotes Segel flog fetzenweise im Sturme hinweg. Der versilberte Gaffelschuh des Hauptmastes krachte schwer aufs Mitteldeck herab und hätte um ein Haar den aus seiner gebeutelten Kabuse vorwitzig herauslugenden Kok erschlagen. „Heilige Mutter Maria, genotzüchtigte Kreuzspinne – nein danke, sprach Franke", zuckte dieser unwillkürlich zurück, wobei ihm die schlagende Tür hart ins schmale Kreuz haute (dieweil er so unfromm fluchte). Ersichtlich war man nunmehr direkt ins Auge des Taifuns gesegelt. Denn schnell wasserwirbelnd ließen Sturmfegen und Gewittergüsse fühlbar nach. Drohender Schwefelgeruch ätzte die Luft. Und nur die immer noch aufgewühlte See mit ihrer schweren Dünung erinnerte an soeben über- aber noch keineswegs ausgestandene Gefahren. Das Schiff schlingerte schwer und legte sich leewärts hart über. Durch weiches Gegensteuern versuchte der Skipper daher, einem voraussehbaren Aus-dem-Kurs-laufen beizukommen – gleichzeitig aber auch, seinen EENHOOREN rasch wieder aufzurichten. Denn er mußte mit einem möglichst „steifen" Schiff (wie Seeleute sagen) in die sich schon ankündigende, nächste Taifunphase hinein – und hoffentlich unbeschädigt auch wieder heraussegeln können. Wußte er doch nur zu gut, daß hier unten, wo der Nordwestmonsun sich mit dem rasant heranbrausenden feindlichen Bruder Südwestmonsun in tödlichem Schicksalskampfe ein allseits gefürchtetes Stelldichein lieferte, deren Windsbräute andauernd wild herumsprangen. Gerade

noch von vorne her blasend, wechselten sie rasch und bedrängten das Schiff von hinten. Welches sich durch tief aufgerissene Wellentäler schaufelte, immer mehr achterlastig wurde. Unsichtige dickliche Wetterwolken jagten über tiefverhangenen Himmel.
Der neugierige Willem bekam so auf einem an sich überflüssigen Botengang an Deck gleich mehrere Regenduschen gleichzeitig ab: Während aus blitzdurchzuckter Wolkenbank ein nordwestlicher, eiskalter Strichregen von vorne auf ihn einprasselte, drosch ihn sofort danach von hinterwärts ein südwestlicher, lauer Regenknüppel wieder warm. Heftig gestikulierend, rettete sich der Schreiber als doppelt begossener Pudel am grinsenden Scheelauge vorbei in den Niedergang zum Matrosenlogis des Vorschiffes. Dann aber hatten sie es auch schon fast überstanden. Nur die immer noch steife Dünung sowie das harte Rollen und Stampfen ihres guten Schiffes erinnerte die Männer daran, daß man eben durch einen der gefürchteten Höllentaifune hindurchgesegelt war. Oben am Himmel strahlte schon wieder die alles rasch abtrocknende Sonne dieser südöstlichen Breiten. In seiner Kabuse drinnen strahlte mit ihr der Kok Franke um die Wette. Dieser war nämlich partout kein Wasserfreund, weil waschen bekanntlich die Haut so dünne macht. Also hörte man ihn von draußen fröhlich singen „Jupheidi und Jupheida - Schnaps ist gut für die Cholera". Denn an der Quelle saß der Knabe (und dieser sang nicht nur). Allein Schiffsjunge Hans Blank hielt noch den vorderen Mast fest umschlungen. Weil er in seiner langsamen, meistens arg verqueren Denkungsweise eben noch nicht mitbekommen hatte, daß die Gefahr für diesmal vorbei und ihrer aller Leben gerettet war – vorerst jedenfalls. „Dat schall em stütten, sette Suerbeer, en krallte sine Poot annen Groten Mast, haha!" Gutmütig spottend, kam eben der junge Geert vorbei, einer von den deutschen Matrosen und vom Skipper als des abgängigen Jehan Nachfolger auserkoren. Rief Hansen noch über die Schulter zu. „Schiet an'n Boom, Jong." Dieweil er ja ein fideler Meckelnbörger war. Welcher urgesunde Menschenschlag bekanntlich leicht sturköpfig und also auch zur See nicht so ganz schnell umzubringen ist...
Was nun den in Batavia neu eingestiegenen Schiffsfeldscher und Proviantmeister anbelangte, so hatten sie leider nicht allzulange

mit ihm das Vergnügen. Denn nach nur kurzer Fahrenszeit kam ihnen der würdige Heer Valentijn mit der saufgeröteten Knollennase und stetig zitternden Säuferhänden ebenfalls abhanden. Willem hatte inzwischen von seinem neuen Schlafgenossen erfahren, daß dieser seine fünfjährige Verpflichtungszeit als Unterbarbierer für die Compagnie nur mit viel Glück beenden konnte. Körperlich soweit noch unversehrt – wenn man mal vom übermäßigen Alkoholgenuß absehen wollte. Doch schimpfte er wie ein Rohrspatz auf die geizigen Amsterdamer Kaufherren und Vorsteher sowie deren hiesige Residenten. Pflegten diese doch meistens wie folgt zu verfahren: Die Heimkehrwilligen, welche feindliches Klima und andere Fährnisse überlebt hatten, wurden ganz zu Ende ihrer Dienstzeit noch einmal zu besonders gefährlichen, extrem riskanten (oft auch kriegerischen) Einsätzen und Unternehmungen abkommandiert. In der begründeten Hoffung, ein Großteil jener Leute würde auf solchen Himmelfahrtskommandos draufgehen – und also ihren zu inzwischen stattlichen Beträgen aufgelaufenen Fünfjahressold nicht mehr einfordern können. Von welchem sie stets nur geringe Abschläge zum Lebensunterhalt in Ratenzahlungen bekamen. Den wesentlich größeren Rest verwaltete die Compagnie für sie in ihren Kontoren. „Schmutzige Geizhälse, diese edelachtbaren Mynheers", fluchte ihnen der ältere, korpulente Mann. „Kein Wunder also, wenn einer da ans Saufen gerät, und es dann nicht mehr lassen kann." Selbige Gewohnheit aber sollte ihm alsbald zum Verderben gereichen!

Denn nachdem er einigemale, in der Volltrunkenheit über Deck stolpernd und stürzend, vom Kapitän deswegen hart rangenommen wurde und eindringlich verwarnt – ist er ausgerechnet von seinem Proviantmeistersgehilfen und dem sich zumeist ja in den Laderäumen aufhaltenden Kaboutersmidt beim Anbohren eines Arrakfäßchens ertappt worden. Nun hätte Willem sicherlich über dieses auf allen Schiffen höchst strafbare Vorkommnis großmütig hinweggesehen. Wenn, ja wenn er alleiniger Zeuge davon gewesen wären. Aber den unberechenbaren Kabouter als Mitzeugen im Rücken, wagte er's halt nicht und mußte den armen Sünder beim Skipper melden. Pflichtschuldigst vom Kabouter unterstützt, der solches Vorkommnis besonders schofel fand. Hörbar rastete also auch VAN STRAATEN aus (schließlich handelte es sich hier nicht nur um einen gewöhnlichen Saufmatrosen, sondern um einen der oberen Schiffsoffiziere) und zitierte den angsschlotternden Barbierer in die Kajüte. Wo sich anschließend ein böses Wetter von mindestens Windstärke zwölf, wenn nicht noch mehr, über Heern Valentijn entlud. Dann ließ der immer noch wutschnaubende Skipper, kraft seiner alleinigen und unbegrenzten Strafgewalt an Bord, den Ärmsten vor versammelter Freiwache einen Stiefel ausziehen. Um ihm den nackten Fuß mittels Sechszollnagel, von oben durch den Spann, tief in die Decksplanken hinein nageln zu lassen. Gleich neben dem Großmast, wo ein rasch geknoteter, handgerechter Tautampen als Halterung bei gröberen Schiffsschwankungen dienen konnte. Seine täglichen Essensrationen („aber keinen Tropfen Alkohol, bei Strafe meiner Ungnade!") sollten ihm vom Kok zugereicht werden. „Hier steht Ihr nun und hier bleibt Ihr auch solange stehen, bis Euch das heimliche Saufen vergangen ist. Denn Ihr seid eine Schande von einem Offizier!" Aber solange mußte der Hartgestrafte dort nicht stehenbleiben. Weil ihm nach nur wenigen Tagen der durchnagelte Fuß heftig anschwoll, sich erst blaurot, später schwärzlich färbte und zu stinken begann. Die Maden und auch der gefürchtete Brand waren in die Wunde gekommen. Als das Bein, zu unförmigem Klumpen degeneriert, sich schon bis unters Knie verfärbte und der Angenagelte sich schreiend und schmerzstöhnend am Maste wand – da erst ließ der nachtragende Skipper ihm den Nagel aus der breiigen Fußmasse herausziehen und den fast Besinnungslosen ins Logis tragen. Dort sollte ihm Exstudent Willem unter Assistenz von Franke dann den Fuß amputieren. Möglichst hoch im gesunden Bein abschneiden, auf daß der Brand nicht weiterfräße. Als der angstzitternde Willem schwach protestierte, meinte VAN STRAATEN lakonisch: „Ach was, dummes Zeug; als füherer Student müßt Ihr solches auch ausführen können. Macht es also und wenn der Säufer dabei wegbleibt, erspart Ihr mir dann, ihn in Ketten geschlossen nach Holland mitnehmen zu müssen."

Damit ging er achselzuckend weg. Franke hatte inzwischen das Amputationsbesteck des zähneklappernden Feldschers herangeschleppt sowie einen Eimer heißgemachten Meerwassers. Heern Valentijns großzähnige Knochensäge wurde von einem der in dichtgedrängter Runde schweigend zuschauenden Matrosen über blakender Kerzenflamme im düsteren, schlecht ausgeleuchteten Raum heißgemacht. Der zu Operierende lag inzwischen, langausgestreckt und von derben Fäusten straff niedergehalten, auf der soliden, eichernen Tischplatte des Logis, wo einige Essensreste noch von vorherigen Mahlzeiten kündeten. Einigermaßen klar bei Besinnung, forderte er jetzt zur Betäubung einen ordentlichen Schluck Schnaps. Nachdem ihm bereitwillig eine ausreichende Ration in den aufgesperrten Schlund geschüttet wurde („immer noch besser, als ein Schlag mit dem Vorschlaghammer", meinte Suput trocken), bekam er noch einen dicken Rührlöffel vom Kok als Beißholz zwischen die Zähne gepreßt. Röchelte nur noch „macht los, Leute" und ließ den Kopf gottergeben hintersinken. Sein furchtbar aufgeregter Mußoperateur Willem setzte mit flatternden Händen die Säge an, nahm mit einem ersten, leichten Hautschnitt Maß; und dann säbelte er „ritschelfitschel" handfest wie munter drauflos. Immer schön hin und her, ruckizucki. Weil er aber kein Blut sehen konnte, ohne daß ihm schlecht wurde, drehte er seinen Kopf etwas weg und bemerkte daher nicht gleich, daß er schon durch den Knochen durch war und bereits tief in die Tischplatte hineinsägte. Aus welcher blutige Holzspäne reichlich herausrieselten. Nachdem auch Suput dieses bei der kümmerlichen Ausleuchtung des Logis sah, meinte der mit gemütsrohem Feixen: „Haltet ein, Heer Schreiber, das ist keine Federarbeit sondern Knochensägerei und Ihr beschädigt Compagnieeigentum, wenn Ihr den Tisch vollends zersäbelt, haha!" Der bei seiner wilden Sägerei völlig außer Atem gekommene Willem hielt erleichtert inne, legte das Werkzeug weg und kippte einen Oude Genever hinter die Binde. Indes Franke erstmal kaltes Seewasser über den blutenden Stumpf schüttete, daß sich die Wunde schlösse. Und sie gossen, nachdem sie den Amputierten vom Tische gehoben hatten, noch heißes Wasser auf diesen, um die Blutspuren zu tilgen.

Dann wollte die soeben abgelöste Wache ihre Mahlzeit darauf einnehmen, wie gewohnt. Heer Valentijn ließ, erstaunlich gefaßt, die Wunde noch abbinden – dabei seinem von Suput soeben vorsichtig hinausgetragenen Bein trauernd nachblickend. Von Willem und Franke wurde sein Oberschenkelstumpf mit trokkenem Leinenzeug abgedeckt und vorsichtig überschnürt. Dem Grad der Verschmutzung nach stammte die provisorische Binde aus des Koks Kabuse. Das Gesicht des Frischoperierten hatte inzwischen eine grünlichweißkäseviolette Färbung angenommen. Aber auch sein Operateur Willem sah nicht viel anders aus. Zusammen mit dem wie stets käsegesichtigen Franke schleppte er den Patienten in eine Logisecke auf die für ihn bereitliegende Matratze, mit einer dicken Wolldecke den Fiebernden schützend. Nun mußte es sich erweisen, ob der ein gutes Heilfleisch hatte und sein Organismus den babarischen Eingriff überstand. Leider war dem aber nicht so. Denn nach weniger als 24 Stunden begann er im Wundfieber zu toben, riß an seinem durchbluteten Notverband, warf sich zur Seite und verblutete sich endlich an seiner furchtbaren Wunde. Hilflos standen die anderen daneben, konnten nicht helfen und mußten ihn sterben lassen. Nur einen tüchtigen Abschiedsschluck zwängten sie dem sauffrohen Todeskandidaten noch zwischen die zusammengebissenen Zähne. Mit den bedauernden Worten: „Und jetzt erbt dieser Kapitänsunmensch auch noch mein so mühsam Erspartes" (denn sein Geld hatte er zur Sicherheit in der Kapitänskajüte deponiert, noch nichtmal quittieren lassen), ging er auf lange Fahrt und streckte sich.Umgehend nähte der lahme Frits den frischen Leichnam in für solche Zwecke stets vorrätiges, neues weißes Segeltuch ein; ihm zu Füßen eine große, eiserne Kanonenkugel, auf daß er dann schnell absinken solle. Der Segelmacher – ansonsten eher das Temperament einer Schlaftablette aufweisend – wurde sichtlich munter, als er zum staunenden Franke hinüber scherzte. Dabei schwang er fix und unternehmend seine dicke Stopfnadel für's Segelgarn, verschloß den unförmigen Segeltuchpacken mit einer groben Naht. „Schau her, Franke", lächelte er schief, „der letzte Stich geht immer durch die Nase. Hier, so macht man das – damit der teure Tote das Luftholen vergißt und im Wasser dann unten bleibt." Schaudernd entwetzte der Kok in seine sichere Kabuse, im Gesicht vermutlich noch käsiger als sonst. Und schlug für sich alleine erstmal Besanschot an. Brrr, und noch einen Klaren hinterher. Danach winkte er, merklich aufgeheitert, den vorbeischleichenden Willem wie auch Suput zu sich herein. Wo sie dem Abgeschiedenen noch einen pietätvollen Abschiedsschluck widmeten. „Auf sein Wohl – jawohl, und Prosit!"

Draußen aber hatten die Leute ohne größeres Aufhebens den Segeltuchsack samt Inhalt über die Schanz gekippt. Sahen schweigend zu, wie der gewesene Feldscher und Suffkopp langsam abblubberte und achtern wegsackte. Der Skipper hatte die Mannschaft nachträgerisch wissen lassen, daß er diesmal auf die herkömmliche, seemännische Abschiedszeremonie an Bord verzichten wolle. Ihnen allen bei Strafandrohung auch strikt untersagt, ein stilles Gebet für den Toten zu sprechen. „Das hat der nicht verdient,den holt sich sowieso der Teufel." Na, der Skipper mußte das ja wissen. Als er späterhin den Schreiber erblickte, winkte er ihn zu sich heran und meinte kurz angebunden: „Also, da Heer Valentijn ja abgedankt hat, werdet Ihr nunmehr wieder seine Ämter mit übernehmen. Ja, schaut nicht so zersprengt; trotz miserabler Amputationskünste traue ich Euch soweit, daß Ihr mir einen ganz passablen Hilfsbarbierer abgebt. Und sofern einer nicht den Kopf unter'm Arme trägt, mag er sich Euch ja gerne anvertrauen.Werdet's schon lernen!" Jeglichen angedeuteten, noch nicht mal ausgesprochenen, Widerstand herrisch unterdrückend, ging er federnd ab. Und Willem blieb garnichts weiter übrig, als mit schweigender Grußerweisung gehorsam wegzutreten. Wobei ihm allerdings schon wieder gehörig schlecht wurde.
Seit Wochen schon wütete unvermindert ein heftiger Sturm. Blies ihnen direkt von vorne entgegen, verringerte so die Marschgeschwindigkeit des ohnehin überladenen Schiffes. Stetiger kalter Niesel war ihr Begleiter; all dieses förderte nicht unbedingt Arbeitseifer oder gar Frohsinn der geplagten Besatzung. Ernstlich besorgt um deren Moral, wies Hindeloopen an einem düsteren Freitagmorgen seinen Skipper auf ihm angeblich zugetragene meuterische Gelüste unter den mißgelaunten Männern hin. Darüber meinte VAN STRAATEN zuerst mit mürrischem Auflachen kurz hinweggehen zu können. Doch sollte ihm dieses sein Lachen sofort im Halse stecken bleiben. Denn vom eben wieder tief in die See eintauchenden Vorschiffe her, näherte sich ein Haufen nasser, erbost gestikulierender Gestalten. Und trotz der jetzt wieder auf Deck einschlagenden Sturzseen und schwerer Schlagseite, arbeiteten die sich mühsam an den sichernden Strecktauen hangelnd, nach achtern. Hier oben starrten ihnen Kapitän, Steuerleute und auch die eben mal kurz zum

Luftschnappen aus der Kajüte heraufgestiegene Katherine erstaunt entgegen. An der Spitze der Meuterer stapften zwei ohnehin schwierige, öfters auch schon aufmüpfig gewesene, Typen: Claes Scheelauge und sein Freund, der vosse Dierk. Ersterer einen schweren Entersäbel schwingend und mit greller Stimme das Sturmgeheul noch übertönend. Der Rotschopf neben ihm hielt in nerviger Faust einen Langdolch und stimmte in des Schieligen Geschrei feste mit ein. Die anderen hinter ihnen murmelten dumpfe Zustimmung. Was schrien sie da unten? „Jetzt reichts uns, Kapitän, macht endlich Schluß mit der Wetterhexe! Das Weibsbild muß von Bord, lebend oder tot. Und wenn Ihr es nicht tun wollt, so nehmen wir die Schlampe aufs Messer, schmeißen sie über die Schanz!" Ebendahin flüchtete sich jetzt die erschreckte junge Frau. Mit zitternden Händen und zuckenden.Lippen, doch tränenlos und schweigend, starrte sie, bis auf den Tod getroffen, hilfesuchend auf das Grüppchen der Schiffsoffiziere. Diese jedoch senkten die Köpfe und schauten sehr betreten auf ihre Stiefelspitzen. Inzwischen nahmen die beiden Hauptschreier unten an der Treppe zum Achterdeck Aufstellung, die Arme gegenseitig um die Schultern gelegt, damit die Stufen versperrend und Katherinens Flucht verhindernd. Ihre drohend geschwungenen Blankwaffen sprachen eindeutig für ihre mörderischen Absichten. Skipper und Steuerleute aber verharrten derweil, wie vom Blitz getroffen, an ihren Standplätzen. Als ob sie ihren Augen nicht trauen wollten und sich weigerten, zu sehen was da vor sich ging.
Denn das durfte einfach nicht wahr sein! Meuterei an Bord, bei schwerer See und in brenzliger Lage für Schiff und .Besatzung. Und das ihm, dem großen Skipper VAN STRAATEN! „Haltet eure blöden Schandmäuler, ihr erbärmlichen räudigen Hundeseelen – oder ich lasse euch kielholen bis zum Ersaufen", wollte der ingrimmig losbrüllen. Brachte aber nurmehr ein tonlos röchelndes Murmeln hervor, welches unter dem aufbrandenden Wutgeschrei der geballten Masse Mensch schnell verstummte. Mit weit hervorquellenden Augen, vor Wut blutunterlaufen, und strichschmal festgeschlossenem Munde – so fest, daß er sich die Lippen blutig biß beim Hintermalen nachstehender, nichtausgesprochener Worte – suchte der hilflos wirkende Skipper nunmehr Blickkontakt zu Katherine. Beidhändig und mit breiter,

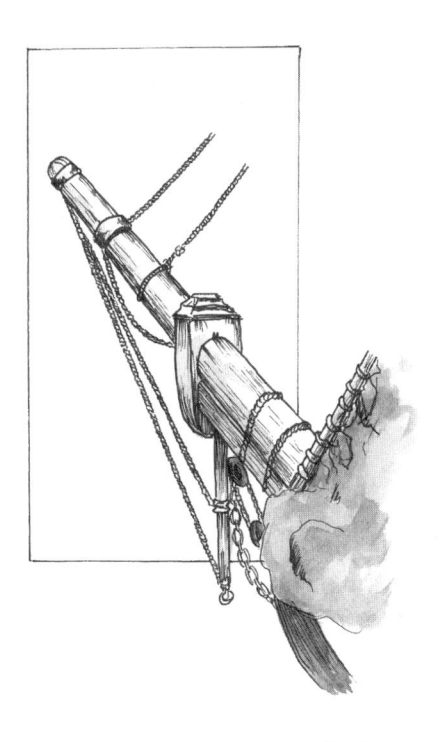

schwer atmender Brust ans wildschlagende Steuerrad geklammert. Das Mädchen lehnte scheinbar unbekümmert und trotz heftiger werdenden Sturmes am Schanzkleid, schaute ihren Skipper stillergeben an und schien freiwillig über Bord gehen zu wollen. Mit wildrollenden Blicken bedeutete er ihr: „Nein, tu das nicht, Du! Verflucht nochmal, geh nicht fort von mir. Die paar Stinktiere da unten kriege ich nachher schon klein. Wirst es sehen, wenn nur erst der Höllenwind nachläßt. Es war uns beiden ja, godverdomme, so wenig Zeit füreinander vergönnt gewesen. Jawollja, ich geb's zu, ich hab' mich viel zu sehr an Dich gewöhnt, an Deine Art zu geben und nicht viel dafür nehmen zu wollen; und ich brauch' Dich einfach hier an meiner Seite. Weiß zwar nicht, was das ist oder werden soll, glaube aber, mich in Dich verliebt zu haben, Mädchen. War immer so stolz, habe niemals jemanden um etwas gebeten und mir stets alles mit Gewalt genommen, so es mir anstand – oder eben auch gekauft, so es sich kaufen ließ. Jetzt aber bitte ich Dich ehrlich und herzlich – und schau, Katherine, ich kann nicht mal vor Dir aufs Knie fallen, alldieweil ich ja dies' verfluchte Rad festhalten muß – bleibe bei mir, gehe nicht fort, bitte geh nicht, Du!" Die solcherart heftig Umworbene gab ihm nun ihrerseits Antwort, auf die gleiche Weise, ohne Worte und nur mit den Augen sprechend, aber deutlich: „Ach, Du großer Mann. Genauso, wie ich es mir manchmal in nächtlichen, drückenden Albträumen auf der Seele lasten fühlte, ist es auch gekommen. Wir alle sind nur Getriebene, und ein jeglicher muß seines Herzens Schlägen lauschen, um zu tun, was dieses ihm rät. So bin ich damals auch in Deine Dienste getreten, Großer, obzwar ich mich immer ein wenig fürchtete vor Dir und Deiner Heftigkeit. Doch habe ich versucht, Dich gerne zu haben und in Deinem wilden Leben mich an Deiner Seite gut zu halten. Aber letztlich warst Du doch für mich viel zu gewaltig. Und alle meine stillen Wünsche welkten ab, wie auch meine bescheidenen Träume an Dir erstarben. Du hast es nicht einmal bemerkt. Es ist uns beiden halt eben nicht das Glück zugeschwommen, noch nicht einmal ein kleines Stückchen vom Glück. Jedoch ist es in der kurzen Spanne Zeit, die uns gegeben ward, dann doch noch ein Weniges mehr geworden, als ich es mir damals überhaupt erhoffen durfte. Dafür muß ich Dir am Ende unseres gemeinsamen Weges Dank sagen. Wie auch dafür, daß Du den armen, guten Hans zumeist vor den albernen Späßen und Grobheiten Deiner Leute schütztest. Um meinetwillen zwar, aber Du tatest es, und nur das allein zählt für mich. Lebe also wohl, wie Du kannst, Großer und laß mich frei. Bin müde geworden, so müde und schwer, gehe jetzt zur Mutter. Will bei ihr, wie ganz früher als kleines Kind, geborgen sein und einen langen, langen Schlaf tun..." Mit geschlossenen Augen wandte sich Katherine jetzt von ihm ab, wie traumwandelnd.

VAN STRAATEN sah, unter ihren letzten Worten zusammenzukkend, den gewaltigen Brecher kommen, als weißeingeschäumten kühlen Wasserschwall. Und konnte nicht mal mehr einen Warnruf ausstoßen, so schnell rauschte der heran. Mit mäßigem Klatsch, und eigentlich für seine Größe sachte, schlug er ein. Nahm die sich nicht mehr wehrende und frei droben auf dem Schanzkleid stehende Katherine mit hinweg. Leicht zusammengekrümmt glitt sie, wie von festen und sanften Mutterhänden geborgen, in dem rasch ablaufenden Wasserberg mit über Bord. Wo sie nunmehr für immer des Skippers verzweifeltem Blicke entschwand. Da war denn wirklich einmal die rauhe

See barmherziger gewesen, als all die Menschen auf dem Schiff. Von ganz weit draußen grummelte es langanhaltend herein und ein fahles Wetterleuchten irrlichterte über die starren, salzverklebten, verzerrten Gesichter VAN STRAATENs und seiner Männer. Auch schien es in der aufkommenden Dämmerung, diese schauten irgendwie schon stumm und sehr tot in eine ungewisse Ferne. Aber in des Skippers wüstverwirbeltem Kopfe hämmerte etwas stetig und dröhnte lautlos: „Da hatte Dir einer nochmals eine reelle Chance gegeben, vor gar nicht allzulanger Zeit. Ein Uralter, selbst mühselig und sorgenbeladen, durch ein schier unendliches Leben voller Fährnisse und Widerwärtigkeiten hastend. Von Schuld zerrissen, aber sich auch redlich mühend, wenigstens etwas davon wieder abzutragen, an anderen armen Kreaturen wieder gutzumachen. Es wenigstens zu versuchen – und sei es mit der tönernen Wasserflasche in der Hausiererkiepe. Der kann noch in die Gnade kommen. Du aber, mein Lieber, hast jetzt alle Deine Chancen vertan! Deine Schuld ganz allein, Deine nicht mehr wegzutilgende schwere, persönliche Schuld, Du harter Kapitän vom EENHOOREN aus Holland!" Eine quirlende, wirbelnde Regenböe fauchte kalt heran, wehte übers Deck und wischte die Männer förmlich weg. Als der tiefinnerlich frierende und zähneklappernde Skipper dann wieder richtig sehen konnte, stand er am Ruder allein. Und alleine blieb er auch hinfort. Freilich war er schon vordem von seinen Männern ob gelegentlicher wilder Jähzornsausbrüche und lauter Wutanfälle gefürchtet worden. Aber nunmehr wurde es ganz schlimm mit ihm, und er war rein nicht mehr zum Aushalten. Kein einziges Mal hat man ihn seither richtig, herzlich lachen sehen; höchstens ein schiefes Grienen rang er sich ab. Sagen tat er nur noch das Allernotwendigste, kurz und befehlerisch und stoßweise hervorgebellt. Dabei glotzte er die von ihm solcherart Angeherschten richtiggehend hinweg. Als Kapitän mit unbegrenzter Strafvollmacht an Bord befugt, nutzte er diese jetzt absolut aus.Wegen geringster Vergehen, Kleinigkeiten zumeist, über die er vorher weggesehen, strafte er die Männer hart ab. Tagtäglich rief er mindestens einen zu sich nach Achtern, brüllte ihn dort mit greulichen Schimpfworten nieder, fluchte obszön wie gotteslästerlich, prügelte auf den Unglücksraben ein, schlug diesen nicht selten mit hartzielendem Boxhieb zusammen. Schmiß ihn dann den Niedergang runter aufs Deck. Selbst die Offiziere blies er lautstark an, herrisch seinen Standpunkt vertretend – sodaß die versuchten, ihm möglichst nicht mehr über den Weg zu laufen. Was freilich auf den wenigen Metern Bordplanken schlechterdings unmöglich war.

Übelst erging es vor allem den zwei Hauptmeuterern und Oberschreiern, Claes Scheelauge und dem vossen Dierk! Letzteren nahm er sich als ersten vor. Wegen angeblich frechem Grinsen und mannschaftsaufwiegelnden Hetzereien verurteilte er ihn zur damals gängigen Strafe dreimaligen Kielholens. Nachdem der tagelang mittels Hand- und Fußfesseln krummgeschnürt in der Kettenlast, tief unten im Schiffsbauche, hocken mußte – wo ihm die feisten Schiffsratten aus dem stinkigen Bilgenwasser heraus ansprangen – holte ihn der unwillig brummelnde Schiffsprofoß wieder ans Tageslicht. Hier hatte sich die dienstfreie Besatzung auf dem Mittelschiff versammeln müssen. Von der Rah des Großmastes aus hatten sie, sowohl nach back- wie auch nach steuerbord, ein langes Seil mittels Tampen durch die Blöcke geschoren, unterm Schiffskiel durchgleiten lassen, am Vordersteven hochgezogen und dort befestigt. Auf Skippers Geheiß führte Jacobzoon den niedergeschlagenen Delinquenten vor, welchem zur Körperbeschwernis eine dicke Eisenkette um die Hüften baumelte. Am Mast stehend, konnte er ihm verstohlen gerade noch einen ölgetränkten Schwamm als kleinen Atemluftspeicher unters Kinn binden, da peitschte auch schon der Befehl „aufheißen!" Schnell befestigte der Profoß den bereithängenden Tampen an der Hüftkette, klopfte dem kopfhängenden vossen Dierk aufmunternd den Rücken – dann zogen sie ihn hoch. Und stießen ihn mit kräftigem Fußtritt ins backbordseitige Wasser hinunter. Platschend ein- und weggetaucht, kielten ihn harte Fäuste dann unter'm Schiffsboden durch, zogen ihn endlich steuerbords wieder herauf. Immerhin hatte der maulfertige Rotschopf – zum stillen Ärger VAN STRAATENs wie zur geheimen Freude der Mannschaft – das erste Mal Kielholen noch lebend überstanden. Kniete jetzt pudelnaß auf Deck und würgte das reichlich geschluckte Seewasser krampfhaft wieder aus. „Also, dann auf ein neues", schrie der Skipper jetzt gemacht fröhlich. Und zum zweiten Male zogen sie ihn auf die Großmastrah, ließen ihn von dort seewärts fallen. „Jacobzoon, daß mir die Leute schön langsam durchziehen, richtig Hand über Hand das Seil einholen, nicht so fix wie vorhin. Der Schuft soll auch noch was von haben!" Damit war allen Beteiligten klar, daß vosse Dierk die grausame Prozedur nicht wieder überleben durfte. Die finsteren Mienen der Offiziere und Matrosen sprachen dann Bände, als sie einen bereits Ertrunkenen an Bord hievten. Mitsamt seiner Kette ließ ihn der Skipper, nach sorgsamen Abwickeln des Tautampens, „denn das laufende Gut wird noch gebraucht", kommentarlos in einem alten Reissack ins Wasser werfen. „Nein, danke, sprach Franke" und sagte schnell noch ein leises Gebet her, vom Zornesblick VAN STRAATENs gestreift. Denn der nunmehr Verewigte war bei der Schiffsmannschaft eigentlich gut gelitten; mal abgesehen von seinem Großmaul. Dann verzogen sich die Zuschauer allesamt zur Kabuse, wo sie vom Kok ihre tägliche Schnapsration ausgeteilt bekamen. Und die diesmal etwas reichlichere Füllung wortlos hinunterschluckten. „Als sozusagen Gedächtnistrunk zu Ehren unseres Toten", knödelte Suput hervor, scheue Blicke aufs Achterdeck werfend, wo der Skipper lehnte.

Als nächstes war da dessen furchtbarer Zornesausbruch – und wie er eigenhändig mit einem dicken Tampen auf den wortlos tränenüberströmten und vor ihm knieenden Schiffsjungen eindrosch. Sowas hatte dessen grote Baas vordem noch nicht mit ihm gemacht. Schließlich konnten Hindeloopen und Hayes den Wütenden von malle Hans abdrängen. Dieser nämlich war beim Aufklaren in der Kapitänskajüte rein zufällig über eine offenstehende Geldkassette geraten. Nun hatte sich in seinem armen Kopfe fest eingeprägt, daß in dieser kleinen Geldkassette (die immer zuoberst lag in der großen, wohlverriegelten Geldtruhe mit den vielen Münzsäckchen und dicken Talerrollen) auch etwas Geld für ihn ganz allein war. Obwohl ihm streng verboten war, sich am Gelde zu vergreifen, hatte er eine kleine Talerrolle herausgenommen. Waren doch die darin sorgsam verpackten Goldstücke für ihn bestimmt und wurden vom Kapitän mit verwaltet. So hatte es ihm seine Schwester einmal erklärt. Und blitzartig muß ihm der Gedanke durchs geplagte Hirn geschossen sein, daß die liebe Tote ja für alle Zeiten am Meeresgrunde würde ruhen müssen, und also niemals, wie andere Menschen, eine Grabstätte an Land bekäme. So nahm er diese, nämlich seine, Geldrolle an sich und stieg aufs Achterdeck hinauf. Von dort, furchtbar traurig und laut schluchzend, die Taler auswickelte und jedes einzelne Goldstück ins Wasser hinaus warf, wo diese blinkend versanken. Weitausholend mit dem Arm, wie im Frühjahr der Sämann seine Ackerfurche bestellt, so vergeudete er seinen goldenen Schatz. In einem unbewußten Akt heidnischer Opferung für den unberechenbaren Rasmus, auf daß dieser die Schwester in seinen immerwährenden Schutz nehmen solle. „Für dich, Katherine, für dich", rief er laut, und dicke Tränen rannen ihm übers pausbäckige Kindergesicht. Bei diesem sonderlichen Tun beobachteten ihn die steuernden Schiffsoffiziere staunend. Aber leider erwischte ihn auch der Skipper dabei und verhaute ihn gründlich. Nachdem sie alle drei aus dem Verstörten den tieferen Grund seiner Geldverschleuderung herausgefragt hatten, schien sich VAN STRAATEN, mühsam verschämt und einigermaßen besänftigt, um einen guten Ausgang zu mühen. „Na, ja, hatte dein Geld eigentlich dafür verwenden wollen, dich nach der Fahrt in ein Bürgerhospiz einzukaufen, wo lebenslang für dich gesorgt würde. Für dein gutes Geld von den guten Bürgern. Aber jetzt sieh mal zu, wo du bleibst. Und in meiner Nähe will ich dich nicht mehr haben, Dieb bleibt Dieb." Womit er abging, um sich drunten in seiner verwaisten Kajüte zu besaufen. Hans aber schnappte sich sein ärmliches Bündel und wurde von Willem freundlich ins Matrosenlogis eingewiesen. Dort bekam er natürlich den schlechtesten Platz, einen stets feuchten und zugigen Winkel am Niedergang. Doch hatte er gelernt, mit wenigem auszukommen und schickte sich darein. Das Leben hatte ihn wahrlich nicht verwöhnt.

Auf See durfte man niemals die Dinge ruhig dem Selbstlauf überlassen, da mußte das Allernötigste immer zuerst getan werden. Eine Hand für den Mann, eine Hand fürs Schiff. So war das seit jeher Tradition. Und in den gewissen Momenten konnte nicht mehr kurzatmig herumgefragt werden oder langatmig dauerüberlegt. Dann war blitzgeschwinde Entscheidung abgefordert – und zwar von jedermann auf den Decksplanken. Dies hatte auch für den Kapitän in seinem Haßverhältnis zum eigentlichen Anführer der kürzlichen Meuterei zu gelten. VAN STRAATEN brauchte dann auch nicht mehr lange zu warten, bis ihm Claes Scheelauge nach einigen weiteren Sturmtagen passenden Anlaß lieferte. Hatte doch der beunruhigte Kapitän, nach Katherinens tragischem Überbordgehen, der Mannschaft das Tragen von Waffen, einschließlich ihrer üblicherweise am Hosengurt hängenden Bordmesser, strikt verboten (diese einsammeln und wegschließen lassen). Offiziere natürlich ausgenommen; und nur Kok Franke durfte sein Messer als unverzichtbares Arbeitsgerät behalten. Alle die Blank- und Schußwaffen waren also vom Profoß versiegelt und in der Waffenkammer zwiefach verschlossen worden. Der Kapitän selber trug ständig eine geladene Pistole, hinter die Gürtelschnalle gesteckt; außerdem so wie alle seine Schiffschargen den kurzen Entersäbel am Schulterbandelier. Scheelauge wußte, was nach dem anbefohlenen Ersäufnis von vosse Dierk auf ihn zukam und suchte die Mannschaft gegen den Skipper aufzuwiegeln. Der schielige Tückebold freilich ist gefährlich und ein ganz anderes Kaliber als der windige Rotschopf es mit seiner vorlauten Häme war. Als VAN STRAATEN einmal den Aufmüpfigen mit seinem langen Dolche, den er in den Stiefel gesteckt hatte, herumfuchteln sah, winkte er ihn erbost zu sich aufs Achterdeck hinauf. Unten sammelten sich Neugierige, während oben der Schielige laut angeschnauzt, mit Fußtritten malträtiert wurde. Erwartungsgemäß ließ sich der solches nicht lange gefallen und drohte mit blankem Dolche seinen Kapitän. Genau das aber war es, was dieser provoziert hatte, nämlich ein Handgriff zuviel. Dazu noch vor breiter Zuschauerkulisse einer nur unwillig parierenden Mannschaft.

„Du ungehorsamer Hund erhebst die Dreckhand frevlerisch mit der Waffe gegen mich. Obschon du genauestens weißt, daß darauf die Todesstrafe steht?" Claes wußte es nur zu genau: Die sündige Hand an den Mast genagelt, hatte sich der Schuldige dort dann selbst wieder zu befreien. Um anschließend mit wenigstens hundert Peitschenhieben auf Deck längsseits getrieben und dann in Ketten krummgeschlossen im Ballastraum von den hocherfreuten Schiffsratten angenagt zu werden. So tot und so eben auch. Wüste Beschimpfungen geifernd, zog er sich auf das Schanzkleid zurück, seinen Dolch in krampfiger Faust, mit der Linken sich in die Wanten klammernd. Aber mit vorgehaltener Pistole (und selbst der allerlahmste Schuß ist immer noch fixer als das wurfschnellste Messer) dirigierte der Skipper den Aufrührer, dabei stetig auf ihn zielend, haargenau an die Stelle, wo kürzlich Katherine außenbords gegangen war. Und wo der biedere Hayes damals ein kleines Kreuz einritzte. Die hinter ihrem Kapitän mit angehaltenem Atem diese makabre Szene mitverfolgenden Steuerleute zuckten ordentlich, als dieser jetzt den Hahn hörbar spannte und dem Scheelauge zuzischte: „Marsch, auf die Schanz, Schweinskerl." Wie in Trance befolgte der den Befehl, stieg aufs Schanzkleid hinauf. „Und jetzt springst du ab", befahl er ihm weiter, mit dem Rohre auf ihn zielend. Das haßgerötete Gesicht zur teuflischen Fratze wütig verziehend, häßliche Seemannsflüche gegen seinen Peiniger herausspeiend, schwang der Schielige nun seinen Dolch gegen VAN STRAATEN. Sprang diesen jedoch nicht an, was alle Umstehenden und auch der Skipper selbst erwarteten. Sondern zog mit einem erstickten Gurgeln die scharfe Klinge in querem Hammelschnitt (als gelernter Metzger, der er war) durch den seitwärts gereckten Hals, sich also selber die Kehle durchschneidend. Während ihm das rote Blut in dickem Strahl aus der klaffenden Wunde schoß, ließ er sich hinterrücks fallen, im Wasser drunten in einem blutschaumigen Strudel versinkend. „Na also", nuschelte der seine Schußwaffe wieder entsorgende und wegsteckende Skipper eiskalt, an seine umstehenden Offiziere gewandt. „Das wäre erledigt und wieder ein Lumpenhund weniger auf dem Schiff." Und den murrenden, frierenden, seit vielen Tagen nicht mehr aus ihren naßschimmelnden Klamotten herausgekommenen Matrosen rief er im Abgehen lauthals zu: „Was steht ihr denn hier noch herum? Faules Volk – wollt doch wohl keine Wurzeln schlagen. Also marschmarsch, an eure Arbeit, Leute!" Aber wie er gerade den Niedergang zur Kajüte hinuntertrapsen wollte, ließ ihn gellendes Angstgeschrei von oben unmutig verhalten. Das war, der Stimme nach – und diese kannte er genau – doch der sonst so ruhige und bedächtige Hindeloopen, der da wild herumkreischte. „Da, da, da ist es wieder", heulte er förmlich auf, „seht ihr's auch, Männer?" Der mußte ja völlig entnervt sein und so fertig, wie man ihn noch nie erlebte. Lange Schritte nehmend, hetzte der unruhig gewordene Skipper jetzt also wieder aufs Achterdeck hinauf. Und dort haute es ihn dann fast (aber eben nur fast) um. An der Hecklaterne drängelten sich die Leute, wiesen angstzitternd in eine bestimmte Richtung auf See. Ihnen nachblickend, verschlug es ihm die Sprache. Schwamm da doch im Kielwasser des schnellsegelnden Schiffes, ganz deutlich zu sehen, der Kopf des soeben tödlich verletzten und außerbords gegangenen Scheelauge. Der kam hinter ihnen her und holte sogar schnell auf. War der Schielige schon zu Lebzeiten meistens kein schöner Anblick gewesen, so wirkte er jetzt direkt gruselig. Als toter Unhold, das breite Messer quer im blutigen Schlappmaul. Und wie drohend und tollwütig verderbend der immer näher herankam, seine geballten Fäuste aus dem Wasser hob, zum Schiffe hinweisend. Was also war zu tun in solchem Falle? Beten vielleicht – aber ihr Kanonenfurz Suput meinte es besser zu wissen. Hatte bereits die achterne Drehbasse schußfertig gemacht und auf das scheußliche Phantom gerichtet. Nach des Skippers Bejahung feuerte er mit lautem Achtungsrufe ab. Erleichtert aufatmend sahen die Männer um ihn herum, wie die aus dem Rohre fauchende Kugel in schaumigem Aufprall mitten in den Häßlingskopf hineinschlug. „Das nenne ich mal einen punktgenauen Zielschuß", lobte VAN STRAATEN seinen Oberkanonier. Um aber sofort wieder erschrocken zu verstummen. Denn dort, wo eben noch ein Scheelaugekopf zu sehen war, tauchten nunmehr zwei solcher Ungeheuer auf, schwammen rasch auf sie zu. „Godverdomme, der Claesnischel

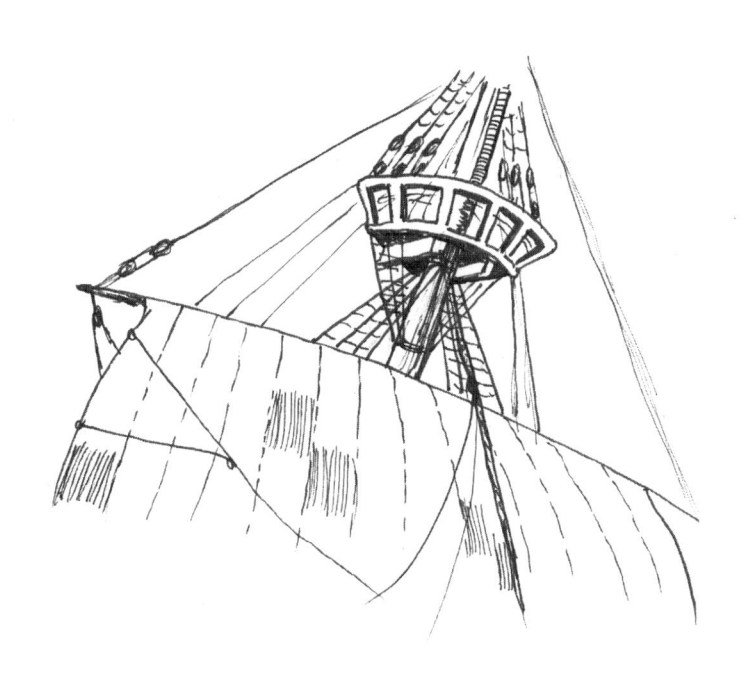

im Doppelpack", entfuhr es dem Meisterschützen, ehe der sich in dumpfergebener Resignation ans Geschützrohr zurücklehnte. „Verfluchte Inzucht, wie macht er's nur?" Das hörten seine Offiziere den Skipper im Selbstgespräch leise murmeln. Während sie in gebanntem Schweigen übers Heckschanzkleid spähten, schien der die ganze Sache eher mit wissenschaftlicher Neugierde anzugehen. „Ah, jetzt hab ich's!"
Und auch die anderen sahen es schaudernd, da eine Welle die beiden Gruselköpfe jetzt mal etwas höher aus dem Wasser hob. Saß doch der doppelköpfige Schieler kräftigen und wüstbehaarten Schultern auf, sich an derben Hörnern festhaltend. „Mein zweitbester Freund, der Teufel, steckt darunter und will mir solcherart ans Leder. Schaut zum allfälligen Schuldeneintreiben gleich selber mal vorbei und schickt mir das Quermaul als Abholer vorneweg. Und das gleich in zwiefacher Ausfertigung, denn „sicher ist sicher" gilt eben auch für den Bösen, hahaaa!" Mit seinem üblichen juhenden Grölen sich zu den erschrocken abduckenden Leuten umwendend, setzte er noch launig hinzu: „Der muß sich aber mächtig gewaltig strecken, hier sind es doch mehrere tausend Meter bis zum Meeresboden." Ja, man konnte direkt seine gewaltsame Anstrengung, das mühsame Stapfen und Trapsen des Trägerteufels sehen, und zwar am taktmäßigen Wackeln der schieligen, grinsenden Köpfe. Welche beide ein unisono Wutgeheul ausstießen, da sie nunmehr die Messer aus den Mäulern nahmen, um sich an der Ruderkette energisch festzubeißen. Sie schickten sich an, überhändig an der Kette aufs entsetzt krängende Schiff hinaufzuklimmen. Wo jetzt in ausbrechender Panik die Gaffer blitzgeschwind hinter dem Schanzkleid verschwanden. Bis auf einen, der zur rechten Zeit am rechten Orte war und hier dann auch das einzig Richtige tat – ihr lieber Schmuddelkok! „Nein danke, sprach Franke" sich zitternd seinen Leib- und Magenspruch vom Herzen. Denn soviel hatte er immerhin von traditioneller Seemannschaft bisher mitbekommen, daß jetzt unbedingt etwas passieren mußte. Und er wußte genau, was: Schnell ein tiefes Kreuz mit dem ihm ja belassenen Bordmesser in Reeling oder Schanz gekerbt – nein, besser noch zwei, für jeden der Scheußlingsköpfe eines. Damit die sündige Seemannsseele (die nach so allem, was man hörte, schließlich absolut wasserfest war) nicht

über Bord aufs Schiff zurückkehren konnte. Aber sofort mußten die Kreuze ins Holz, und für jedermann schön sichtbar. Denn der obstinate Scheelauge war mit Teufels Hilfe im Wasser drunten ja bannig fix fertig geworden, mit dem leiblichen Übergang zum derbhäßlichen Seegespenst. Gedacht – getan – geritzt! Und siehe da; urplötzlich verschwand der widerwärtige Spuk, verschwanden die Haßköpfe mit heiserem Wutgebell im wässerigen Nichts. Dreckfranke aber ist von seinen Kameraden als Held gefeiert und auf ihren Schultern im Triumph einmal rund ums Deck getragen worden. „Igiiit" murrte naserümpfend Hübbe Hayes dabei verhalten, „was ist der Kerl doch schmierig und stinkt."
Leider war das nur ein sehr kurzlebiger Ruhm Frankes. Denn in einer der eigentlich ununterbrochen aufeinanderfolgenden Sturmnächte schlug ein harter Brecher die Kombys samt darin schlafendem Kok in Trümmer, fegte ihre Reste tosend übers Deck ins Meer. Nun war also dauernde Kaltverpflegung angesagt, was die schwelende Mißstimmung der Leute naturgemäß noch fördern mußte. Waren sie doch allesamt bis an ihre körperliche Leistungsgrenze gefordert und trockneten ihre stets aufs Neue durchnäßten Kleidungsstücke überhaupt nicht mehr richtig ab. Dabei hatte der jetzt Verewigte bei seiner dauernden Schaukelkocherei in der geliebten Kabuse schon ordentlich Schwarzschimmel angesetzt. Zugegeben, besonders schmackhaft war des ollen Smeerlapps Fraß niemals gewesen, aber wenigstens warm; und der mitfühlende Franke teilte stets sehr reichlich aus. Dieses alles entfiel jetzt. Und der seit langem wieder einmal den Mund aufmachende lahme Frits sprach Willem gegenüber sogar eine Art von Nachruf auf den schnöde Weggespülten aus: „Ja, ja – sind eben immer höchst lebendig, die Wasser und auch recht wählerisch. So räumen sie von Zeit zu Zeit mal gründlich auf mit allem Dreck und Unzeug, was faulig in ihnen herumtreiben tut. Ich jedenfalls glaube, die See braucht uns Menschen überhaupt nicht; wir Menschen aber brauchen die See hingegen sehr! Und wie gehen wir zumeist mit ihr um, was?" Mit dieser geradezu philosophischen Sentenz klappte der altbefahrene Segelmacher den Mund zu und verfiel in seine nächste, langandauernde Schweigeperiode. Es war für ihn halt schon eine mächtige Redeanstrengung gewesen. Trotzdem, diese seine erdrückend prophetisch verkündete Wahrheit schien dem

hartnäckigen Schweiger selbst gar nicht so recht bewußt geworden zu sein. Um so mehr aber dem baß erstaunten Schreiber. Denn der interessiert wie aufgeschlossen zuhörende Gesprächspartner Willem ordnete jene so sehr zutreffende Bemerkung, nach einigem kopfnickenden Nachsinnen, der Kategorie Altmännerweisheit zu. Und trollte sich dann stumm in seine Kammer. Wo er dies anschließend aufs Papier des Schiffsjournals brachte.

„Das verdammtige Journal aber auch", fluchte er nur wenig später. Das hatte es nämlich in sich und war seit längerem sein Stolz, wie seine Sorge. Führte er es doch insgeheim quasi doppelt; mit hinterseitigen, persönlichen Zusätzen und natürlich ohne Auftrag und Wissen des Kapitäns. In seiner Loseblattsammlung hatte Willem alle besonders herausragenden Fahrtereignisse, Vorkommnisse, Wunderlichkeiten detailliert beschrieben. Bisher hatte sich der Alte ja überhaupt nicht darum gekümmert und ließ den fixen Schreiber eben schreiben, was dem so einkam. Nun hatte aber offenbar irgendwer ihm gesteckt, sich doch mal die Kladde näher anzusehen. Er würde „höchst erfreut" sein, lesen zu dürfen, was sich sein blackschissernder Skribent da alles von der gequälten Seele gerungen hatte. Als jedenfalls VAN STRAATEN mit ausgesprochen drohendem Unterton dem Schreiber bedeutete, daß er nächstens mal einen gründlichen Blick ins Journal werfen wolle und Willem sich bereithalten solle, in den kommenden Tagen einmal mit dem Buche in die Kapitänskajüte zu kommen – da schwante dem besorgten Schiffsschreiber Schlimmes. Zumal der Kapitän noch süffisant hinternachfetzte: „Aber alles Geschriebene mitbringen; will doch mal lesen, was Ihr Euch befleißigt habt, alles dahinein zu klieren!" Willem konnte sich lebhaft ausmalen, was ihn dann erwarten würde; das Mindeste dürfte noch die schimpfliche Degradierung zum gemeinen Matrosen sein. In berechtigter Sorge um Leib und Leben, entschloß er sich also schweren Herzens, vom Schiffe nächtens zu desertieren. Da sie inzwischen, vom heftigen Rückenwind geschoben, in Sichtweite der brandungsumtosten, geheimnisvollen, großen Tropeninsel Madagascar segelten, plante er seine Flucht sorgfältig und handelte überlegt. Wollte er doch seine wertvollen Aufzeichnungen nicht vernichtet wissen und sich selbst unter Umständen an der Rah aufgehängt sehen. Das gewaltige Eiland südlich des

Äquators und dicht östlich neben Afrika gelegen, wurde nämlich jetzt vom Skipper direkt angesteuert. Um sich dort möglichst im Windlee sowie in den stets schnellfließenden Küstenströmungen zeitsparend vorwärts zu bewegen.

Auf den früheren Seekarten ist Madagascar von den Arabern als Dschesira El Komer (Mondinsel) und dann vom Weltreisenden Marco Polo in der zweiten Hälfte des 13. Jahrhunderts als Magastar bzw. Madugascar benannt worden. Geriet dann wieder in Vergessenheit bei den Europäern und wurde erst 2. Februar 1506 vom Portugiesen Antao Gonsalves wiedergefunden, welcher sie dann Isla de Sao Lourenco nannte (nach dem Tagesheiligen vom Wiederentdeckungsdatum).

In einer der Kartenrollen des verflüchtigten früheren Obersteuermannes hatte der diese seinerzeit studieren müssende Schreiber deswegen auch die den Portugiesen entlehnte Namensbezeichnung mit S.Laurentij gefunden. Das also war Willems einzige, große Chance, vom Schiffe wegzukommen. Und in der Nacht vorm Tage seiner anbefohlenen Journalvorlage, stieg er dann heimlich aus. Da er ja wieder als Proviantmeister fungierte, winkte er den jüngsten, unbedarftesten Matrosen zu sich heran. Die Dumpfbacke Maurits fühlte sich echt geschmeichelt, als er eingeredet bekam, mit dem Heern Willem auf geheime Landungsmission gehen zu dürfen („daß mir aber ja kein Wörtchen zu den anderen dringt, verstehst du, ist alles streng geheimzuhalten und nur der Kapitän weiß darum. Weil er dich schätzt, ist deine Teilnahme eine Auszeichnung; wisse diese zu würdigen und folge mir!"). In Mauritsens nächtlicher Ruderwache – alle übrigen an Bord schliefen in dieser endlich einmal sturmlosen Nacht den Schlaf des Gerechten – band jener also das Steuer auf Kurs fest und ging dem emsig werkelnden Willem kräftig zur Hand. Für die vorgeblich drüben auf der Insel zu eröffnende Faktorei beluden sie jetzt die kleine Jolle. Mehrere prallgefüllte Proviantsäcke, Fäßchen mit Arrak und Portwein, viele Tabakkistchen, Honigtöpfe, eine große Salzkruke, massenhaft Kerzen und neues Tauwerk flogen hinein. Aus der von ihm unbemerkt mit Nachschlüssel geöffneten Waffenkammer stibitzte der flink wie gezielt vorgehende Schreiber einige Musketen und Pistolen samt Zubehör und Munition sowie Entersäbel, Bootshaken, Zimmermannsbeile und Schiffsmesser. Auch seine wohlgefüllte Seekiste samt dem darin wasserdicht verpackten Schiffsjournal und Büchern. Des verewigten Feldschers großes Arztbesteck ging ebenfalls mit. Dazu einige neue Kleidungsstükke. Nachdem Willem dem tödlich erschrockenen Maurits noch schlimmste Folgen für sein Wohlergehen androhte, solle er jemandem etwas davon erzählen (er würde ohnehin gleich zurückkommen, um ihn noch abzuholen), schickte er diesen endlich wieder ans Steuer. Und machte sich in selbiger Nacht, nur vom stupiden Rudergänger neidvoll beobachtet, aus dem Schiffe fort. Kam glücklich durch die schwere Inselbrandung hinüber, wo er sich dann erstmal ein kleines Dankliedchen aufspielte. Denn natürlich hatte er seine geliebte Fiedel auch mitgerettet. Im Besitz aller dieser wertvollen Schätze soll Willem dann auf Madagascar verblieben sein. Heiratete sogar als solcherart hochwillkommener Schwiegersohn in eine der großen Häuptlingssippen ein. Und war noch viele lange Jahrezehnte ein geschätzter, handelsvermittelnder, dolmetschender Gesprächspartner sowie erste Anlaufadresse für die fremden europäischen Schiffskapitäne und Handelsagenten. Welche alle sein segensreiches Wirken nicht genug zu würdigen wußten. Die davon berichteten, daß ihn seine schwarze Prinzessin, nebst jährlich um mindestens einen kleinen Krauskopf anwachsender Kinderschar, gerne begleitete. Natürlich makelte und vermittelte Heer Willem von Holland, wie er seither sich nennen ließ, nicht umsonst. „Denn das ist nicht mal der Tod, selbst der kostet einem noch das Leben. Ein jeder Mensch muß einmal sterben – ich vielleicht auch!" Was er stets launig hinzufügte, wenn er seine beträchtlichen Provisionen schmunzelnd einstrich. Und sicherlich ist so manches von dem, was er in seiner Schiffskammer nächtens bei Kerzenflackerlicht insgeheim festgehalten hatte, dann in die Unterhaltungen mit den fremden Gästen und Geschäftpartnern mit eingeflossen. Farbig wie vielgestaltig und frei interpretiert; verdreht und abgeändert kommentiert. Nichtsdestoweniger aufregend, interessant, unglaublich! Lange nachdem man den Heern Willem auf Madagaskar (inzwischen französisch geworden) nicht mehr antraf, ihn selbst schon total vergessen hatte – gelangten Bruchstücke seiner Aufzeichnungen wie auch von Aufzeichnungen über diese Aufzeichnungen nach dem alten Europa zurück. Auf mancherlei Umwegen und über vielfältig verschlungene Pfade durch die Jahrhunderte. Fanden sogar heim nach Deutschland und zu den sächsischen Ursprüngen eines Holländerkapitäns VAN STRAATEN, den sie mal den „Fliegenden" geheißen hatten. Viel später dann schickte sich ein umtriebiger, militanter, nichtseefahrender Sachse und Bücherschreiber an, die mehrfach gebrochene und von den historisierenden Romantikern des 19.Jahrhunderts übermäßig verfremdete Geschichte dieses Seemannes und Teufelskompagnons aus Teilen zu einem Ganzen wiederum zusammenzufügen ...

Ein total vergnatzter VAN STRAATEN jedoch tobte mörderisch auf seinem Schiffe herum, als ihm des Schreibers nächtlicher Abgang gemeldet wurde. Zurücksegeln aber, Insellandung und anschließende Suchaktion waren ausgeschlossen. Bei eingehender Mannschaftsbefragung dann berichtete ein angstbebender Maurits dem Wüterich von der angeblichen Geheimsache Faktoreigründung, von der Bootsbeladung und Willems Fortrudern in allen Details. Laut fluchend verdrosch der Skipper den Jungmann gründlich und jagte dann den Dummkopf strafverschärfend einige Male die Wanten hoch und herunter, bis auf die äußerste Rah des Großmastes hinaus. Wo der schließlich im aufkommenden steifen Wind und Nieselregen den Rest des Tages kältezitternd und angstbibbernd hocken mußte. Bei jedem halbstündigen Glasen rufend: „Ich bin das allergrößte Rindvieh auf dem ganzen Schiff!" Er glaubte es schließlich sogar selber. An Madagascar vorbeigesegelt, trieben sie nunmehr in die Randzonen eines der hierherum so häufigen Regenstürme, lagen mehr unter als auf dem Wasser, von wegen der Überladung ihres an sich äußerst stabil gebauten Schiffes. Heftiger, anhaltender Gegenwind mit haushohen Wellen von vorne, nagelten dieses fast auf der Stelle fest und so lief es denn nach mehreren schwersten Kopfseen aus dem Ruder. Obgleich das verfluchte Hoffnungskap schon fast mit Händen zu greifen war. „Meine Positionsberechnungen stimmen jedenfalls", meinte eben noch Obersteuermann Hindeloopen recht unbekümmert. Da fiel sein Blick umherschweifend auf den schon wieder ersichtlich kleiner gewordenen Kabouter, der sich neben Skipper

VAN STRAATEN, der FLIEGENDE HOLLÄNDER. Samt seinem großen, weißen Schiffspudel und dem koboldigen Klabautermann. In ebenso zeitlos sturmsegelnder wie unheilig verderbenbringender Bordkameradschaft sind sie auf ewige Zeiten als Spukgeister verdammt, miteinander unauflöslich verbunden. Und zwar bis hin zum allerletzten Seegericht am Jüngsten Tage!

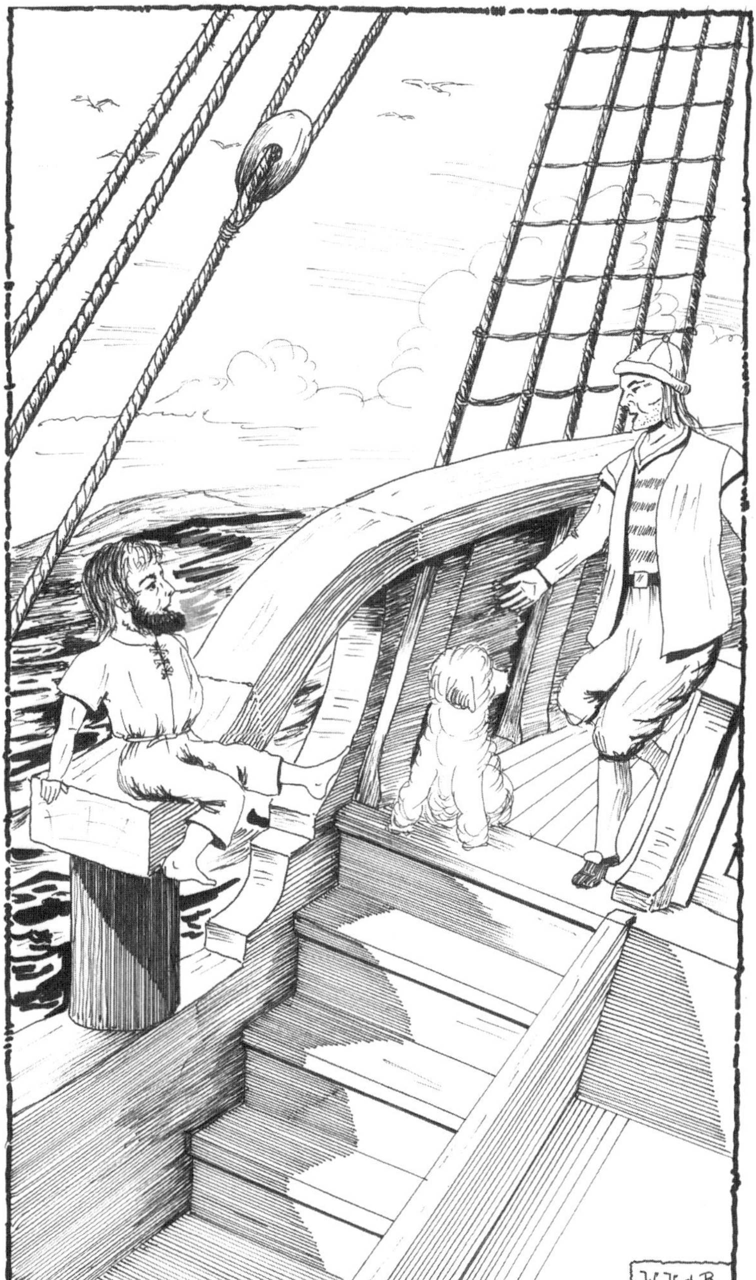
W. V. d. B.

und mitsteuerndem Hauptbootsmann auf dem Achterdeck zu schaffen machte. Ein lautes und ebenso verwundertes „Godverdomme" des Schiffsgewaltigen aber ließ alle aufhorchend und suchend herumfahren. Eine unerwartete Ablenkung bot sich ihnen da. Denn der wütige Skipper schrie mit Donnerstimme, das grausige Heulen und Pfeifen des Sturmes noch übertönend: „Scher dich gefälligst da runter, Kereltje – aber mach zu, ansonsten ich dir nachhelfe, dummer Hund!" Gemeint war mit diesem der malle Hans. Welcher in erstaunlicher Gemütsruhe auf dem Schanzkleid frei sitzend, die Beine baumeln ließ und sich gerade seine geliebte Trompete in den Hosenbund steckte. Großäugig staunend blickte der Schiffsjunge in die Runde, irgendwie abwesend und wie abschiednehmend nickte er den Männern zu, jedem einzeln und den Skipper geflissentlich übersehend. Mit einem hastig hechelnden „Woll, woll-Baas" jappte er noch einmal auf, dann ließ seine Hand die sichernde Leine los und er scherte sich weisungsgemäß herunter. Jedoch, zur maßlosen Verblüffung aller, hinterrücks und nach draußen. Mit lautem Aufklatscher war er unter die Wasseroberfläche getaucht und weggesackt. Keiner der Männer vom Achterdeck konnte sich rühren und ihm zu Hilfe eilen. Er hätte es wohl auch nicht gewollt. Und obschon sie es vorhatten, bekamen die dicht zusammengedrängten Schiffsoffiziere um den Kapitän keine Gelegenheit mehr, das Geschehnis in seiner brutalrealen Ungeheuerlichkeit zu reflektieren, geschweige darüber zu diskutieren. Denn mit Hans Blanks bühnenreifem, dramatischen Abgang begannen sich die Ereignisse jetzt zu überschlagen.
Auf dem Schiffe wie um das Schiff herum. Drüber und drunter und mit einer Wucht, welche etwas abschließend Endgültiges in sich trug. Wie von einer grob zupackenden Riesenfaust erfaßt, kreiselte, rüttelte und schüttelte der sich wacker haltende EENHOOREN – schor aber dann doch aus dem Ruder. Auf Hindeloopens Hilferuf, es war schon mehr ein Angstschrei, er könne selbst mit Assistenz von Hayes und Schoolmeister das wild schlagende Rad nicht mehr halten, „denn es geht nicht mehr", stieß der wutschäumende Skipper alle drei grob zur Seite. Fest und wie für alle Zeit unlösbar in die Speichen greifend, brüllte er gegen den sich machtvoll verstärkenden Sturm an und röhrte: „Was heißt hier, es geht nicht mehr? Geht nicht – gibts nicht! Und mit

mir schon gar nicht, Leute. Hier fährt VAN STRAATEN, daß ihr es nur alle wißt. Wahrschau, blödes Gesindel! Du, blindgesoffener, hirnrissiger, dammlicher Wackelpetrus! Und du, heilige genotzüchtigte, krummbeinig vermaledeite Möchtegernjungfrau! Und du, krummgefickter Heiliger Geist, verschissene Zeckentaube! Himmlische Unzucht vom brandigen Donnerwetter! Blutscheiße und Hagelsuppe!" N e i i i n , es geht einfach nicht mehr aufs Papier, und man kann so etwas auch nicht fort und fort anhören, sprich lesen. Weil dies so unerhört Furchtbares wie Abscheuliches gewesen ist, daß es einem Normalmenschen nicht aus dem Munde gehen oder in die Feder fließen will. Daß sich jegliches Papier sträubend zusammenknittert, beim Draufschreiben des gotteslästerlichen Unflates. Jedenfalls gipfelte schließlich des wohl endgültig toll gewordenen Holländerkapitäns allgemeine Verfluchung – von Gott, dem Himmel und aller Heiligen, wie auch des bislang öfters sehr hilfreichen Teufels und seiner Diener, von Wasser und Wind, der gesamten Menschheit im Allgemeinen wie des seefahrenden Teiles derselben im Besonderen (seines guten Schiffes und der Besatzung inklusive) – in nachfolgender dümmlichdreisten und bockigtrotzigen Feststellung: „So will ich denn verdammt dazu sein, hier um das Kap der bösen Stürme herum, und weiterhin über alle sieben Weltmeere zu segeln. Ohne Rast und Ruhe und ohne jemals wieder einen Fuß an Land zu setzen. In stetigem Todesnebel und allesvernichtendem Höllentaifun. Und ohne einen Fetzen rotes Tuch von den Masten zu bergen. Denn wer die Segel refft, ist feige. Ein Feigling aber war ich nie; mag man auch sonst über mich sagen, was man will. Heute wie fürderhin in alle Ewigkeit, bis ins Jüngste Gericht am letzten aller Tage, werde ich nunmehro segeln. Dem dummen Seeteufel lachend die häßlichen Fledermausohren samt Geweih abschleifen. Wie dann auch dem laurigen, scheintoten Gottvater über sein widerwärtig selbstzufriedenes Strahlegesicht fahren. Wahrschau, ihr allesamt und mir aus dem Weg! Hoiho, hier kommt VAN STRAATEN, der ewige Skipper. Der an nichts und niemanden mehr glaubt, als an sich selbst. Der von keinem mehr abhängig ist und also von allen der Einzige sein will. Und damit sein alleiniges Eigentum ist. Nochmalig gerufen Hoiho und Wahrschau! Ich bin der Erste, und ich bin der Letzte! Ich komme vor

euch allen – ich komme über euch – ich komme euch nach, ihr Pfeifen! Nach mir aber soll dann gar nichts mehr kommen! Denn ich hab mein Sach auf Nichts gestellt. Mir geht nichts über mich! Habt ihr's auch alle gut verstanden?"
Dem war wohl so. Denn es grollte urplötzlich, in augenblickliche totale Windstille hinein, wie aus weiter Ferne herkommend und doch ganz nahe, laut und klar und überdeutlich vernehmbar, eine gewaltige, tiefe Stimme auf. Nur drei Worte dröhnte sie zu dem jetzt erschrocken Verstummenden: „Es ist genug!" Langnachhallend wie schicksalsschwer hingen diese drei Worte im schier endlosen Raum. Fest an sein Steuerrad geklammert – das er niemals wieder loslassen wird – glotzte der Holländerkapitän staunend auf den nunmehr endgültig zum zwergenhaften Häßling mutierten Oll Kaboutersmidt hinüber. Wie der so wildkichernd und gänzlich frei auf der wasserumschäumten Heckreeling stehend, neben der dort trübe flackernden Laterne umhertänzelte. Mit brüchiger Fistelstimme triumphierend herauskrähte: „Ja, das reicht wohl, und das hatten wir auch nötig, und das wär's dann schließlich gewesen, was?" Ein tosender Wellenberg von nie geschauter Größe und allesvernichtender Wucht rollte als Kopfsee heran, schlug in weißschäumendem Gischtschwall über dem braven Schiffe zusammen, die schreckgelähmten Offiziere und die Mannschaft mit sich nehmend, sie einfach fortspülend. Alle – bis auf die Drei! Schon ohne jegliche spürbare Regung blickte der ans Steuer gebannte Skipper auf den großen, weißen Schiffspudel. Der, mit ablaufender Riesenwoge von außerbords her aufs Schanzdeck geworfen, sich ihm jetzt freudig winselnd zu Füßen legte. Wo fortan auch sein Platz sein sollte. Herzlich begrüßt vom Kabouter mit diesen Worten: „Willkommen wieder an Deck, malle Hans! Nun erst ist's richtig, dieweil allein wir drei noch übriggeblieben sind; unser toller Skipper da – du Bordhund dort – und ich, als der Klabautermann hier. Denn wir treten jetzo aus der Zeit heraus, aus der Menschenzeit wie aus der Lebenszeit (nur aus der Weltenzeit nicht, das ist uns nicht gegeben).Fortan müssen wir segeln in Gewittersturm und nächtlichem Nebelgraus, durch Not und Tod, bis zum allerletzten Tag und vor das Jüngste Gericht. Kein Sterblicher soll uns drei untote Seegespenster jemals aufhalten können. Selbst dem allgegenwärtigen Teufel, des Skippers gutem

Kompagnon, werden wir frech über die Hörner fahren und ihm die Ohren absegeln. Wenn es aber einstmals soweit ist, kriegt ein jeder von uns dreien das, was er verdient. Vom vielgerühmten lieben Gott nämlich. Woran ich aber so meine begründeten Zweifel hege. Weiß man denn, ob es ihn wirklich gibt, diesen Gott und Übervater? Weil – welcher treusorgende Vater schaut wohl ungerührt zu, wie sich seine unbotmäßigen, ungeratenen Kinder ihr einziges, kleines, kurzwährendes Leben mit wachsender Begeisterung und fortdauernd zur Hölle auf Erden machen? Aber das verstehst du doch nicht, mein lieber Hans, und denke bitte nicht weiter darüber nach, vergiß es.Jedoch, wenn Gott existiert, in seinem Himmel droben – dann wird der gewiß deine reine, unbescholtene Kinderseele zu sich aufnehmen. Zumal du dort dann auch deine liebe Schwester Katherine herzlichst begrüßen darfst. Weil sie schon längst oben einpassiert ist, auf dich wartend. Ja, mein armer Hans, blanker Hans, Hundehans, dann hast du ausgesorgt! Wie es hernach aber mir Schiffskobold und unserem gefürchteten Skipper ergehen möchte – hui und pfui – daran wollen wir heute einmal noch gar nicht denken. Genießen also lieber unsere diesseitige, langewährende Sturmfahrt in vollen Zügen. Denn nachmals, im Jenseitigen, da wird's ja wohl fürchterlich sein für uns zwei beide? Nicht wahr, mein vielieber Mynheer Höllenkapitän!"
Indem der frohlockende Klabautermann, auf der Schanz hin- und herspringend und wild mit seinen Ärmchen fuchtelnd, solche giftspritzende Suada hohnlachend förmlich herauspuckte, stand VAN STRAATEN steif wie ein hölzerne Reelingpfosten am Ruder. Wo er, die weitaufgerissenen, hervorquellenden, blutiggeröteten Augen in namenloser Qual weithin übers schwefelig aufwallende Meer richtend, mit eisern klammernden Fäusten ins Rad griff. Daß blutige Hautfetzen ihm an den Speichen hängenblieben und rinnende, rote Rostspuren am eisernen Steuerfuß sich ansetzten. „Halte doch endlich dein geiferndes Schandmaul, blöder verzwergter Unhold, oder ich erschlage dich noch mit diesen, meinen Händen!" So wollte er zum hämisch feixenden Klabautermanne hinüber schreien, diesem mit geballter Wutfaust drohen. Wollte er wohl – jedoch brachte sein wild zuckender Mund keinen noch so armseligen Ton hervor; kein Stammeln, Lallen, Pfeifen. Denn jedesmal, wenn er zu er-

neutem Redefluß ansetzte, schlugs ihm die Worte mit brutaler Macht tief in den Rachen zurück. Daß seine sämtlichen Zähne knirschend splitterten und die blauschwarz geschwollene Zunge wie ein Stein im Halse klumpte. Wobei ihm bittersalziges Seewasser wie feurige Lohe auf schmerzhafte Weise den Schlund sowie alle Eingeweide ätzend ausbrannte. Auch vermochte er sich nicht mehr vom Steuerruder zu lösen. In dessen altersbraune Radspeichen seine zu Klauen verformten, ungelenken Finger mittlerweile fest eingewachsen waren. Daran er klebend stehenblieb, weil es ihm halt so bestimmt war...
Eingehüllt in einen nieverwehenden, nievergehenden, diesiggrauen Nebel. Umwogt von schweflig-giftsprühendem Gischt sowie in einem uraltmoderigen Todesmantel von Angstschweiß, blutigen Tränen und endlicher Verderbnis steckend. Solcherart müssen sie seit jener bösen Stunde vorm Kap und bis auf Weiteres in unabsehbare Zeitläufte segeln. Als die drei unseligen, zwangsverschworenen, ungeliebten Bordkameraden. Über alle sieben Meere der Welt und als stetige Unheilsbringer in gespenstischem Phantomschattenschiff. Und von der Rahnock herunter zieht sich ein grünlich- bläulich-bleicher Glimmerschein über alles hin. Denn Sankt Elmos Feuer brennen immer noch, brennen auch weiter und brennen kalt! Uns Lebenden allen zur eindringlichen Mahnung, daß trotz modernster Techniken und allerneuesten Wissenschaftserkenntnissen (sofern dies wirklich welche wären), halt eben doch noch lange nicht alles, was tot ist oder tot sein sollte, auch wirklich tot und gültig vergangen ist. Falls diese unsäglichen Drei aber doch einstmals, am Ende aller Tage und aller Schmerzen, vor dem allerhöchsten Seegericht ankommen sollten – was ihnen durchaus zu wünschen ist, denn wir wollen nicht nachtragend sein – dann wird die Sache der verfemten Untoten aus der Nichtzeit wohl ganz neu verhandelt werden müssen. Ihre leidige Geschichte auch neu bewertet und beurteilt. Was ja letztlich keiner von uns Heutigen guten Gewissens tun könnte. Es wäre das wiederum eine gänzlich neue Geschichte. Welche schlußendlich aber (wenn überhaupt einmal) ein ganz Anderer zu schreiben befugt sein dürfte. Als der hiermit schließende Chronist, Historienschreiber und Romancier.

Und der Engel, den ich sah stehen auf dem Meer und auf der Erde, hob seine Hand auf gen Himmel. Und schwur bei dem Lebendigen von Ewigkeit zu Ewigkeit – der den Himmel geschaffen hat und was darin ist, und die Erde und was darin ist, und das Meer und was darin ist – daß hinfort keine Zeit mehr sein soll ...

Bibel, Neues Testament
Off. Joh.: 10, 5 – 6

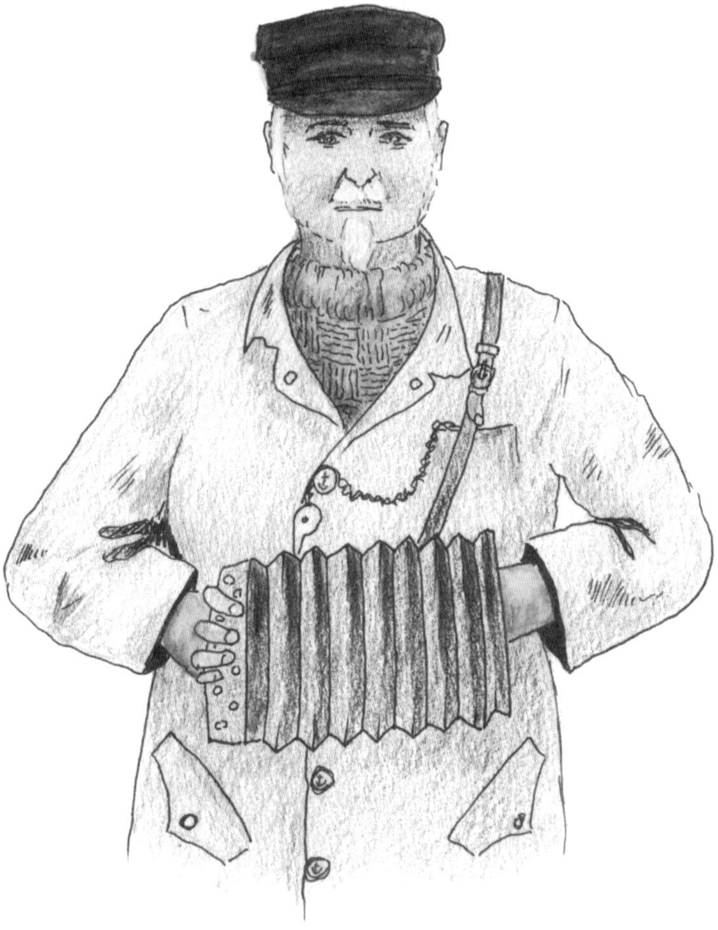

Nachwort des Autors

Es dürfte sicher förderlich sein, dem historischen Roman mit ausgefallener, maritimer Thematik ein klärendes Wort hintenan zu stellen. Dieses erspart dem gründlichen Leser dann, im Buchtext mit diversen Sacherläuterungen oder mit allzu vielen Einblendungen, Passagen, Fußnoten zu Zeitgeschehnissen usw. konfrontiert zu werden. Welche stets einen ungestörten Lesefluß hemmen können und demzufolge nicht unbedingt sein müssen.

Die uralten Sagen und Mären, die Legenden und die Geschichten zur Geschichte können, einmal geboren und in die Welt gesetzt, niemals mehr sterben. Sie leben dann, jenseits aller Daseinswirklichkeiten, ihr Eigenleben auf ewig weiter. Immer wieder neu erzählt und abgewandelt, treten sie aus ihrer früheren Entstehungszeit gleichsam heraus, verselbständigen sich zu einem gänzlich Neuen. Und doch auch wieder ureigentlich Altbekanntem. Womit sich dann fast unmerklich ein Sagenkreis im kulturhistorischen Knäuel schließt. So lange jedenfalls, bis irgendwann ein begabter wie kundiger Märchenerzähler den roten Faden wieder aufnimmt. Der frei fabulierend, dieses Sagenknäuel herzhaft und souverän abspult.

Zu Autor und Thema

Als gebürtiger Leipziger bin ich einer der vielen Binnenländer mit starker Affinität zu Schiffahrt und Marinewesen. Ich erinnere hier nur an meinen engeren Landsmann, den aus Wurzen stammenden Joachim Ringelnatz (Hans Bötticher), als ehemals seefahrenden (auch Seekrieg führenden) und später schreibenden, malenden und als Kabarettist aktiven Kuddel Daddeldu. Auch gäbe es noch viele weitere Fallbeispiele für diesen Typus. Denn wir Sachsen sind nun einmal ein intelligentes, quickes, unruhignervöses, streitbares (zuweilen zänkisches), erfinderisches, kunstsinniges und ausgesprochen reiselustiges Völkchen. Und wir hatten bei uns in Sachsen bereits eine Hochkultur, als zum Beispiel die Preußen oder Bayern noch in Horden auf den Bäumen hausten, sich von stinkigem Fisch bzw. flüssigem Alpenenzian mühsam ernährten. Sehr treffend bringt ein sächsisches Scherzliedchen dann unsere bekannte Reisementalität in dem Refrain

„Liegt dir ein Paradies zu Füßen – ein Sachse liegt schon mittendrin!" So soll es sein und bleiben. Auch kam nicht eben von ungefähr im 89er Jahr des vergangenen Jahrhunderts der letzte, entscheidende Anstoß zur politischen Wende in der maroden Ex-DDR von Sachsen her; und aus der alten, stets weltoffenen Messemetropole Leipzig.
Natürlich wollte ich, als Kind dieser immer noch verhinderten Seestadt, auch zur See und auf ein Schiff. Leider ist daraus dann nichts geworden. Ich mußte mich bescheiden, die große, weite, farbige Welt der Seefahrt vom tiefsten Binnenlande her literarisch zu begleiten. Dabei stieß ich schon sehr früh auf die Holländerproblematik und nahm mir ganz fest vor, darüber einmal ein Buch zu schreiben, wenn ich alt und grau geworden bin. Denn ein Jungscher kann das halt noch nicht so gut. Wie ich meine, aus mancherlei Gründen nicht.Vornehmlich, was gesammelte Lebenserfahrung, gepaart mit erworbenem Toleranzvermögen und heiterer Altersweisheit, insgesamt anbelangt. Bei besagtem Buche dachte ich allerdings mehr an eines der locker erzählenden Sachbücher kulturell- und auch militärhistorischen Inhalts, wie ich sie bisher zu regionalsächsischen Themen alle Jahre mit gutem Erfolg vorlegen konnte. Ein ganzes, langes Jahrzehnt habe ich späterhin dieses Projekt immer vor mir her geschoben, bis es dann schließlich zur Reife kam. Die grauen Haare waren nicht das Problem, kamen schneller als gedacht. Jetzt, wo ich das sechste Lebensjahrzehnt beende, sind sie sogar schon weiß geworden und herzlich dünn. Hohe Zeit also, die Sache endgültig anzugehen und, wie auch immer, zum Ende zu bringen. Nunmehr ist sogar ein richtiger Roman daraus geworden, wohl mehr aus Versehen. Wußte ich doch am Anfang des Buchmanuskriptes wirklich noch nicht, wo es mich am Ende einmal hinschreiben würde...
Als Historiker beherrsche ich mein kulturwissenschaftliches Handwerk soweit recht ordentlich – gelernt ist halt immer noch gelernt. Sodaß es mir unerläßlich schien, für ein solches Buch langjährige wie auch gründliche Vorstudien und Materialaufarbeitungen mit Akribie zu betreiben. Aber dieses alles eben nur als solide Fernrecherche, und ohne selbst einmal an den Handlungsorten gewesen zu sein. Tröstlich für mich, daß es ein gewisser Karl May – berühmter Landsmann und großes Vor-

bild aller schreibenden Sachsen (selbst wenn manche das nicht gerne zugeben wollen) – schlußendlich auch nicht anders gemacht hat. Und trotzdem bis heute andauernden Weltruhm samt Riesenauflagen in vielen Sprachen erlangte. Ohne mich etwa gar mit ihm vergleichen zu wollen, möchte ich hiermit nur bestätigen: Es geht eben auch so mit der Historienschreiberei. Ohne Anführung einschlägiger Archivalien, maritimer Fachblätter und dergleichen seien an dieser Stelle nur einige wenige der für mich relevanten Literaturquellen genannt (Reihung in alphabetischer Verfasserfolge, ohne Wertung und genaue bibliographische Angaben; wenn nicht anders datiert, alles Werke des 20. Jahrhunderts): *A. Babing/H. D. Bräuer „Fanal am Kap", H. F. Blunck „Berend Fock. Die Mär vom gottabtrünnigen Schiffer", W.Y. Bontekoe von Hoorn „Die gefahrvolle Reise des Kapitäns Bontekoe und andere Logbücher und Schiffsjournale holländischer Seefahrer des 17. Jahrhunderts", W. Dampier „Neue Reise um die Welt" (Deutschsprachige Erstausgabe von 1702 in Leipzig), D. Flohr „Wer war der Fliegende Holländer?", H. Hanke „Männer, Planken, Ozeane" sowie „Seemann, Tod und Teufel", W. Hauff „Die Geschichte von dem Gespensterschiff" (aus dem 19. Jahrhundert), M. Hoffmann „Der Fliegende Holländer", P. Kolb „Caput bonae spei hodiernum, das ist die vollständige Beschreibung des Vorgebirges der Guten Hoffnung und der darauf wohnenden Hottentotten" (von 1719), U. Komm „Der Admiral der Sieben Provinzen", Kapitän Marryat „Das Gespensterschiff oder der Fliegende Holländer" (aus dem 19. Jahrhundert), M. Meissner „Die Welt der Sieben Meere", J. J. Merklein „Reise nach Ostasien, 1644 – 1653 (hrsg. im Jahre 1663) , H. Neukirchen „Piraten – Seeraub auf allen Meeren", K. Reich / M. Pagel „ Himmelsbesen über weißen Hunden", B. Traven „Das Totenschiff", J. S. Wurffbain „Ost-Indianische Reisebeschreibung" (vom Jahre 1686); u.v.a.m.*

Zur Personifizierung und zum kulturgeschichtlichen wie auch geopolitischen Umfeld des „Fliegenden Holländers"
In jenen blutigen Jahrzehnten, da im Römisch-Deutschen Reiche der verheerende Dreißigjährige Krieg tobte, welcher ganze Landstriche entvölkerte (und viel mehr noch danach) galten die Holländer etwas und waren sie die Fuhrleute Europas. Ihre gewaltigen Handelsflotten bedienten gewinnträchtigen Fern-

handel, befuhren alle Meere. Gestützt auf eine starke, gut armierte, mit seetüchtigen Schiffen ausgerüstete Kriegsflotte, errang die wirtschaftlich aufblühende, wie auch kolonial expandierende, bürgerliche Kaufmannsrepublik der Niederlande entscheidende Vormachtstellung zur See. Und das Welthandelsmonopol auf die begehrte Ostasienroute. Nachdem sich die Portugiesen bereits die Schiffahrtswege nach Indien und ins ferne China erschlossen hatten, an dortigen Küsten einige Handelsstützpunkte mit späterem Kolonialstatus errichteten, wurden die Holländer hellwach und zogen 1595 – 97 dann nach. Vier Kauffahrteischiffe mit zusammen 250 Besatzungsmitgliedern wurden von der Amsterdamer Kaufmannschaft in Marsch gesetzt. Sie segelten von Texel-Reede durch die unruhige Nordsee und den klippenreichen Englischen Kanal in die allzeit stürmische Biskaya, weiter entlang der afrikanischen Westküste nach Süden, um das „Kap der Guten Hoffnung" herum. Dort errichteten holländische Siedler und Soldaten später, als Zwischenstation auf dem weiten, gefahrvollen Seeweg nach Fernost, ein kleines Hafenfort. Woraus noch später dann die das riesige Hinterland dominierende Kap-Kolonie entstand. Weiter führte die wagemutigen Holländer ihr Seeweg an die indischen Küsten, in die malayische Inselwelt und bis ins heutige Indonesien. Obwohl nach langer Zeit nur zwei Schiffe mit gerademal 87 Leuten wieder in der Heimat anlangten, hatte sich diese Seefahrt gelohnt, für die Auftraggeber ausgezahlt. Man würde hinfort dort hinunter Handel betreiben!

Die stets argwöhnischen und futterneidischen Engländer, als aufstrebende Seemacht in erbitterter Konkurrenz mit anderen seefahrenden Nationen wie Spaniern, Portugiesen, Franzosen und jetzt also auch den Holländern, gründeten im Jahre 1600 ihre „East India Company", welche unter militärischem Begleitschutz Fernhandel nach Indien und weiter trieb. Auch die zahlreichen, sehr rührigen, sowie beutegierigen, britischen Piraten und Kaperschiffe waren ein nicht zu unterschätzender, gewinnbringender Faktor auf dem Gebiet seestrategischer Fernerkundung. Dieses bewog die an sich sparsamen, haushälterisch rechnenden Amsterdamer Kaufleute, Bankiers, Reeder, es der britischen „Schmutzkonkurrenz" gleichzutun. Somit bildeten sie 1602 eine Aktiengesellschaft als die „Vereenigde Oostindische

Compagnie". Welche fortan für die Vereinigten Niederlande bis Ende 19./20. Jahrhundert einen territorial sehr ausgedehnten Kolonialbesitz erschloß. Großteils über das riesige Inselreich Niederländisch-Indien (heutiges Indonesien), mit der Hauptstadt Batavia (heute Jakarta) auf der Hauptinsel Java. Batavia fungierte gleichzeitig als Statthalterresidenz mit Festung, Hafenörtlichkeiten und stetig sich vergrößernder Wohnsiedlung für weiße wie farbige Neuankömmlinge (darunter seit altersher sehr viele Chinesen). Aber auch auf Sumatra und Borneo, den Gewürzinseln der Molukken, auf Ceylon, Timor und den Nicobaren, in Siam und Malacca, an der Koromandel – wie auch Malabarküste, in Bengalen – ja, sogar bis hinüber nach Nagasaki in Japan hatten die Holländer ihre Faktoreien, Handelsstützpunkte und Niederlassungen. Überall traten sie in Beziehungen zur einheimischen Händlerschaft und der feudalen Oberschicht. Wobei sie verbittert konstatieren mußten, daß die allgegenwärtigen, kühnen arabischen Kaufleute ebenfalls tüchtige Seefahrer waren (etwa von Schlage des legendären Sindbad aus Tausendundeiner Nacht) und immer schon längst dagewesen, bevor die Holländer mit heraushängenden Zungen angehetzt kamen. Um die Situation einmal mit einem Bilde zu erklären, ähnlich wie im alten deutschen Volksmärchen von Hase und Igel...
Aber auch die zunehmend lästigen Engländer, Spanier, Portugiesen befuhren die Ostasienroute, bauten sich unterwegs ihre überall wuchernden Handelsstützpunkte massiv militärisch aus. So eroberten sich insbesondere die zähen Briten – in bewaffneten Auseinandersetzungen mit Franzosen und regierenden Sultanen wie Maharadschas – durch systematisches, brutales Vorgehen allmählich den riesigen indischen Subkontinent als Juwel im Reigen ihrer Kronkolonien.Trotzdem boomte im heimischen Amsterdam der Welthandel, und 1609 etablierte sich hier die erste Wechselbank der Weltgeschichte. Es tummelten sich in Schiffswerften, Hafenspeichern, Pack- und Lagerhäusern, Bankkontoren, Kaufherrenhöfen, Kramläden, Handwerkerstuben, Seemannskneipen die Kunden und die Arbeitskräfte. Düfte exotischer Genußmittel wie Tee, Kaffee, Kakao, Tabak, kitzelten wollüstig hinschnuppernde Nasen; insbesondere der Geruch fernöstlicher Gewürze (Nelken, Pfeffer, Zimt, Indigo, Muskat, Ingwer und andere). Doch da stapelten sich auch die

Zuckersäcke, Reis- und Salzsäcke, Felle und Fette, Baumwoll- und Seidenballen, sonstige Tuche, Tropenhölzer und Früchte wie Datteln, Feigen, Mandeln. Außerdem die kunstreichen asiatischen Lackwaren und Porzellane sowie Edelmetalle wie Kupfer, Gold, Diamanten. Ungezählte junge Holländer fuhren in die fernöstliche, neue Welt. Um sich dort ein Auskommen zu schaffen und auch als Angehörige der kolonialen Ordnungsmacht zu repräsentieren. Wenngleich die meisten von ihnen eigentlich nur arme Teufel waren (viele blieben dies auch in den Kolonien), welche den reichen, satten Kaufherren und Reedern im fernen Heimatland hier unter teilweise höllischen Naturgegebenheiten die heißen Kastanien aus dem Feuer holen mußten. Die Flotten mächtiger Ostindienfahrer brachten jedoch immer neue Massen gesunder, kräftiger Ankömmlinge „dorthin, wo der Pfeffer wächst". Holländische Siedler nahmen erfolgreich den Anbau von Kaffee (mit Beginn des 17. Jahrhunderts auf Java) sowie den Teeanbau und -handel in eigene Regie. So gelangten nach 1610 erste, aus Fernost herausgeschmuggelte Teeblätter probeweise nach Holland. Und ab 1637 florierte dann ein reger Teeimport ins Mutterland, welcher sehr bald wichtigste Handelsfracht der dickbauchigen Seeschiffe wurde. Um die Mitte des 17. Jahrhunderts hatten die Vereinigten Niederlande bis zu 17000 Schiffe auf allen Meeren – davon wohl über die Hälfte allein auf Ostindienfahrt.

Es ist aber auch überliefert, daß der Holländer als weißer, europäischer Sklavenhändler und -halter angesehen und weithin gehaßt wurde. So mancher Schiffskapitän beförderte ja doch massenhaft Sklaven, vornehmlich auf der Westindienroute. In einer Hand den Schambock, die schwere Lederpeitsche, und in der anderen die dicke Bibel. Denn es galt dem glaubensstreuen Calvinisten als gleichermaßen löblich, riesige Handelsgewinne für die Ostindische Kompanie einzufahren (wobei natürlich auch für ihn selbst eine ordentliche Handelsspanne samt einträglichem Gewinn abfallen mußte) – und nebenher die eingeborene Bevölkerung zum für diese fremden, unverständlichen Christenglauben zu zwingen. Weil eben nur der christianisierte, sprich geduldig folgsame Eingeborene „vernünftigen" Gedankengängen zugeneigt sein konnte. Will heißen, dieser sollte brav und ohne Aufmucken seinem Kolonialherren die Brötchen auf Erden und sich selber damit, aber erst nach dem Tode, im Himmel dann die ewige Seligkeit verdienen. Zu Lebzeiten jedoch befanden sich die Herren auf der Sonnenseite; und sie sorgten bis ins 20. Jahrhundert hinein ganz straff dafür, daß dieses auch so bliebe. Die allermeisten Holländer jedenfalls betrachteten ihre fernöstlichen Besitzungen als eine Art überseeisches Territorium und ferne Provinzen, aus denen unbegrenzter Reichtum ins Mutterland floß. Dabei war ihnen zumeist wohl ganz egal, wieviel Blut, Schweiß und Tränen daran hingen; ja, vielen Menschen ist solches gar nicht bewußt gewesen.

So wie die Schiffskapitäne, Kommandanten, Oberkaufleute großer Ostindienfahrer oft kaltherzige Typen vom Schlage „Rau und rüdig" waren, so hart kalkulierten auch die Reeder (samt ihren mitreisenden Frachtbeauftragten, den Superkargos), die Handelsherren im stattlichen „Ostindischen Haus" zu Amsterdam, die Börsenmakler und Großkaufleute in ihren prächtigen Palästen an stillen Grachten. Aber genauso dann die kleinen Handwerker und Gewerbetreibenden, die Pflanzer und Siedler. Nämlich kühl geschäftsmäßig; und sie alle rechneten genau auf den Viertelgulden. Für ihre hart schuftenden Angestellten und Lohnarbeiter, die Matrosen und die Schauerleute im Hafen, für Tagelöhner und Hilfskräfte aller Coleur, fiel da nicht mehr allzuviel ab. Immerhin, es reichte für ein bescheidenes Leben. Durfte man sich trotz alledem doch als Angehöriger einer Herrenrasse wähnen – gegenüber den malaiischen Plantagenkulis, dem eingeborenen Haus- und Dienstpersonal, den chinesischen Straßenhändlern war man ein Tuan, ein Herr Holländer und man konnte sich fühlen. Im übrigen, solcherart sein Geld zu verdienen, verbot die fleißig gelesene Bibel ja auch nicht. Wohlstand und Wohlergehen waren dem Calvinisten durchaus gottgefällig. Man sprach nur nicht gerne laut darüber.

Die Schiffe der Vereinigten Ostindischen Handelskompanie waren zwar aus Holz, die Männer jedoch, die sie befuhren, aus Eisen. Ihre Kommandeure und Kapitäne oftmals als Miteigner prozentual an Frachtraten und Handelserlösen beteiligt. Also fuhren sie strikt gewinnorientiert für ihre heimischen Unternehmen, mühten sich ab, schneller und billiger zu sein als andere. Hatten doch die Kompanieoberen einem jeden Schiffsführer die stattliche Summe von 240 Reichstalern ausgelobt, „zur

Verehrung", wie man damals so schön umschrieb und kommentierte, der die Fahrt nach Batavia unfallfrei und ohne Warenverluste innerhalb von sechs Monaten machte. Auch dafür knüppelten sie ihre Schiffe erbarmungslos über die Meere, durch vielfältige Reisegefahren hindurch, bei schlechter Heuer, miesem Bordfraß, oftmals eingeschränkten, fauligen Wasserrationen für ihre Männer. Bei geradezu unaussprechlichen bordhygienischen Bedingungen. Sodaß nicht selten der gefürchtete Skorbut das Zahnfleisch bluten und die Zähne wackeln, gar ausfallen ließ. Oder die meist tödliche Mangelkrankheit Beri-beri (als schwere Ruhr mit Blutungen aus allen Körperöffnungen) schleichenden Einzug in die vermieften, schmierigen Logis hielt. So manches ungute Mal dezimierte auch die Beulenpest ganze Schiffsbesatzungen. Ungeachtet dessen praktizierten die Bordgewaltigen auf ihren teilweise überalterten, überfüllten, überladenen Seelenverkäufern brutales Faustrecht, bis hin zur Todesstrafe.

Aus stattlicher Reihe dieser Hartsegler und Gewaltkerle ragte nun eineHandvoll Schiffsführer hervor, die auf ihre Art allesamt „Fliegende Holländer" waren: die Barent Fokke, Holofernes, Van Damiens, Van der Decken; ebenso die deutschen Schiffskapitäne Felkenberg und Berent Karpfanger. Obgleich man ihnen nachsagte, sie wären mit dem Teufel im Bunde gewesen, sind sie auf See oder hinterm Deiche einmal dann gestorben und verdorben. Ihre Spuren verwehten allgemach in Dünensand und Nebelböen der Nordseeküste. Denn Nordsee ist Mordsee! Eine Zeitlang noch waren sie schnapsgetränkter tabakrauchverqualmter Gesprächsstoff in schmuddeliggemütlichen Hafenkneipen. Und manchmal erzählen die Janmaaten auch heute noch von ihnen und aus ihrer Zeit.Zum Beispiel von Barent Fokke. Der war wirklich von allen der schnellste und schaffte 1677/78 die Route mit nur 144 Tagen in Rekordfahrt! Seine Landsleute stellten ihm dafür ein Denkmal auf die Insel Omrust hin. Einer jedoch überdauerte alle und alles: Er segelt immer noch und bis ans Jüngste Gericht ruhelos und fluchbeladen auf den Weltmeeren umher. Dieser geheimhisumwitterte Kapitän VAN STRAATEN! Der einst ein ebenso tüchtiger Skipper wie ein mit allen Seehunden gehetzter, verschlagener Geschäftemacher war. Hartschädlig und skrupellos, ein kaltherziger Schinder und Menschenverächter, schaffte er die vielbefahrene Ostindienroute als schnellsegelnder Einzelfahrer in wesentlich kürzerer Zeit als andere Schiffskapitäne der Handelskompanie. Freilich hatte er seine Seele längst dem Bösen verschrieben. Aber beim Würfelspiel trickste er den dummbiederen Teufel aus (weiß doch längst jedes Kind, daß der Teufel dem Spieltrieb verfallen ist). Und er gewann noch eine weitere Lebensfrist, was ihn nur umso hochmütiger machte. Hochmut aber kommt stets vor dem Fall! Von seiner allerletzten Sturmfahrt, und dem, was sich dabei mit ihm und seiner Crew begab, erzählt dieses Buch. In freier, romanhafter Handlung, auf solidem historischen, politgeografischem und landeskundlichem Hintergrund. Nicht nur, daß der Holländerkapitän aus Batavia, gegen allen christlichen Seemannsbrauch, an einem Freitag, dem 13., auslief (noch dazu an einem Karfreitag und also in der geheiligten Karwoche). Und daß er geradezu in jeden schweren Gewittersturm hineinsegelte. Am Kap der Guten Hoffnung dann trotzte er tollwütig und mit gotteslästerlichem Fluch den widrigen Winden, verschwor er sich gegen Gott, den bislang hilfreichen Teufel und überhaupt alle

Welt. Damit war sein irdisches Maß übervoll. Seither muß er auf ewig als Phantom über See kreuzen, alle seine roten Segel voll aufgebraßt, unheilverkündend als gespenstischer Unheilsbringer im Höllentaifun und Todesnebel. Er selbst ist ja nicht eigentlich tot – nur als Nichtlebender in die von ihm leichtfertig herbeibeschworene Unzeit gebannt. Ihm zur Seite der in einen weißen Pudel verwandelte Schiffsjunge Hans Blank. Fragen Sie mich nicht, warum es ausgerechnet diesen Armen so hart traf. In allen mir bekannten Varianten der Sage ist das halt so; und diesem Fakt mochte ich mich nicht besserwisserisch entziehen. Habe aber mit dem Schiffspudel noch die mildere Form der Verwandlung gewählt. Es gibt nämlich noch schlimmere Versionen, wo der Schiffsjunge zum schwarzbösen Höllenhund mit geiferfletschendem Schnappmaul und Hörnern am Schädel verdammt ward! Ihm zur Seite ebenfalls der zwergenhafte Schiffskobold Klabautermann. Und dreimal wehe für Mann und Schiff, so sie diesem unseligen Dreigespann begegnen. Denn das ist VAN STRAATENs Fluch und seine Strafe, aus der es keine Erlösung gibt. So muß denn auch dieser schlimme Seespuk andauern, solange sich unsere Welt noch dreht und Schiffe auf dem oder unter Wasser fahren.

Für mich hat sich inzwischen herauskristallisiert, daß es d e n Fliegenden Holländer eigentlich nicht gibt. Sondern, daß dieses Spukphänomen in Jahrhunderten längst zum internationalen Gemeingut aller seefahrenden Nationen geworden ist. Und daß die Legende sich aus mehr oder minder verschwommenen Erzählungen um verschiedene altholländische wie auch deutschhansische Schiffskapitäne zu fleischerner Pseudorealität aufbaute. Begründet auf dem festen und nicht wegzurationalisierenden Aberglauben der Sailors, wurde sie zu stets neuem Leben erweckt. Wenn es auch viele von ihnen nicht zugeben wollen, an den Fliegenden glauben sie wohl alle. Sankt Elmos Feuer brennen kalt! Ich habe mir für mein Buch also den übelbeleumdeten VAN STRAATEN ausgesucht. Freimütig zugegeben, dieses Holländers sächsische Urgroßeltern aus der Bornaer Ecke des Leipziger Landes – das ist schon ein wenig sehr weit hergeholt (und zwar im Wortsinne). Aber wie Sie, geschätzter Leser, ja auch wissen: Es gibt nichts, was es nicht gibt. Und es hätte durchaus auch so sein können. Wer von uns weiß denn am Ende, ob's nicht vielleicht am Anfang wirklich so gewesen ist? Zumal in jener Zeit, bedingt auch durch die stetig mit wachsender Erbitterung geführten Kriege, es im Römisch-Deutschen Reich während des 16./17. Jahrhunderts zu langdauernden, flächendeckenden Binnenwanderungsströmen durch ganz Europa gekommen ist. Unabhängig von der unsterblichen Seemanns-Saga gab es, übrigens durch die Jahrhunderte bis in unsere Tage, nicht wenige ernstzunehmende Sichtungen und Begegnungen mit dem Holländerspukschiff. Von denen einige sogar nachweislich in Schiffsjournalen festgehalten wurden und die von honorigen Zeugen wie Standespersonen glaubhaft beurkundet sind. Es mache sich halt jeder seinen eigenen Reim darauf – der Fliegende ist einfach nicht totzukriegen, wegzuschweigen, herunterzuspotten. Allerdings lehne ich für mich persönlich die total verkitschte und pflaumenweiche Wagnersche Version mit dem Erlösungsmotiv aus dessen romantischer Oper strikt ab. Weil diese Huldigung überzogener Romantik, dem trivialen Zeitgeschmack seines Jahrhunderts geschuldet, so gar nichts mit dem Höllenschwefelgeruch um den Holländerkapitän gemein hat. Und weil ein Richard Wagner (genauso wie ein Heinrich Heine), den Sageninhalt lediglich aus zweiter Hand vermittelt bekam, nämlich über Lesestoff in seichten Massenblättern. Oder auch von sturzbetrunkenen Matrosen ins geneigte Ohr gelallt. Immerhin gefällt mir die Wagnersche Holländermusik doch recht gut – aber eben nur die Musik!

Zur sprachlichen Gestaltung, den Textillustrationen und zu treuen Helfern
Ich habe mich befleißigt, ohne Rücksicht auf die von mir verneinte Rechtschreibreform, den Romantext in einigermaßen geläufigem, manchmal auch etwas „altfränkischem" Hochdeutsch abzufassen. Unter Mißachtung diverser gebräuchlicher Rechtschreibregeln (egal, ob neuer oder alter Art) schrieb ich ihn zusammen. An dieser Stelle sei angemerkt, daß ich sehr wohl weiß, man sollte nicht andauernd „ich" sagen. Aber schließlich handelt es sich hierbei um mein Buch und eben nicht um eines von Frau Groschengrab oder Herrn Quakenbüddel. Wen sollte ich im Autorennachwort da schon zitieren, als immer wieder mich. Und nur die Lumpen sind bescheiden! Apropos, mein

Buch. Weil es dies ist, schuf ich es in eigenwilliger Form und mit recht ungewöhnlichen Inhalten. Samt spärlich verwendetem seemännischen Vokabular. Einige unerläßliche maritime Details sowie politgeografische, historische, länder- und völkerkundliche Einlassungen usw. sind hervorgehoben gedruckt. Sie können so von lediglich an fortlaufender Romanhandlung Interessierten glatt überlesen werden. Ebenfalls bin ich sehr sparsam gewesen mit marginalmarkanten Wort- oder Satzbeispielen aus dem küstennahen Sprachbereich. Wobei durchaus in Kauf genommen wurde, daß somit allerhand ursprüngliches Lokalkolorit verloren gehen mußte. Doch bitte schön, wer von uns Heutigen versteht denn noch plattdütsch oder gar das Altholländische? Sowieso ist das Buch zunächst einmal für die, hoffentlich zahlreichen, deutschsprachigen Leser gedacht. Wobei ich trotzig unbelehrbar anschrieb gegen wohlmeinend besorgte Bedenken, Einwände, Kritiken (welche weniger das Was als das Wie betreffen) nachgenannter Freunde. Sie sollen hiermit entlastet werden. Denn ich habe mich letztlich durchgesetzt. Es ist durchaus wahr: In Stilistik und Syntax, bei Wortwahl und Wortverbindungen,im derbhumorig gehandhabten, brutalradikalen, öfters auch laxen Sprachgebrauch, bin ich unorthodox verfahren. Auch was meine geliebten Einklammerungen und Kettensätze betrifft. Da müssen die Leser schon durch. Schadet garnichts, wenn mancher manches dann zweimal lesen muß. Um so tiefer dringt es ein und wird verständlicher. Wer das nicht kann oder nicht will, der mag es halt bleiben lassen. Für Dummköpfe oder Flüchtigleser schreibe ich nun mal nicht. Was sich inzwischen herumgesprochen haben dürfte. Den stetig wiederkehrenden Befürchtungen, mit diesem Werk verlöre ich meine Seriosität als Akademiker und Wissenschaftler und ginge erworbenen guten Rufes als gern und viel gelesener Autor kulturhistorischer Bücher verlustig, setze ich folgendes entgegen: Sicher ist es immer eine gewisse literarische Gratwanderung, wenn Sachbuchschreiber plötzlich auf Belletristik umsteigen. Schätze, man merkt es meinem Buch auch an; nicht nur wegen gelegentlich kursiv gedruckter Facherklärungen. Weiterhin nutzen mir weder diverse Wissenschaftsqualifikationen noch mentale, soldatische Hartfighter- und Steherqualitäten etwas in unserer so schnellebigen, hektischverlärmten, technikvergottenden und globaltotal auf rein Materielles bezogenen Gesellschaft. Philosophisch determinierte idealistische Gesinnung taugt heutzutage bestenfalls noch zur Sterbehilfe, denn so etwas rechnet sich halt nicht. Jetzt sind nur die flinkbeweglichen, stromlinienförmigen, schnellschwätzelnden Manager- und Politikereigenschaften gefragt. Also bitte, was kann ich mir da für den guten Ruf schon kaufen? Darum kräftig darauf gepfiffen! Denn „ist der Ruf erst ruiniert, lebt es sich recht ungeniert", im Kampf und Krampf mit allen Verhärtungen andauernden Tagesgeschäftes. Freunde, nichts für ungut, dieses soll mein Credo sein! Ansonsten bleiben wir die Alten. Weil man Leute wie mich (mit durch die politische Wende hierzulande überschatteter Vergangenheit und reichlich ausgewinterter Zukunft) im anbrechenden 3. Jahrtausend nicht mehr braucht. Ungut, das zu erleben. Aber gut, es zu wissen. Weil ich nun beruflich nichts mehr zu verlieren habe, kann ich machen, was ich will und schreiben, wie ich will. Das große Geld ist mit meinen Büchern ohnehin nicht zu verdienen. Ergo bleibt die Schreiberei nur sinnvolles Hobby. Und Ende der Fahnenstange; aber das mußte wohl einmal gesagt werden.

Zu bedanken habe ich mich im Verlag; dort in Sonderheit beim Volkskundler Klaus Hörhold. Die passenden Zeichnungen und Vignetten zum Text schuf nach unser beider Vorstellungen mein Freund, der Flame Walter Van den Berghe aus der belgischen Hafenstadt Antwerpen. Der Mann ist Künstler und Gelehrter in Personalunion, wie ich auch, nur eine Generation älter, vom Jahrgang 1920. Und ein wahres Multitalent, als an der Universität Leiden/Holland sowie an der Pariser Sorbonne studierter Phil.Doc. und Historicus. Dazu Akademischer Maler von Passion, mit Ausbildung an der Antwerpener Kunstakademie. Aber auch mit langjähriger Berufserfahrung als Hafenmakler – also einer mit Seewind in den Haaren. Für allzeit verläßliche Hilfe bei aufwendigen Literatur- und Kartenstudien sorgte mein guter Kamerad Rainer Sippenauer, Bibliothekar i.R. und als Leipziger Stadthistoriker ebenfalls Buchautor. Layout, Satz und Gestaltung erbrachte Thomas Liebscher, diplomierter Grafiker und Verleger. Dem das Herz allerdings schmerzte (und dessen gestreßter Magen sich umstülpte), weil er sich meiner unbotmäßigen

Stilistik fügen mußte. Die genannten Herren zählen zu den eher Stillen im Lande und sind, anders als ich, Menschen mit wirklich feiner Lebensart. Weshalb sie sich gewiß innerlich von einigen der teils recht derben Textpassagen distanzieren werden. Mit denen ich versuchte, etwas von der Härte und Rauheit, wie von der geistigen Armut, ja Primitivität, des Seemannsdaseins aus der gar nicht immer so guten alten Zeit dem heutigen Leser rüberzubringen. Denn „Seemannsleben ist Hundeleben", meinten damals nicht wenige unserer Altvorderen. In Besonderheit aber diejenigen, welche hinterm Deich und fern der Wasserkante ihr Leben in spießiger Behaglichkeit hinbrachten. Jedoch tut Seefahrt immer noch not. Darum gibt es dreierlei Sorten Mensch: die Lebenden, die Toten und solche, die zur See fahren.

Wer sehen kann, der sieht (nicht alles). Wer hören kann, der hört (gewiß vieles). Wer lesen kann, der liest (allerlei durcheinander). Wer denken kann, der müht sich ums Verstehen (hoffentlich gründlich). Wer aber sprechen kann und schreiben, der versucht sich darin auszudrücken, um sich anderen mitzuteilen (manchmal klappt`s). So auch der Autor dieser Zeilen, der abschließend nochmals auf die bereits eingangs zitierte, aus Oll Janmaats wurmstichiger Seekiste ganz zuunterst hervorgekramte und geradezu klassisch-unvergängliche Matrosenweisheit hindeuten möchte. Welche da lautet: „Wer mit dem Teufel an Bord geht, der muß dann auch mit ihm segeln!" In diesem Sinne Ihnen allen einen kräftigen Händedruck, Tschüß und AHOI.

Leipzig (Sachsen), im Sommer 2001 **Dr.phil. Dieter Walz**

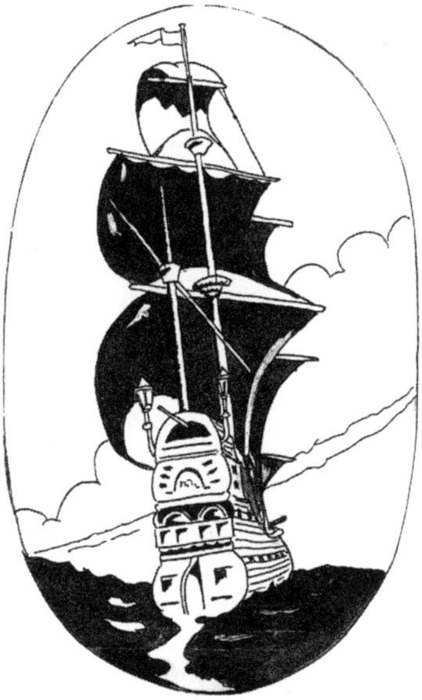

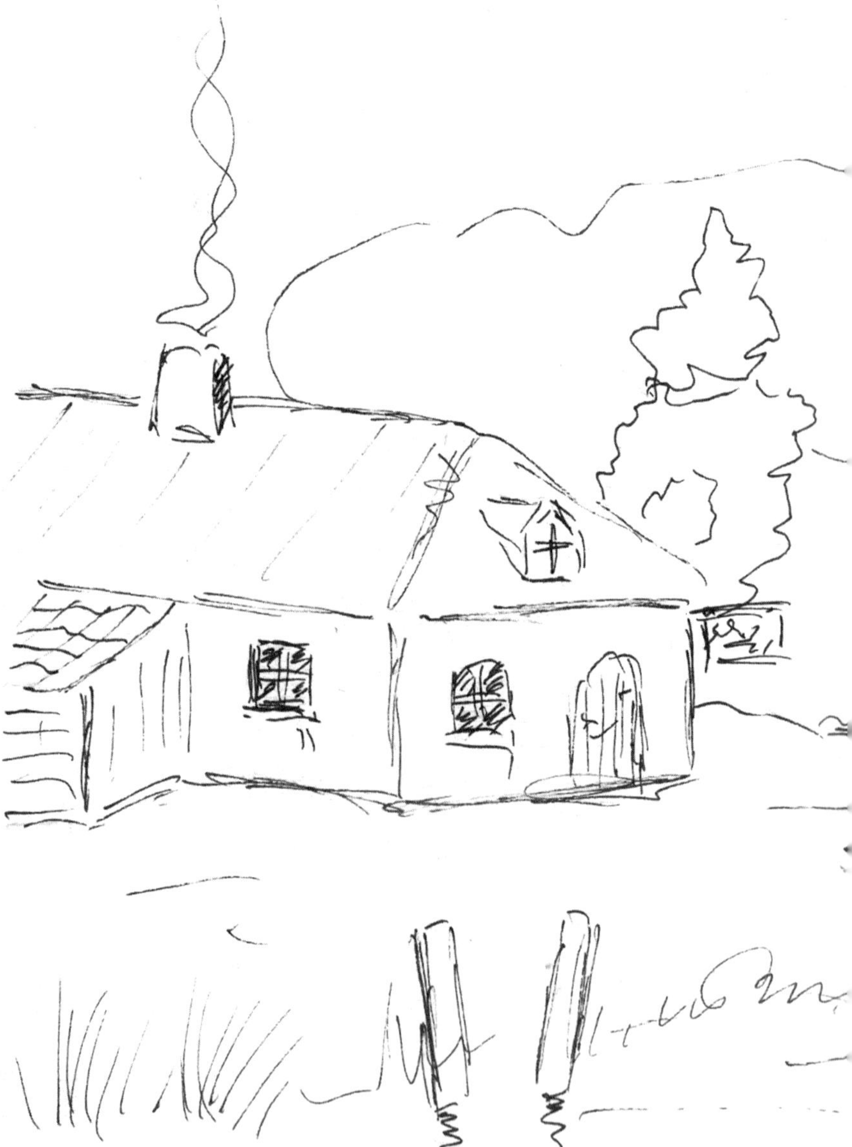

Von der Waterkant

Un dor = bi wahnt hei noch jüm = mer in de Lam=mer=Lammerstraat, Lammer = Lammer = straat, kann ma = ken, wat hei will, kann ma = ken, wat hei will. Nu man jümmer, jüm=mer still, hei kann ma=ken, wat hei will, hei kann ma=ken, wat hei will.

Un dor mak hei sik 'nen Hol=lands=man, Hol-lands=man, per=dautz! Gotts ver = do = ri, Gotts ver=do=ri, sä de Hol = lands=man, Gotts ver=do=ri, sä de Hol=lands=man, Un Vi = ge = Vi=ge=lin, un Vi = ge = Vi = ge = lin, un sin Deern de heit Kath=rin, un sin Deern de heit Kath = rin, un sin Deern de heit Kath=rin, un sin Deern de heit Kath=rin.

Nordsee ist Mordsee

Weitere Bücher von und mit DIETER WALZ (Auswahl)

Bei SACHSENBUCH, Leipzig

Alte Soldaten sterben nicht. Krieg und Kriegsgeschrei im Leipziger Land.
ISBN 3-89664-011-9
Burgen Tour. Sächsische Burgen an Mulde und Zschopau.
ISBN 3-910148-65-4, (1. Auflage vergriffen; 2., überarb. Auflage wird vorbereitet)
Sachsenland war abgebrannt. Leipziger Völkerschlacht 1813.
ISBN 3-89664-002-X

Beim Passage-Verlag, Leipzig

Der Tod kam als Sachsengänger. Historische Schlachtfelder des Dreißigjährigen Krieges im Leipziger Land.
ISBN 3-9803465-2-8
Die Dahlener Heide. Kulturgeschichtliche Streifzüge. Mitautor.
ISBN 3-9803465-6-0 (z.Zt. beim Verlag vergriffen)
Im Leipziger Land. Kulturgeschichtliche Streifzüge. Mitautor.
ISBN 3-9803465-9-5

Bei Pro Leipzig

Dorfgeschichten aus dem Leipziger Osten. Bd.1. Mitautor.
ISBN 3-9806474-8-X
Dorfgeschichten aus dem Leipziger Osten. Bd.2. Mitautor.
ISBN 3-9807201-7-9
Quer durch Leipzig mit dem Rad. Mitautor.
ISBN 3-9807201-5-2
Waldstraßenviertel. Heft 3. Mitautor.

Bei der Goethegesellschaft Frankfurt/Main

Frankfurter Edition. I,1. Gedicht und Gesellschaft. Jahrbuch 2001 für das neue Gedicht. Beiträger.
ISBN 3-8267-0006-6

Beim Verlag E. A. Seemann, Leipzig

Burg Kriebstein. Heft 41 der Reihe „Baudenkmale". (1976–1988 in vier Auflagen erschienen; nur noch antiquarisch erhältlich)

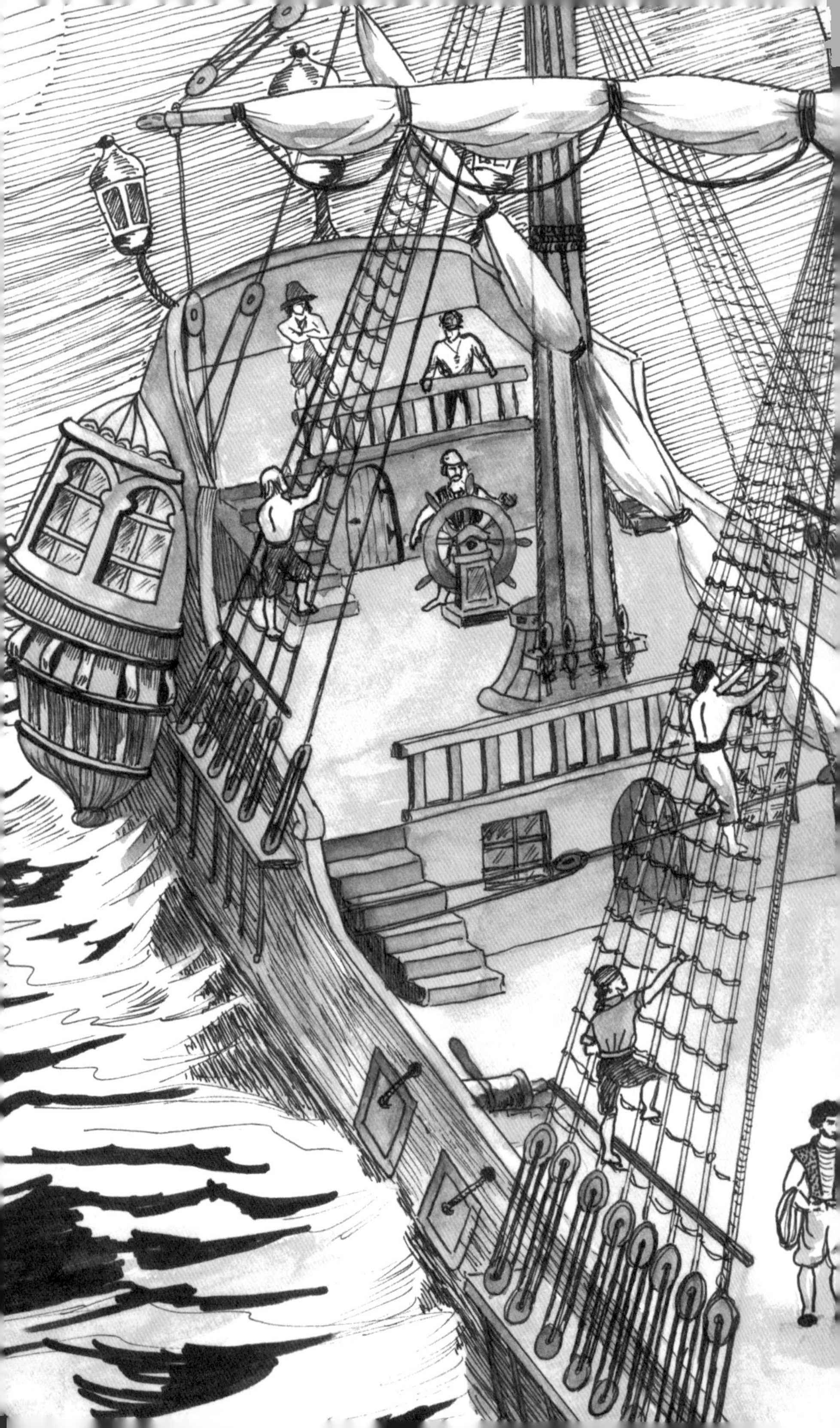

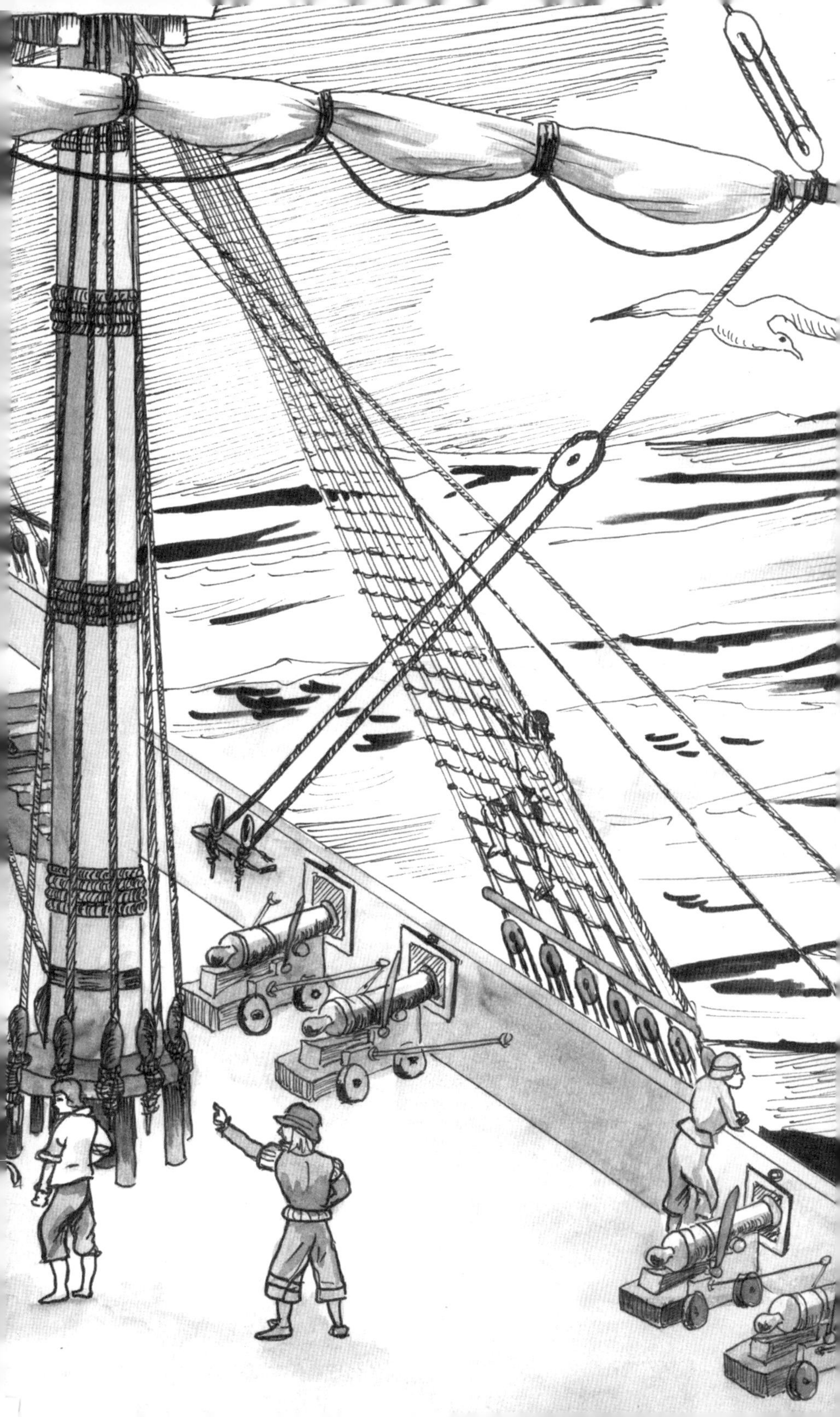